김지하의
수왕사
삼천 년을 짓밟혀 온 못난 백성들과 여인들의 역사

김지하의 수왕사
- 삼천 년을 짓밟혀 온 못난 백성들과 여인들의 역사 -

초판 2쇄 발행 2014년 11월 3일

지은이 | 김지하
펴낸곳 | 올리브 M&B(주)
펴낸이 | 윤태일
출판등록 | 제22-2372호 (2003년 7월 14일)
책임 편집 | 권미나
디자인 | 조선혜
인쇄 | 프리테크인
주소 | 서울시 금천구 가산동 60-17 백상스타타워 1차 701호
고객상담실 | 02-3477-5129
팩스 | 02-599-5112
홈페이지 | www.olivemnb.com

ISBN 978-89-90673-31-2

ⓒ 김지하 2013
저작권자와의 협의에 의해 인지는 생략합니다.
이 책의 판권은 저작권자와 올리브 M&B에 있습니다.
양측의 서면 동의 없이는 무단 전재 및 복제를 금합니다.

잘못된 책은 구입하신 서점에서 바꿔드립니다.

국립중앙도서관 출판사 도서목록(CIP)

(김지하의) 수왕사 : 삼천 년을 짓밟혀 온 못난 백성들과 여인들의 역사
/ 지은이: 김지하. -- 서울 : 올리브 M&B, 2013
p. ; cm

ISBN 978-89-90673-31-2 13100 : ₩15000

철학 사상[哲學思想]

100-KDC5
100-DDC21   CIP2013023148

김지하의 수왕사

삼천 년을 짓밟혀 온
못난 백성들과 여인들의 역사

Olive
올리브 M&B[주]

▲ 앵봉(鶯峰)

경기도 이천군 설성면 수산1리(이전에 앵산동으로 불렀음)에 있는 아주 작은 둔덕이다.
음력 1895년 4월 5일 水王會가 시작된 곳.
경매로 넘어가 외지인에게 팔렸다고 한다.
앵봉 주위로 비닐하우스 농가가 바짝 둘러싸고 있다.
아무런 기념비나 팻말도 없이 버려져 있다.

▲ 원주시 호저면 고산리 안쪽에는 해월 선생이 체포된 오두막

관청에서 복구했다고 하지만 먼지가 수북히 쌓여 있고 주변이 황량하다.
근처에 사는 주민들도 안타까워하며 관청을 질책하고 있다.

▲ 양평군청 정문쪽 경천정(敬天亭) 옆 행복정(幸福亭)
李水仁이 죽은 자리로 정자 이름이
우리 역사 속 비극적인 죽음과 대비된다.

▲ 양수리 두물머리 입구 오른쪽 채마 밭
이쪽으로 죽 들어가면 〈두물머리 주말 농장〉이란 말뚝이 서 있다.
해월 선생이 숨어 있던 곳.
해월 선생이 숨어서 이수인의 죽음 소식을 듣고, "蝨가 李다!"라고 외쳤던 곳이다.

▲ 광격리 팻말
고산리에서 횡성으로 가는 길 쪽에 있는 곳으로,
갑년이가 살던 甲수里의 현재 지명을 가리키는 것이다.

▲ 섬강
원주시 호저면 고산리 거의 다 와서 다리가 있는데,
이 다리에서 찍은 사진이다.

▲ 구 곤지암 '주놋거리' 삼거리
옹청 박물관 입구로 해월 선생 묘소 8km라는 팻말이 있는 곳이다.

▲ 구 곤지암 삼거리에 서 있는 옹청 박물관
해월 선생이 천주교 옹기장수 요섭을 만난 곳이다.

▲ '주놋거리' 삼거리에서 이포 쪽 방향
오른쪽 비탈길을 내려가다 보면 해월 선생 묘소 4km라는 팻말이 보인다.

▲ 산 속으로 들어가서 광금사 근처
해월 선생 묘소 2km 전이라는 팻말이 나온다.
여기서 원적산 천덕봉 쪽을 찾아 가야 한다.

▲ 광금사 원적산 천덕봉, 해월 선생 묘소

광금사에서부터 왼쪽으로 올라가야 한다.
약 2km 길이 폭우로 무너져 걸어가야 하는데다가 묘지도 관리가 안 되고 있다.
구불구불한 산길을 따라 여기까지 올라오는 동안 표지판을 찾기가 힘들었다.

▲ 진안 대불리에서 바라본 운장산 전경

전라도 일대에 남학밭이라는 오랜 민중 비밀 조직이 있었다. 1894년(갑오년) 진안 대불리(大佛里) 벌판에 5만여 명의 남학(南學)민중이 집결하여 동학 혁명처럼 봉기하고자 했다. 하지만 직전에 지도부의 의견대립으로 연기되어 관군에 의해 토벌된 비운의 땅이다.

머리말
수왕(水王)역사의 출발점은 '모심(섬김)'

'모심'은 수왕(水王) 역사의 기점이다. 그리고 모심은 동학(東學)사상의 핵심이다. 또 모심은 묘연화엄개벽(妙衍華嚴開闢)의 시작이다. 모심(섬김)은 예수 사상의 근간이고 퇴계, 남명의 영남학의 보물이다. 또 불교적 합장(合掌)과 남무(南無)의 길이다.

그 모심이 또한 위기에 부딪히고 있는 현대 세계 경제의 살길이기도 하다. 아날학파 (Annales School)의 페르낭 브로델(Fernand Braudel)은 "산업혁명이라는 비행기가 뜨려면 적어도 50여 년의 비행기를 만드는 준비 기간이 꼭 필요하다."라고 했다. 축적 순환의 장기지속이라는 콩종튀르(conjoncture)가 바로 그것이다. 콩종튀르가 곧 모심이다. 아닌가?

지금이 바로 현대 신시(神市)에로의 콩종튀르 시기가 아니던가?

3천 년을 짓밟혀 온 아이들과 여성들과 못난 백성들(玄覽涯月民)이 선, 후천개벽으로 한번 일어서려면 먼저 모심실천이 철저히 요구된다. 수왕사(水王史)란 바로 이 역사요, 이 역사의 근현대 한민족적 흐름의 하나를 말한다.

나는 본디 동학당(東學黨)이다.

그러나 천도교가 아니고 '나 홀로 동학당'이다. 내 집안이 동학당이요, 그 이전엔 또 당취불교(黨聚佛敎)였다. 증조부와 조부와 조모 이야기다. 내 부친은 남로당(南勞黨)이 아닌, 수왕회 계열인 오성택(吳成澤) 뒷개네의 공생주의(共生主義) 오목당이었다. 그러다가 나중에는 남로당으로 합당한 수왕(水王)빨갱이였다. 이 수왕사 이야기를 어디서 들었느냐는 질문들이 나올 수 있는데 그 근원은 바로 우리 집안이다. 집안에서 들은 이야기의 순서를 숫자로 표기한다.

기억의 숫자는 역사적 상상력의 순서로서 심오한 의미가 있다. 기억이란 기이한 것이어서 지우려고 하면 서서히 지워진다. 내가 한창 자랄 때 아무리 생각해도 내 생애에 이롭지 못할 것 같아 이 기억을 지우려 노력했다. 그러다 광우병 사건이 났을 때 시청 앞 촛불을 접하며 다시 살아나기 시작해서 한편의 역사로 엮어졌다.

 동학당 김이민(金以民)선생은 우리 집안의 6촌 할아버지 뻘로, 왜 지워진 기억이 다시 살아났을까? 아이들과 여성들과 못난 백성들의 화엄개벽이 시작되어서인 것이다. 실로 이제 수왕사는 시작이다. 도입부의 들쑥날쑥한 기록들을 다듬지 않고 그대로 두고, 후반부의 무슨 공부 과제 같은 메모들을 숫자만 붙여 그냥 그대로 두는 까닭은 그것이 곧 수왕사의 시작이기 때문이다.

 다시 말한다. 수왕사는 이제 참으로 시작이다. 세계는 수왕사와 함께 선, 후천 융합 대화엄개벽과 함께 획기적으로 크게 변할 것이다. 그 뒤는 어찌될까? 우선은 일단 정역(正易)의 김일부(金一夫) 주장처럼 춘분(春分), 추분(秋分)이 중심이 되는 4천 년 유리세계(琉璃世界)가 올 것으로 믿는다. 그리고 월인천강(月印千江)과 일미진중함시방(一微塵中含十方)의 해인삼매(海印三昧)가 오지 않을까? 또 태양지정(太陽之政)이 오지 않을까?

 다만 지금 당장 우리에게 요구되는 것은 수왕사와 같은 지극한 모심, 바로 그것이다. 그래서 거추장스럽지만 수왕사 앞에 일부러 '모심'이란 두 글자를 강조해 넣는다.

원주에서
김지하(金芝河)

차 례

1. 삼천 년을 짓밟혀 온
   못난 백성들과 여인들의 역사(水王史) ‖ · · · 15p

2. 스탠포드(Stanford University)
   大學校 특강 ‖ · · · 213p

3. LA 동포들 앞에서의
   열여섯 가지 이야기 ‖ · · · 227

4. 特別 寄稿 ‖ · · · 233p

5. 講演 – 다섯 척의 배 ‖ · · · 243p

6. 김지하의 바다 시 ‖ · · · 279p

1. 삼천 년을 짓밟혀 온 못난 백성들과 여인들의 역사(水王史)

1)
李水仁.

2012년 겨울, 대한민국 대통령 선거 때의 일이다. 李甲山 씨의 요청으로 서울에서 '중도 보수 시민연합'의 시국 강연에 응해, 강연에서 박근혜 후보 지지를 표명했다. 그때 강연 초점을 이조 말 동학 제2대 교주 해월 최시형(海月 崔時亨) 선생 측근인 28세의 여성 李水仁 이야기에 맞췄다.

정확하게 말한다면 이수인의 <모심(섬김)>과 <수왕회>, 즉, 그녀의 <화엄개벽모심> 실천의 사례를 들었던 것이다. 이수인은 누구인가? 물론 동학당이다. 그러나 화엄경 자행 동녀 스타일의 <무승당해탈인(無勝幢解脫人)>이다.

2)
참가자
孫天民(손천민, 東學)
金以民(김이민, 東學)
印正言(인정언, 南學)
奇世椿(기세춘, 正易)
彬杉(빈삼) 和尙(금강산 당취두목)
乃紅 스님(모악산 수왕사 주지)
撊(백두산 천부경 수련자)
蟊('이', 李水仁, 28세, 여성, 海月 수발 동학당) – 金以民이 차출함.
海月(최시형)

3)

水王會 첫 모임.

가. 서기 1895년 음력 4월 5일 밤 8시.

나. 경기도 이천군 설성면 수산 1리 앵산동(鶯山洞)의 앵봉(鶯峯)

다. 수운 득도일 향아설위(向我設位) 제사를 오전 11시에 지낸 뒤 그날 밤,

라. 8시 경 앵봉 위에서 9인이 최초 회동함.

마. 이튿날 새벽 3시(5시?)까지 약 7시간 동안 토론.

4)

그때의 海月 발언.

가. 水雲(최제우)의 시, 남진원만북하회(南辰圓滿北河回, 남쪽 별이 원만을 얻으면 북쪽 지구 자전축을 되돌릴 수 있다.)

나. 화엄불교(華嚴佛敎)와 동학개벽(東學開闢)의 결합 필요성을 중심으로 제(諸)세력간의 연합 투쟁을 강조함.

다. 화엄경 입법계품(入法界品)의 묘덕원만신(妙德圓滿神) 사상 및 마야부인(摩耶夫人), 구파여인(瞿婆女人), 변우동자(徧友童子) 등의 여러 사상과 함께 海月 자신의 향아설위(向我設位) 및 식일완만사지(食一婉萬事知 - 밥 한그릇이 진리의 깨달음이다) 사상 사이의 대 융합을 강조함. 이것은 海月, 빈삼和尙(빈삼화상)이 공동 제의 한 것.

라. 南學-正易의 개벽관의 결합 강조.
奇世椿의 포오함육(包五含六) 사상 강조. 金一夫의 애기달 이야기가 자주 나옴.

마. 擥의 천부경(天符經) 이야기.

천부경의 중요 개념인 묘연(妙衍)의 중요성, 만왕만래(萬往萬來)에서 인중천지일(人中天地一)까지의 화엄개벽 전제 조건으로서의 여성, 모성성 중심의 수왕(水王) 모심. 실천 주체로서의 여성과 어린이 강조.

5)

水王會

위와 거의 일치된 견해로서 9인 조직의 명칭을 水王會로 정하고 수왕회의 주체인 아기들, 여성과 인민의 이름을 현람애월민(玄覽涯月民)으로, 孫天民의 제안에 의해 정하다. (玄覽·애기, 涯月-소외된 여성, 民 - 쓸쓸한 백성 - multitude)

6)

남조선(南朝鮮) 후천개벽 실천에 이은 중조선(中朝鮮)에서의 화엄불교와 원만중도(圓滿中道)의 실현 및 합법(合法)과 전중생(全衆生) 구원 운동의 필요성에 합의한다. 그 결과로써 북조선(北朝鮮), 북극(北極), 북(北)의 우주개벽 실현 전망(전통적 세계 문명 대국의 일반적 상징 '北')을 세운다.

7)

전국적, 전 세계적인 미래지향적 지하 조직 노선의 합의에 도달한다 (노선에 있어서의 여성, 어린이, 쓸쓸한 대중의 주체성이 나옴).

8)

蟲의 발언, (金以民의 끈질긴 요청으로 간략히 대답한다) 이에 海月의 전적인 찬동, 지지 발언을 듣게 된다. 왈,
"후천화엄개벽의 참 주체는 어린이를 가진 여성이다. 따라서 화엄개벽모심(佛儒仙 통합)의 세 가지 이치는 첫째. 모성(엄마 마음), 둘째, 밥, 셋째, 여성 몸의 월경(月經)이다."

9)

蟲는 이후 3차례 회의에 참석 후 1896년 가을 어느 날, 양평시장에서 체포되어 여러 포졸들에게 강간당하고 핏자국 흥건한 죽임을 당한다. 죽임을 당한 곳은 지금 양평군 군청 건물에서 남한강 쪽으로 나 있는 길가다. 그곳에 <경민정(敬民亭)>이 있고, 그 옆에 <행복정>이라는 기와집 정자가 있는데 바로 그 정자 자리다. 그때 해월 선생은 두물머리 입구 오른쪽 채마 밭의 나무 한 그루와 전신주 하나가 있는 지금의 '두물머리 주말 농장' 자리 오두막에 숨어 있었다. 거기서 소식을 듣고 조용히 울며, "이(蟲)가 오얏(李)이다!"라고 소리쳤다.
그때 두물머리에 초승달이 떠 있었다.

10)

그날(1895년 음력 4월 5일 밤) 사건에서 반드시 기억해야 될 사안들.
  가. 모임이 다 끝나가는 새벽에 海月의 제안에 의해 이 모임, 조직, 운동의 명칭을 水王會로 정한다. 아무 반대도 없었다는 점은 매우 중요하다.

나. 수왕회(水王會)의 수왕(水王)은 '여성 임금'을 뜻한다. 즉, 그 자리에 앉아 있던, 그리고 세 가지 이야기를 내놓은 蝨라는 28세 미혼의 구박덩어리 여성이 곧 水王이라는 海月의 주장이다.
여기에 대해 전원 찬성을 받는다.

"蝨가 곧 李다."라는 海月(海月)의 의미 심장한 강조가 이어진다. 그 내용은 이렇다. 李는 오얏 리씨로써 당시의 왕통(王統)이다. 蝨의 성씨, 즉 무주 이씨(茂朱 李氏)는 잘 알려지지 않은 작은 계파로써 그녀는 원래 全州 李氏였던 것이다. 전주 이씨 가문에서 소외된 것이다.
즉, 삼천 년 天地傾危에 의해 쫓겨난 지구자전축(地球自轉軸)인 경도(經度)의 기위(己位)인 대황락위(大荒落位)에 해당, 밑바닥이라는 뜻이다. 그런데 개벽 즉, 기위친정(己位親政)으로 바로 해석한 것이 다름 아닌 印正言(남학)과 奇世椿(정역)이었다. 이것은 매우 중요한 사건이다.
(金一夫 정역 관련의 易 해석)

11)

蝨는 자신이 李씨(王統) 임에도 이 세상 벌거지들 가운데서도 가장 더럽고 해로운 밑바닥 벌거지인 蝨에 불과하다고 말한 것이다. 28세인데도 미혼임을 볼 때 당시 풍속으로 보아 큰 하자가 있었을 것이다. 蝨는 상당히 험한 삶의 길을 걸은 것으로 보인다. 근친상간이나 강간 경험이 있는 것 같다. 얼굴이 고운 미인이었다는 점, 집안에 의해서가 아닌, 그 스스로 동학에 입도한 점, 이른바 '전라도 동학의 검은 귀신'으로 알려진 金以民의 가까운 동지로, 그에 의해 海月 수발(매우 중요한 위치다)로 차출된 것이 도리어 그 한을 반증해 준다.

그녀가 바로 기위친정(己位親政)이며 '네페쉬하야'의 예루살렘 입성(入城)이요. 海月의 주장처럼 북극태극(北極太極), 즉 친정(親政)의 위치, 우주의 임금 자리의 물을 개벽하는 여성 월경의 물, 즉 회음(會陰)의 주체인 바로 그 水王이었던 것이다.

그 水王을 찾아서가 水王會의 취지다. 이래서 후천개벽이고 묘덕원만신(妙德圓滿神, 화엄경의 초기 神巫), 마야부인, 구파여인, 변우동자, 덕생동자, 유덕동녀와 一日二日花食鳥朋大聖佛(하루 이틀 꽃잎을 먹여 새를 날게 만드는 큰 위대한 부처님)이라는 창녀(이후 쓸쓸한 善知識들)의 공부 내용인 신화엄의 주체인 것이다.

이는 海月과 彬杉和尙(빈삼화상)과 印正言 등의 합의였고, 거기에 백두산 천부도인(天符道人)이 천부경의 妙衍으로, 奇世椿이 포오함육(包五含六, 보름달 후의 초승달)로 여성과 어린이를 융합시킨 개벽 주체관이 여실히 보여진다. 여기에서 애기날(조직은어)이 나타나고 끝내는 孫天民과 金以民의 제안에 의해서 조직 주체의 은어인 현람애월민(玄覽涯月民)이 합의된다.

12)

水王會는 1898년(음) 4월 5일 이전 원주의 호저(好楮)모임(古山里 元鎭汝 생가의 海月 피신처)까지 4년 동안 27차(매우 정확한 자료가 전주와 기타 남쪽에 있음. 앞으로 확인되어야 함)에 걸쳐,

가. 향아설위(向我設位)와 입법계품(立法界品, 화엄경)의 묘덕, 마야, 구파 등의 비교.

나. 모임은 이미 수운(水雲)의 시, 남진원만북하회(南辰圓滿北河回, 남쪽 별이 원만을 얻으면 북쪽 강물이 방향을 바꾼다)와 화엄경의 보현행원품(普賢行願品) 비교 공부를 거의 완료했다.

13)
李水仁은 갑오혁명 실패 후 1895년 이천군 설성면 수산 1리 앵산동(鶯山洞)에 숨어있던 海月선생을 수발하던 동학 여성으로 이름이 이(蝨)였다.

그 할아버지의 본래 성씨는 전주 이씨(全州 李氏)였다. 정조 후기 한 반정 사건 관련으로 집안(전주 이씨)에서 말썽이 나자 스스로 몸을 피해 무주(茂州)로 옮긴 뒤 성씨를 무주 이씨로 바꿨는데, 그 흔적이 이(蝨)라는 이름이다. 스스로를 낮춰 부른 것이다. 벌레란 뜻이다.

海月 선생도 1894년(甲午年) 겨울, 혁명이 실패로 돌아가자 충청도 옥천 땅에서 경기도 이천군 설성면 수산1리 앵산(鶯山)으로 옮겨 숨어 있을 때 1895년 음력 4월 5일, 그러니까 수운 최제우 선생 득도(得道)기념일 제사를 대낮 11시쯤에 지냈다. 그때, 역사 이래 동서양 양대 제사에 공통적인 향벽설위(向壁設位), 즉 벽(壁)을 향하여 위패와 음식을 차려놓은 후 절하고 비는 제사 양식을 철폐하고, 향아설위(向我設位), 즉 제사지내는 사람 자신인 '나'를 향하여 '내'가 위패와 음식을 차려놓고, 절하고 비는 제사양식을 시작한다. 하느님, 부처님, 조상, 선생님, 그리고 나라신의 영(靈)이 바로 내 안에 살아있다는 이야기다.

이때 海月을 그곳에서 수발한 사람은 단 한 사람 뿐. 28세의 지혜로운, 미모의 동학당 여성인 矗 뿐이었다. 제사가 끝난 뒤 海月은 미리 예정을 잡고 기별한 矗 외의 여덟 사람과 앵산동 바로 앞, 논 한가운데 있는 조그만 동산인 앵봉(鶯峰) - 엊그제(2013년 10월) 가보니 흰 비닐하우스가 여러 개 들어서서 둘러싼 꼴이 되어 있다. 안타까운 일이다. - 에서 오후 늦게 만나, 이튿날 새벽 5시 경까지 그날의 화엄개벽 회합을 갖고 水王會 결성을 논의, 결정한다. 회의에 참석한 여덟 사람은 이미 밝힌 바와 같이 다음과 같다.

彬杉和尙(빈삼화상)(금강산 당취지도자, 승려)
乃紅(내홍, 전주 모악산 대원사 옆 水王寺 주지)
捴閃(민, 백두산의 天符經 수련자)
孫天民(동학)
金以民((동학)
印正言(남학)
奇世椿(정역)
이(矗, 李永仁)

이때의 공부 내용이다.

첫째, 신(新)화엄개벽의 원론과 주체(여성성).
둘째, 그 신 해석에 의한 화엄개벽 행동(조직 포함), 실천 방향(보현행)의 현대적 과제(현대에는 무엇을 뜻하는가?) 이다.

14)
중요한 것은 20회 이상 넘어서면서 거의 일치된 결론이 다음 일곱 가지라는 점이다.

　가. 여성과 어린이와 소외대중(노인, 병약자, 밑바닥 농민 등)이 화엄개벽모심의 주체라는 점,
　나. 이 세계는 화엄경 중의 월인천강(月印千江)과 일미진중함시방(一微塵中含十方)의 두 원리로 개벽되어야 한다는 것.
　다. 이 세계는 세 가지 경제원칙 즉 화엄경 대종이과(大宗二科)의 동진불염리생상도(同塵不染 利生常道)의 경제원리와,
　라.일세지인 각지불이(一世之人 各知不移)의 동학의 실천적 모심 원리에 따라서,
　마. 水雲의 산위의 물(山上之有水), 즉 옛 神市 (호혜, 교환, 획기적 재분배. 그 자리에서 원칙이 제기된 것은 아니다)의 오일장(五日場) 원형을 도리어 강화하는,
　바. 비단 깔린 장바닥(또는 비단깔린 길바닥)이 시장경제 원리라는 것(일부에서는 '喜悲籬'를 그 시장에 대칭한다. 뉴욕 은행 금융사태 직후 프랑스(안젤리카 조안나)의 '神의 우물'이다. 이후 조금 길게 설명될 것이다).

나는 2013년 1월 2일 오후 1시 문득 차를 타고 海月선생의 '앵산'이 있는 그곳 여주, 이천과 두물머리(양수리)를 다녀왔다. 양평장터의 지금 군청이 있는 한강 가까이 螽가 강간당해 찔려 죽은 곳 인근을 둘러봤다. 그리고 이어서 海月선생이 그 소식을 듣고 그날 밤 나루터 너머 큰 물 위에 하얀 초승달이 떠있는 것을 보고 한없이 흐느껴 울며 나지막이 몇 번이고 "螽가 李다."를 외치며 울부짖었던 그곳

을 다녀왔다(그곳은 평범한 밭인 '두물머리 주말농장' 자리다). 蠡가 바로 임금이라는 뜻, 기위친정(己位親政, 正易의 金一夫의 말)과 같은 뜻이다. 개벽이다.

모심(섬김)은 삶의 예절이고 마치 불교의 남무(南無)나 합장(合掌)과 같은 것이다. 그러나 동시에 그것은 퇴계, 남명 등 영남학의 우뚝한 철학원칙, 하늘이 인간에게 내리는 성(誠), 즉 성실성보다 인간이 하늘에 바치는 경(敬), 즉 공경이 훨씬 더 귀중하다는 대원칙이고 불교의 대화엄의 핵심인 입법계품(入法界品)의 자행동녀(慈行童女)의 이른바 무승당해탈(無勝幢解脫)의 참으로 높은 차원이고, 기독교의 '최고의 사랑은 섬김이다.'이며 결국 동학의 바로 시천주(侍天主)의 시(侍), 즉 모심이다. 그것 뿐인가? 아니다. 인류는 '1% 對 99%의 대결'이라는 금융자본주의 대결 과정에서 그 해결이 경제학(economy) 등에서 말하는 자본주의니 공산주의 따위가 아니고(economy is ended - 영국 경제학), 공산주의 일변도는 더욱 아니며 어물어물한 중도도 아니고 결국은 '인류경제역사는 고대 신시(神市)에로 환귀본처(還歸本處)한다.'라는 진리를 깨달아야 하는 것이다.

어떻게? 뉴욕 금융 쇼크 직후 발생한 프랑스 시골, 도시 등의 작고 따뜻한 시장인 '神의 우물'이나 일본 여성들의 대지진 전의 '아메 요코', 그리고 한국 중소 도시 지역에서 퍼지기 시작한 5일장 등의 조짐인 것이다. 그것은 결국 따뜻한 자본주의니, 착한 경제 따위의 어정쩡한 표현으로 포장돼 있으나 본격적으로는 카알 폴라니(karl polany)나 스탠필드 등의 아시아 신시(神市) 연구의 거대한 변환(the great transformation)을 현실화 시키는 일인 것이다. 그것은 그야말로 종교적 자선(기부 따위 등), 자본주의, 사회주의를 다 융합한 '호혜, 교환, 획기적 재분배'의 새로운 경제인 것이고 화엄 불교의 이른바 동진불염 리생상도(同塵不染 利生常道), 또는 동학의 <비단깔린 장바닥(山上之有水)>일 것이다.

그러나 그것도 갑자기 오지 않는다. 마치 산업혁명처럼 오랜 기간을 기다리고 준비해야 하는 것이다. 중국은? 갑자기 오는 것은 'bubble'일 뿐이다. 무엇일까? 아날학파(Annales School)의 페르낭 브로델(Fernad Braudel)의 말처럼 '비행기가 뜨려면 지상에서 비행기 만드는 시간이 필요한 것'이다. 'bubble'(지금의 중국경제에 대한 스티글리츠나 기 소르망의 비판)로 모든 것이 제대로 되는 것은 아니다. 그때에 필요한, 절대적으로 필요한 것이 바로 모심(섬김)이다. 마치 여성적 윤리 같은 참을성과 준비성이다. 축적 순환의 지속 행위인 것이니 바로 아날학파의 콩종튀르(conjoncture)인 것이다. 콩종튀르가 바로 실제에 있어서의 모심의 실천적 미덕이다. 모심이 바로 conjoncture다. 경제 민주화라는 헌법 차원의 대원칙 따위로 그 준비와 기다림과 기도가 이루어지지 않는다. 무상급식과 반값 등록금 따위로 무엇이 해결되겠는가? 그렇다면 '창조경제'는 무엇인가?

오늘이 癸巳(2013년) 1월 7일이다. 이번 선거전에서 무상급식이니 반값 등록금 따위 가지고 이 시기, 이 사회, 이 세계 차원의 돌파가 가능하다고 믿는다면 사기꾼이나 바보 아니면 간첩에 불과하다. 그럼 창조 경제를 위해서는 무엇이 긴요한가? 창조(conjoncture 축적순환)를 위한 문화적 핵심 조건은 무엇인가?

바로 모심이다. '1% 對 99%'라는 반 년 간의 세계 투쟁에서 나온 것은 좌익구호도 아니고 무슨 대안도 아니었다. 도깨비나 귀신에 대한 저주(마치 붉은악마나 촛불과 같은 문명사적 대회전을 의미한다)였다. 경제 혼란에 대한 영국 여왕의 신경질에 대해 유럽 최고의 경제학자들인 영국각료의 합의된 대답은 단 한 마디, '경제학은 끝났다.'(economy is ended, 유럽경제과학 일체를 말한다)였다.

프랑스 일각에서 일어나고 있는 맑스 서적의 대(大)인기는 무엇인가? 계급투쟁인가? 아니다. '유물론과 변증법 없는 읽기' 즉, 자본주의 사회 모순 들추기일 뿐이다. 또 독일의 일각에서 히틀러만세 시위가 한창이다. 그러나 1~200명 수준에 불과하다. 일본 대지진 직전의 료조(龍女, 사카모토 료마를 공부하는 여성 모임), 레키조(歷女, 백제 역사가 일본에 준 영향을 공부하는 여성 모임)'는 욘사마(이른바 조선 배우 배용준이 아닌, 배용준의 이름을 빌린 일본 여성들의 집단적 자기 부활 운동, 가또 기요시의 말)에 이은 여성 부활 운동으로 결국 껍데기뿐이었던 동경 거리의 400m 재래시장의 갑작스런 대부활, 아메 요코를 가져왔다.

이것은 경제통 요사노 가오루나, 行天豊雄 등의 카알 폴라니 추종인 따뜻한 자본주의, 또는 착한 경제 붐이었다. 바로 이것이 곧 모심이었다. 다시 말해 신시(神市)에의 환귀본처(還歸本處)의 징후였던 것이다. 그러나 극우파는 대지진의 저주와 함께 전면적 반동을 일으켰다. 모심, conjoncture에 대한 반역인 것이다.

우리도 한국에서의 '박근혜 쇼크'에 앞서 근대기의 모심을 동학과 불교 등의 화엄개벽과 수왕회의 전통에서 찾아봐야 한다. 꼭 그래야 한다.

15)

이때 이미 논의된 다음 문제들을 먼저 상세히 검토해야 할 것이다.
① 契, 소쿠리, 품앗이, 한울시장(天市, 神市)또는 바다 시장(海市, 波市)등에서,
② 동학의 육임제.(六任制의 재생문제包接制의 경제학적 세부정리 필요.)
③ 합좌제도에 의한 단상 단하의 화백제(和白制) 정치회의가 필요하다. (이미 1894년 南道일대의 동학 통치, 갑오년 폐정개혁 때 나타났음.)
④ 조직원리는 수운 시절 포접을 넘어서서 역시 1894년 가을에 나타난 바 있는 불연기연(不然其然)과 개폐원리(開閉원리) 즉, 三不入(班不入, 士不入, 富不入)과 동시에 마당포덕(布德)의 병행을 검토해야 함.
⑤ 수련 원칙은 화엄경의 묘덕원만신(妙德圓滿神)의 공양 모심-개벽-화엄 순서를 시천주(侍天主) 주문 39字-강령주문(降靈呪文) 8자, 본주문(本呪文) 13자, 실천주문 18자의 밥과 몸수련(밥을 중심으로 한 회음, 중단전, 하단전, 상단전-반복 주문 단전주)으로 모심 禪(이때 이미 이 용어가 출현한다. 17번째 모임에서다. 동학 金以民의 제안)이 제시된다. 彬彬和尙(빈삼화상, 금강산 당취 두목)이 이때 모심과 함께 전투적 실천의 기운을 양성키 위해서는 몸 주문 수련이 필요한데 고려 때의 강화도 무신정권 당시의 선승 혜정(禪僧 惠正)의 당파선(鐺把禪), 비중리변(非中離辺)을 배합해야 한다고 제안한다. 海月에 의한 결론으로 모심당파(鐺把)로 마무리된다. 바로 이것(모심당파)이 밀교(密敎)가 아

닌 천부(天符) 수련(仙道)과 불교의 선(禪)이 海月 동학의 향아설위(向我設位) 안에서 융합된 그 나름의 '화엄법신禪'으로써의 "모심鐺把"이라는 것이다.

⑥ 이 때 단전주(丹田住) 형식의 復勝, 充拡(복승 충확) 모심 구조의 몸수련에서, 영동천심월(影動天心月)의 그 영(影)의 정체를 논의한다. (12회째 모임에서다. 奇世椿과 金以民의 제안이다).

16)

첫 회전(첫弓)에서는 각 단전(丹田)에 새파란 별(南辰)을 강하게 띄운다. 둘째, 회전(둘째 弓)에서는 각 단전에 새빨간 꽃봉오리(圓滿)를 살며시 피운다. 이것이 복승(復勝)양식이다. 셋째, 명명(明明)과 염염(念念)에서 확(擴-明明)과 충(充-念念)의 확충(擴充) 양식으로 나가는데 이때 明明의 擴은 푸른 별의 十方(十无極, 십무극) 확산으로 念念의 充은 붉은 꽃봉오리의 四丹田(仁義禮智)에 오므리는 것이다.

마지막 지화지기 지어지성(至化至氣 至於至聖)은 합장으로 온몸과 마음 온 우주에 복승(復勝), 즉 개벽적으로 화엄시킨다(혼돈적질서, chaosmos, 混元之一氣, 弓弓太極 또는 大慈大悲, 八呂四律 등 이야기를 주로 주장한 이는 빈삼화상이었다) 즉, 삼천대천 세계(三千大千世界)의 무궁을 생각한다는 뜻이었다.

⑦ 맨 앞 강령 주문은 혼원지일기(混元之一氣)이신 한울님 즉, 비로자나부처님을 생각한다는 점이 맨 마지막으로 합의된다. 비로자나부처님은 곧 한울님이라는 점이 합의된다. 주문 시천주(侍天主)에서 天이 설명없는 空, 無, 虛, 無極, 無窮 즉, 비로자나 부처님의 대침묵과 함께 무사불섭 무사불명(無事不涉 無事不明)과

똑같은 의미라는 점이 전원 합의되었다는 것은 매우 중요하다.

17)
이미 3회째 모임

주놋거리-곤지암 근처의 원적산 천덕봉 광금寺 뒷편에 지금 海月 묘소가 있는데, 해월 묘소로 진입하는 입구에 있음(이천군 여주강 바로 옆 언덕). 주놋거리 모임에서는 한 사람의 천주교 옹기장수도 참가한다. 그 이름은 요섭(要攝)이다. 이것은 앞으로 진정 매우매우 중요하다. '동방예수의 길'에서 중요하다.

1895년 가을 음력 9월 초 모임이다. 9월 9일로 보인다. 이 옹기장수도 주놋거리 주막 뒷방에서 海月에게 제 이름을 다만 요섭이라고 소개, 앞으로 중요한 사람을 포섭하는 조직 일만 맡겠다고 하고 (요인을 아낙과 아기라고 하여 海月의 감동을 샀다) 그밖에 일체 발언을 삼갔다고 한다.

18)
주놋거리 주막 뒷방(이 주막은 2012년 초까지도 가게들 형태로 남아있었으나 2012년 후반에 철거되었다. 이 주막에서 여주강(이천강) 방향의 산등성이 쪽으로 조금 올라간 곳에 海月 묘소가 있다. 왜 海月 묘소가 고향 경남 경산이 아닌 그곳에 있는 것일까? 곤지암 입구 쪽 주놋거리 삼거리에 천도교 제 2대 교주 海月 최시형 묘소 8km, 그곳에서 여주강 쪽으로 내려가다가 길 오른 편, 이포 쪽으로4km 내려가면 '천도교 제 2대 교주 海月 최시형 묘소 4km'라고 되어 있고 그곳에서 다시 광금사라는 불교수련원 쪽으로(오른편) 산골짜기로 들어서면 해월 최시형 묘소 2km, 그리고는 광금사라는 수련 암자가 있는 그 뒤, 원적산 천덕봉에 천도교 제 2대 교주 海月 최시형 묘소가 있다.

왜 그 묘소가 고향이 아닌 머나먼 객지인 이천 여주 땅의 강 옆 작은 산위에 있을까? 왜인가?

19)

"이곳은 후천개벽이 동, 서학 합일 하에 이루어지는 곳이다. 나를 이곳에 묻어다오."라는 주놋거리(곤지암은 지금은 시내를 가리키지만 원래 옹청 박물관 입구 삼거리, 이곳이 원래 곤지암이다)에서의 해월 선생이 유언한 바 있다.

이 유언을 받들어 천주교 '곤지암에 연관된 옹기장수 요섭이 스스로 동학당 두 사람과 함께 1897년 5월 좌포청(단성사 뒤편)에서 처형된 海月 시신을 종로 거리에서 밤에 들쳐 업고 이천의 여주강가(원적산 천덕봉 생금시 뒷편 깅가의 언덕 위)에 매장했다. 참으로, 참으로 기이한 인연이 아닐 수 없다. 동방 서방에 다 같이 참으로 자심한 인연이다. 동방 예수의 길과 동학과 서학의 새로운 끈은 북경 마테오·리치의 16세기 노력과 함께 이곳에서부터 잡아나가야 할 것이다. 왜? 천부(天符)의 핵인 바로 그 묘연(妙衍)의 비밀 때문이다.

20)

그렇다면 바로 그 가까이에 있는 천주교 성지 곤지암의 옹청박물관과 원주 한지의 고장 호저면(好楮面) 고산리(高山里) 원진여(元鎭汝) 生家 터(海月이 체포된 곳이 이곳 – 그곳에 오두막이 있고 비석, 안내판, 다 있다)와의 현대적 인연 또한 그리 먼 것은 아닐 터이다. 이곳

등에서의 금강산 당취 빈삼(彬杉) 등과의 공부모임에서 海月이 1895년 9월 9일 밤 발언,

"이 근처는 서학(西學)의 중요한 활동지다. 그래서 의미가 매우 크다. 한 道가 머언 땅에서 처음 布德할 때, 서양 진리가 동양에 와서 그 뜻을 펼칠 때 딛고서는 처음 땅은 매우 중요한 한울의 뜻을 가진 곳임이 틀림이 없다. 이곳, 주놋거리는 틀림없이 오늘날에 동양과 서양의 道가 함께 만나는 참말 원만(圓滿)의 땅이 될 것이다. 이곳에서 水王會가 모여 여기 이 사람 '요섭' 公을 만난 것은 진정 한울님의 뜻이요 부처님의 뜻이다. 나는 죽어서 바로 이곳에 묻히고 싶다. 이곳 산천 아무 곳에나 묻어다오. 꼭 그렇게 해다오. 이 곳 풀 한 포기, 물 한 방울, 흙 한 줌 만으로라도 (되어) 다가올 그 큰 날의 빛을 보고 싶다."

금강산의 彬杉和尙(빈삼화상)과 옹기장수 요섭이 다같이 눈물을 흘리며 동의하고 거듭 약속했다고 한다. 주놋거리 인근의 옛 촌로들 사이에 회자되는 전설이기도 하고 金以民(동학)선생의 미확인 구술이기도 하다.

21)

바로 이날 밤참 때의 일이다. '밥'에 대한 海月 선생의 말씀이 있었다. 향아설위(向我設位)와 식일완(食一婉)이 만사지(萬事知)라는 주제의 법설(法說)이었다. 彬杉和尙(빈삼화상)이 벽암록에서 운문선사(雲門禪師)의 공안(선문답집)인 진진삼매(塵塵三昧)의 '바루 속의 밥 한 그릇과 통 속의 물 한 모금이 모두 화엄법신(華嚴法身)'이라는 이야기에 동조하며, 이날 내내 함구했던 요섭이 海月의 매장 약속과 함께 딱 한 마디를 했는데, 예수의 최후 만찬 때의 말인 '이 빵이 내 몸이다.'와 카

톨릭 미사의 영성체의 의미(sacramentarium)애기였다.

 이 애기를 하며 호응한 것이었다. 꼭 같다는 뜻이 아니라 비슷하다는 정도의 발언이었으나 오늘 이것은 모심의 진리로서 특히 묘덕원만신(妙德圓滿神) 부분의 공부에서 화엄개벽의 가장 중요한 대목이 되는 밥 애기다.

 우주 모든 부처의 배꼽에서 수생장(受生藏-생명의 씨앗인 물)과 수생자재등(受生自在燈-여성의 예감인 빛)이 複勝(개벽)하고 이후 끊임없이 화엄적으로 확충하게 되는 첫 계기인 <불양(佛養)>, <공양(供養)>이라는 구체적 모심의 형식은 온 인류가 찾아가야 할 모심의 세계문화대혁명 요구 앞에서 참으로 눈을 크게 뜨고 노려봐야 할 대목이다.

22)

 또한 이곳 주놋거리 주막에서 그 밤에, 가까이 있는 여주강과 이천의 큰 강물이야기가 나왔는데 남학밭 사람 奇世椿이 매우 강조해서 되풀이한 정역 이야기가 있다.

 "화엄개벽모심은 왕건이 이천, 여주의 큰 강을 과감히 건너 후삼국을 통일했듯이, 이섭대천(利涉大川)을 감행해야 이루어진다. 바로 그 利川行(大川은 여성이고 그 여성의 시대를 지나야 변혁에 이롭다는 뜻)이 다름 아닌 실질적인 후천개벽이라고 해야 할 기위친정(己位新政)이니 十一一言(여성, 아기 등 민중의 직접 민주주의)의 여성과 어린이의 큰 자발적 개벽운동을 위해 十五一言(종교인, 지식인, 정치인의 보조적 민주주의)을 우리들 水王會가 초미의 관심사로 여기고 노력해야 할 것이다.

우선 여성과 어린이를 중심으로 노인, 병약자, 극빈 농민, 떠돌이를 위한 계(契)와 소쿠리, 품앗이를 조직하자(계는 여성 특유의 조직. 소쿠리는 종교인, 지식인의 보조적 노동방조, 품앗이는 민중의 개인적 시간제 일자리)."라고 제안한 것이다. 奇世椿의 이 제안은 전폭적 지지를 얻는다.

바로 이때부터 동학당과 남학당과 당취 속에서 '소쿠리 메고 품앗이 간다'란 말이 유행했다고 한다. 소쿠리는 정역(正易)의 십오일언(十五一言)의 종교인, 지식인, 문화인, 선비, 승려 등의 포(包)를 말하고 품앗이는 (正易)의 십일일언(十一一言)의 여성, 어린이, 노인, 농민 등의 현장 생명·생계·생활 중심의 접(接)을 말한다.

이것이 포함삼교(包含三教, 儒, 佛, 仙)와 접화군생(接化群生)을 말하며(동학), 정역(正易)의 기위친정(己位新政, 神市, 和白)과 무위존공(戊位尊空)의 결합인 三八同宮이다. 三八同宮이 바로 화엄개벽실천의 기초 작업이었던 것이다. 생명적 호혜(互惠)다. 그리고 경제적 호혜로서는 계(契)가 시작된다.

이 운동의 명칭이 바로 '소쿠리 메고 품앗이 간다.'로써, 계꾼이든 품앗이꾼이든 모이면 우선 몸으로 별과 꽃을 수련하는 모심禪을 행했다고 한다.

23)

이후 이 흐름이 세 갈래로 크게 번지는데 하나는 절집, 당취들 중심의 볍심(아마도 法身의 사투리 표현인 듯, 일부러 비틀어 발음한 한 것 같기도 함) 운동이고 둘은 남학밭과 정역패들 사이에서 유행한 한울품바 즉 똥구멍 춤 또는 꽁무니 춤이니 회음(會陰)사타구니를 온 힘으로 모시고 거기서부터 기운을 가슴과 아랫배 그리고 이마로 이동시키는 오금질로서 이것이 바로 남학과 정역에서 유행했던 영가무도(詠歌舞蹈)의 시작이다. 이른바 산알 춤인 것이니 이것이 분파를 이루어 하단전에 집중하는 배꼽 춤이 되기도 한다. 요즘말로 하면 말 춤이다.

셋은 유래를 정확히 알 수 없는 운동이 한 가지 있으니, "쉬쉬쉬" 또는 "쉬쉬쉬쉬쉬" 운동이다. 세 번 또는 다섯 번 "쉬"를 크게 내뱉으면서 몸 아래 쪽에서 위로, 다시 아래쪽에서 위로 두 번식 반복해 기운을 이동하면서 건강을 도모하고 정신을 맑게 한다는 것이다. "쉬"는 오줌싸기 신호 같다. 배설로 정화한다는 의미 아닐까.

이상 세 가지 움직임이 민중 속에서 거의 같은 시기인 1896년 하반에서 새마을 운동 무렵까지 남조선, 중조선에서 유행했음을 우리는 유의해 보아야 하는데, 이것이 주놋거리 주막의 9월 9일 밤 奇世椿의 소쿠리 품앗이 제안, 즉 삼팔동궁(三八同宮), 포접(包接) 또는 水王의 이섭대천행(利涉大川行) 논의부터라고 한다. 이것이 곧 <모심禪>의 형식들이다.

새마을 운동과 함께 걸뱅이 각설이 타령 춤-강증산이 후천율려(後天律呂)로 칭송함-의 계승 형태인 품바품바가 소멸하고 '쉬'도 사라졌으나 법심은 아직도 절에 남아있고 똥구멍 춤은 정역의 영가무도(詠歌舞蹈)로 격상되어 오로지 이애주(李愛珠) 춤꾼에 의해서만 계승되고 있는 형편이다.

나 개인의 의견이지만, 아마도 이 춤과 노래가 새로운 시대의 괴질이나 신종 플루, 또는 여성들 자궁근처의 부스럼 등을 근본적으로 치료할 산알춤으로 복승 확충(復勝 擴充)해야 할 것 같다. 復勝(개벽)과 擴充, 환류(화엄)의 조건이 모심이니 이 춤과 노래의 보급이 절대적으로 요청된다.

24)

나의 의견이지만, 모심의 절대 조건은 〈흰 그늘〉이다. 흰 그늘의 네오-르네상스가 모심의 문화혁명이고 이것이 곧 〈산알운동〉, 즉 진정한 치유의 생명운동, 힐링일 것이다. 그리고 이것이 가장 먼저 시작되어야 할 화엄개벽 실천이다. 한국 전체의 시김새는 한류의 핵심 사안(미학의 요체)이고 그 시김새의 근원적 핵심은 정선아리랑(아라리)이다.

정선 아리랑의 근원은 아우라지다. 아우라지는 무엇인가? 아우라지는 보지(여자자궁)이고 한(恨)이 아닌 한울의 한(一)이다. 그러므로 그 아우라지-시김새는 한마디로 보지 한 또는 한 보지다. 이것이 다름 아닌 모심, 禪의 복승(復勝)에서 태어나는 시김인 것이다.

25)

역시 나의 의견이지만, 남도 일대에 대한 조사 활동 과정에서 우선 제1차적으로 水王會 9인으로부터 시작해서 20인에서 40인의 남녀 水王會에 대한 족보 조사를 해야 할 것이다. 만약 족보에서 출척(黜陟)돼 있다면 공개적인 저항 활동을 한 셈이고, 그대로 족보에 남아있다면 철저한 비밀조직 상태를 유지한 것이겠다. 우리가 유의해야 할 것은 도리어 후자 쪽이다. 비밀조직 상태에서 무엇을 생각하고 지키고 수련하고, 어떤 내적 상태에서 논의와 활동을 했는가가 지금의 우리에겐 훨씬 더 중요할 것이다.

공개적 활동의 근거는 명백한 것이고, 비공개적이라면 다분히 미래

투척(投擲)적이거나 개벽이나 화엄을 위한 장구한 오랜 기다림이고, 용의주도한 禪적 모심일 것이 거의 틀림없기 때문이다. 당대의 역사(국내외)적 사건들과 비교하는 것도 필요하다. 향토사, 奇誌 연구도 필요하다. (절, 어록, 행장, 소문, 전설 등 이른바 김범부의 사징론(四微論)이나 영남대 정석종 교수의 <손화중 가문 연구사례>에 따른 조사방식 같은 – 정 교수의 직계 제자인 영남대 유영철 교수가 유일하게 조사에 참가 – 방식을 활용하는 것이 좋다.)

26)

우선 장소로서는 앵산, 주놋거리, 주막, 호저면 고산리 피체지(被逮地), 기타 海月의 잠정적 피신처(천도교 자료 참고), 익산 사자암(南啓天과의 대화 장소, 남도행에서 가장 중요함(관련 기록들 참고할 것), 화순 운주사의 중장터(僧市), 구례 화엄사의 파고(波古) 스님 관련 기록(중장디 僧市와 神市의 中形관련), 정읍, 익산, 전주, 연산, 무주, 임실, 진안, 장수의 남학, 당취, 동학, 정역 선도 수련의 역사 내지 풍수, 정감록, 벽암유록(격암유록?) 관련 전설, 풍문, 현지탐방, 조사가 필요하다.

한반도 단전학 (가칭 단전풍수학에서)에서 이 지역은 하단전(下丹田), 기해혈(氣海穴)이다. 나의 의견이지만, 목포, 무안, 해남, 영광, 나주 인근까지가 한반도 단전풍수의 회음혈(會陰穴)이라면, 화순, 정읍, 전주, 익산, 진안 등은 하단전(下丹田)에 해당하고 중조선의 오대산, 원주, 이천 등지는 금각궁궐, 중단전(中丹田)이다. 원만(圓滿)의 땅이고 화엄개벽의 땅이다.

上丹田, 髓海가 어디인가는 여러 견해가 있다. 백두산, 바이칼, 북극을 거쳐 파미르(곤륜)까지도 광범위하게 고려될 것이다. 그 이유는 차차 개진할 것이다.

27)

화엄개벽 모심의 역사인 水王會의 지하조직의 역사가 풍수 단전학 발전 (弓弓 별수련의 지리학적 전개를 전망할 경우)과 어떤 연관이 있는지를 밝히는 것(내 後年의 '水王을 찾아서' 기행에서)은 앞으로 전 지구 화엄운동에서, 나아가 바다와 호수에서의 水王운동(바다 밑 '새 파란 새 하늘') 로드맵 의 결정적 기초가 된다.

28)

1897년 초, 윤 2월 6일 새벽.

여주 신륵사 모임은(아마도 7회) 水王會 초기모임 공부에서 매우 중요한 의미를 가질 것이다. 세 가지 이유다. 첫째, 논의 내용 중에 부처님이나 한울님이나 신명에 대해 함부로 명호(名號)나 설명이나 의미를 붙여서는 안 된다는 주장이 있었다. 무(無), 공(空), 허(虛) 대침묵으로 미루어야 마땅하다는 주장, 전원찬성은 아니었음. 그러나 수운 본주문 해설에서 한울(天)을 설명하지 않은 점, 강령 주문의 지기(至氣)를 '혼돈한 근원의 한기운'으로 非로고스적 설명이 있는 점과 대방광불 화엄경이 전체적으로 교학적 체계(敎學的 體系)가 없는 점, 그리고 비로자나佛이 몇가지 연설 기사가 있기는 하나 전체가 대침묵으로 일관한 점, 동아시아 우주론이 일관되게 우주의 근원을 무궁(無窮), 무극(無極)으로 설정하는 점 등이 제시됨.

29)

둘째, 전주 모악산 대원사 옆, 水王寺 주지인 乃紅 스님의 제안, 물의 우주관적인 의미를 많이 강조할 것. 海印三昧(화엄경), 開士水因(벽암록), 妙衍(천부경) 水雲의 詩 '燈明水上無嫌隙(등명수상무혐극)'과 '龍潭水流四海源(용담수류사해원)' 등은 正易의 기위친정(己位親政)이 북극태음(北極太陰)의 물 복귀요, 포오함육(包五含六)의 달, 正易의 월력(月曆)회복, 간태합덕(艮兌合德)의 山上之有水(水雲) 등이 합의됨. 즉 水王會의 상징적 메타포.

셋째, 사방에 가득찬 온 세상의 살기(1897년 일본과 서양의 동양 및 세계 정복의 칼바람, 또는 러시아의 동진, 남진 정책, 유럽 내부의 민족전쟁 등, 산업혁명, 아프리카, 남미, 인도 등 식민화)를 평화와 공영으로 바꾸는 일은 화엄과 개벽과 모심을 집약하는 水王정신 뿐이다.

앞으로 물, 바다, 달, 여성, 모성, 부드러움, 자비와 모심만이 온 세상의 화엄과 개벽을 가능케 하고 온갖 괴실(怪疾)의 대창궐은 물에 의해 시작되고 물과 달과 암(여성)에 의해 치유되어 다가오는 세상은 곧 미륵과 같은 (龍華의) 여성적인 남자의 세상, 여성이 앞서고 남성이 뒤따르는, 달이 앞서고 해가 뒤따르는 세상, 후천 화엄세상이 될 것이다.

그때는 이 작은 나라가 세계, 인류, 중생을 가르치는 물 선생의 나라, 물 임금의 나라가 된다. (누구의 발언인지를 찾아낼 필요가 있다. 우선 신륵사 사지(寺誌) 부터, 신륵사에 대한 불교사적 조사부터, 행장과 어록까지도 조사과정에 당취와 불교 잘 아는 스님, 고대사학자 윤명철, 근대사학자 유영철, 동방 신화학자 김익두 교수 등이 반드시 참가해야 할 것 같음.)

30)

27회 모임은 마지막 모임이다.

원주 호저면(好楮面) 고산리(古山里) 모임이니 1898년 음력 4월 8일 수운 득도일 모임 이전 사흘 전의 밤, 이때 한 여성이 등장한다 (縕은 이미 1896년에 양평에서 죽었다). 그 이름이 甲年(갑년이, 지금의 광격리인 甲午里 출신)이다. 한자의 갑년(甲年)은 매우 큰 이름이다. 간지(干支)의 시작이고 우주 생명의 운동이 일어나는 운기(運氣)발동의 날이기 때문이다.

큰 뜻이요, 조상이요, 임금의 뜻이다. 그러나 한글이름 갑년이는 나쁜 말이다. 육갑한 년, 되바라진 년, 씨팔년, 얻어맞아 싼 년, 뭐든 다 먼저 책임져 마땅한 재수 없는 년, 등등. 운수 사나운 나쁜 이름으로 받아들여져 왔다. 왜 이렇게 되었을까?

갑년은 횡성군의 갑오리(甲午里)출신으로 성(姓)이 알려져 있지 않다. 집안 관계도 알려져 있지 않다. 역시 金以民에 의해 海月의 수발 역할로 차출된, 그러나 동학당(東學党)은 아니고 조금 불행한 처지의 오갈 데 없는 여성이었던 것 같다. 이 여성도 海月이 체포될 때 함께 끌려가다가 중간에 포졸들에게 겁간(두 세 차례) 당한 뒤 방면되었다. 남한강에서 배 위(뗏목 위)에서 海月이 보는 앞에서 당한 것 같다. 두물머리 근처라 한다. 海月은 눈을 감고 긴 눈물을 흘렸다고 하는데 참으로 슬픈 일이다. 海月은 무슨 생각을 했을까? 水王?

이 쓰라린 비극을 우리는 잊지 말아야 한다. 분명히 이 이야기를 들어 알고 있었을 천도교 측 기록은 일체 말이 없다. 그러나 그것을 탓할 일도 아니다. 이후 의암(義菴) 손병희(孫秉熙)의 부인 주옥경(朱鈺卿) 여사는 명월관 기생, 특히 무부기조합(無夫妓組合) 조직자가 아니던가!

　무부기(無夫妓)라면 당시로서는 아무나 겁간해도 죄가 되지 않는 천한 신분이다. 갑년이와 무엇이 다른가? 나의 생각인데, 蝨과 甲年이와 朱鈺卿의 부인운동에 대해 심층적 사상사적으로 연구하고 그 이후의 활동 등을 세부적으로 비교 연구하는 일은 매우 중요한 것 같다.

　누군가 뒷날에 海月이 앵산(鶯山)에서 蝨를, 그리고 원주의 호저(好楮)에서 甲年이를 겁간했을지도 모른다는 허튼 방담을 했다고 한다. 물론 海月은 평생 세 사람의 아내를 본 사람이다. 그러나 정식 아내와 그 밖에 다른 여성과의 관계는 전혀 없다. 海月이 과연 여자를, 수발하는 여인이라 하여 업신여기고 겁간할 사람일까? 여성을 후천개벽 시대의 타고난 도인(道人)이요, 날 저물어 길을 잃을 때 자기가 길을 묻는 이는 아낙과 어린이라고까지 말한 분이 그럴 수 있겠는가?

　망상이나 허튼 소문은 사람 봐가며 해야 한다.

　만약, 만약에 말이다. 그런 일이 사실이있다 하너라도 근본 동기나 각도를 달리해 해석해야만 마땅하다. 마치 다빈치코드나 외경(外經)에서처럼 '나사렛 예수'가 헤로몬 산에서 '막달라 마리아'류의 천한 신분 여자들(네페쉬 하야, 저주받은 사람들)과 성행위를 했다는 기록이 사실이라 하더라도 이것은 예수가 예루살렘 입성 전야에 제자들의 천한 신분, 즉 흙 묻은 발을 씻어 주면서 사랑 중에도 가장 큰 사랑은 섬김(모심)이라고 강조하는 것과 같은 실천적 (사랑) 가르침의 행위, 즉 蝨(가장 더러운 벌레)니 '甲年이 (육갑할 년)'같은 밑바닥 여자가 곧 한울님이라는 가르침으로 이해해야지 스캔들 수준으로 입방정을 떠는 것은 다빈치코드 類의 경망스러운 장사꾼 짓에 불과 한 것이다.

　그러나 그 마저도 있을 수 없는 일이니 海月선생을 애당초 타고난 맑은 분(경산 출생 이후의 구체적 커리어 전체를 판단)이었음을 명심, 명심해야만 할 것이다.

역사적 상상력이란 '심층무의식의 기억행위'라는 설이 있다. 이 문제는 회음(會陰)의 생명학(生命學), 우주 생명학(아우라지 미학)에서 다룰 것이다. 따라서 '蠱, 水王을 찾아서'에서는 이미 이 문제에 대한 과학적 해명이 시도된 뒤이므로 매우 자연스럽게, 활발하게 다루어질 것이다. 水王會를 찾는 과정 자체가 그 내용뿐 아니라 그 형식에서 이미 의미 심장한 '아시안 네오 르네상스'요 문화혁명이며 입고출신(入古出新, 옛것으로 들어가 새것으로 나오다)의 심각한 후천개벽이 될 것이다.

31)

나와 우리 집안은 동학당, 천도교가 아닌 '나 홀로 동학당'이다. 나는 아주 어려서부터 우리집 방에서 진행되는 동학당과 당취 화엄 법신禪 계통의 숨은 활동의 역사를 세세히 들어왔다. 나의 기억력이 좋은 탓인지 온갖 것을 다 기억하는데다가 또 동학사 공부가 가세하여 이 같은 결과가 나온 것이다.

성장하면서는 그 기억을 다 지워버리려 노력한 결과, 다 지워졌다. 그런데 붉은 악마와 촛불을 몰래 참관하는 과정에서 여성, 아기들, 못난 늙다리들의 오글오글한 형태를 보며 다시 떠오르기 시작한 기억들이 플러스 되고 역사적 상상력과 합세한 결과, 또 향토사 등을 추적한 결과 나의 기록이 사실이었음을 분명히 못을 박는다. 장난이 아니다. 정신 차리고 공부하기 바란다.

남진원만북하회(南辰圓滿北河回, 수운 옥중 시)의 원만(圓滿, 중조선)을 잊지 말자! 정신 차리자! 남한강, 북한강이 합수하는 두물머리(兩水) 인근이 실학, 북학, 서학 고장임을 유념해야 한다. 馬峴마을(마재)에 근거를 둔 정약용(丁若鏞) 일가(一家)와 이벽(李檗) 등의 북학(北學)이 水王會와 접촉한 실례가 있다. 섬강(蟾江) 일대도 한 흐름이다.

海月의 도피루트는 앵산 이후 내내 이천 → 여주 → 문막을 기본 흐름으로 하여 중간에 외곽으로 잠깐 빠졌다가 다시 이 흐름으로 돌아오고 있는 패턴이다. 따라서 섬강(蟾江)가의 한 마을, 간현(艮峴) 근처의 솔마을(松里)이란 곳에, 전주 이씨에 '퇴록(退祿)'이라는 괴팍한 이름을 가진 한 북학계열의 서학(西學)선비의 집에 약 열흘 정도 숨어 머물렀던 적이 있다. 그곳에서의 대화 내용이다. 현장에 있던 金以民(나의 집안 어른이다)의 기억이다.

이곳에서 학문의 실용성 여부에 관한 토론이 있었다고 한다. 퇴록의 근대주의적 실용성에 대한 주장에 海月은 상낭히 난호하게 기화신령(氣化神靈, 水雲의 서학 비판 요지 - 氣化神靈이 서학에 결핍돼 있다는 각도)의 주장으로 당대, 서구 그리고 앞으로 한동안 공리성(功利性)이 유행을 했지만 신기(神氣)의 요청이 다시 등장하게 될 것이고 신기의 발견은 개벽을 통과해야 가능하다고 주장했다. 이곳에 공부모임은 없었다. 실용성 토론이 3, 4일 간헐적으로 있었을 뿐이고 한울에 대해서도 퇴록(退祿)이 '하느님은 높은 허공에서부터 모두 다 감시하는 분'이라고 하자, 海月이 "한울은 우리 마음과 몸 안에 살아있고 지금 여기 우리의 삶 안에서 살아 움직인다." 라고 대응했다고 한다.

이 토론은 매우 중요하다. 서양 근대의 실용성과 그와는 정반대의 기독교의 허황한 신관의 분리(현재도 있음)에 대응하여 海月과 水王

會의 신기론(神氣論)은 그야말로 실용과 신관의 기(氣), 즉 생명 안에서의 융합이기 때문이니, 水王會의 우주생명학의 틀을 알 수 있기에 그렇다. 그것이 바로 참다운 새 시대의 세계 결승(書契 結繩)이요 역(易)이니 바로 화엄개벽 모심의 과학일 것이다.

32)

金以民이 이 섬강(蟾江) 솔마을 이후 문막 삿갓봉 근처의 주막에서 海月을 사흘간 모신 적이 있었다. 그때 海月이 이 주막 손님 중 한 이상한 나그네와 감간 나눈 대화를 기억한다.

  海月 "어디서 오시는 길인지요?"
  나그네 "하늘에서 오나이다."
  海月 "하늘이라면 허공이요?"
  나그네 "그렇지요."
  海月 "무얼 타고 오셨는지요?"
  나그네 "구름입니다."
  海月 "가벼웠습니까?"
  나그네 "네, 무척 가벼웠습니다."
  海月 "돈 말이군요."
  나그네 "그렇습니다. 어찌 아셨소이까?"
  海月 "의주상인이시오? 원산 상인이시오?"
  나그네 "둘 다 올시다."
  海月 "중간 도매상이시로구만?"
  나그네 "어찌 그리 잘 아시는 거요?"

海月　"이제부터는 네 군데로 뻬칠 일 아닌가요?"

나그네 "어디어디가 또 있는지요?"

海月　"경상도 하고 전라도요."

나그네 "거기가 그리 잘 살게 될런지요?"

海月　"도리어 거기입니다."

나그네 "재미있군요. 생각 좀 많이 해야겠네요."

海月　"거꾸로 갑니다. 남쪽에서 북쪽으로 구름타고 가야겠지요."

나그네 "왜국 말인지요?"

海月　"……."

나그네 "선생은 무얼 하시는 분이시지요?"

海月　"……."

나그네 "저처럼 구름을 타고 다니는 ……?"

海月　"그렇다오. 앞으로는 길바닥에 비단이 깔릴 것이요. 앞으로는 길로 해서 하늘로 갈 것입니다."

나그네 "그래야 사람이 편히 살지요."

海月　"맞소 맞소, 그때는 장바닥에 비단이 깔릴 것이요."

나그네 "참 좋은 말씀 듣고 갑니다. 길바닥에 비단이 깔린다. 장바닥에 비단이 깔린다?"

'장바닥에 비단 깔린다' 는 말이 앵산 이후 나그네 앞에서도 나온 사례다. 이 나그네는 도붓장수(이리저리 떠돌아다니며 물건을 파는 사람)이었다고 한다. 이와 같이 말씀한 海月선생이 그 나그네가 돌아간 뒤 곁에 있던 金以民에게 한 말이다.

"이제 전 국토는 저런 뜨내기 장사꾼으로 가득찰 것이다. 일단은 좋은 일이야. 장바닥과 길바닥에 비단이 깔리고 그 옛날 산위에 물이 있던 시절 같은 좋은 때가 온다면 좋은 일이야. 그러나 그 다음이 문제 아니겠느냐! 그 다음에 큰 개벽의 어둠이 몰려오고 아낙과 어린애들이 세상에 나설 때가 오는데 그때에도 저런 장사꾼들이 세상을 쥐고 흔들까? 그럴 것 같지 않다. 왜냐하면 이 나라는 큰 개벽의 첫 샘물을 열지만 개벽의 큰 산에 이르는 것은 도리어 저 이름 없는 벌판이요, 이름 없는 사람들이요, 이름 없는 중생들이야. 그때까지 이 땅은 애써야 한다. 한울이 이 땅에 내리신 큰 개벽성세(開闢聖世)의 봄을 도리어 사해의 붕우와 뭇 생명을 위해 매듭짓고 그 길을 가르치는 어려움을 스스로 감당해야 하리라. 이제 그것을 생각해야 할 때다. 그것이 '비단 깔린 장바닥'이다. 그것이 水王의 길이고 현람애월민(玄覽涯月民)을 위한 모심의 길이고 궁궁영부(弓弓靈符)의 길이다."

33)

이후 호저(好楮)로 가는 산 길에서 만난 원주사람 원씨(海月 피신처의 고산리 元鎭汝氏의 일가 사람)성의 한 농부와의 짧은 대화다. 역시 金以民의 기억이다.

> 海月 "올해 큰 흉년이 들것이다. 물이 흉하다. 물이 흉한 것은 달이 변한 것인데 달의 이 변화는 아낙들의 몸속에 안 좋은 일이 있는 것이다. 아낙들의 아랫도리에 부스럼 같은 것이 유행하는 것은 아니냐?"
>
> 元氏 (놀라서) "아니, 그것을 어찌 아셨을까요?"
>
> 海月 "사실이냐?"

>   元氏 "사실이라 합니다. 부스럼만 아니라 누런 고름도 흐릅니다.
>   약도 별로 없고 무당들도 손을 못 쓰고 ……."
>   海月 "주문을 해보도록 권해보라."

 몸 안, 특히 아랫도리에서 시천주(侍天主)주문을 성심으로 하도록 아낙들에게 권하라고 元氏에게 몸 주문, 水王會 수련법을 가르쳐 주었다.

34)

 海月이 머물게 된 호저면 고산리 섬강(蟾江) 개울가의 숲속 토막집은 동네의 유복한 농부 원진여(元鎭汝)의 집이다. 원진여는 원주 원씨로 글을 읽는 사람이다. 海月과 원진여와의 만남은 매우 부드러웠다. 元이 海月의 인품에 반한 것이다. 이 때의 몇 마디가 기억된다.

>   元   "선생의 본관은 어디십니까?"
>   海月 "남해올시다. 남해 崔氏요."
>   元   "처음 듣습니다. 남해최씨도 있습니까?"
>   海月 "나부터 시작입니다. 남쪽 바다 근처에서 난 최씨이고 반
>   가(班家)가 아니니 상사람이지요."
>   元   "아, 알았습니다. 그럼 저는 北山 元氏올시다. 저도 상사람
>   입니다."
>   海月 "참 좋습니다. 그렇게 南海, 北山이 만나면 개벽세상 된답
>   니다. 참말 좋습니다."

이른바 남진원만북하회(南辰圓滿北河回, 수운 詩)의 사상이 배어있는 대화인 셈이다.

35)

수발드는 여성 갑년을 소개한 것은 元氏였으나 갑오리(甲午里, 광격리)까지 가서 세심히 검토하고 차출을 결정한 것은 金以民이다. 金以民은 훗날 다음과 같이 기억한다.

갑년이는 흉한 얼굴을 가졌다. 그러나 몸이 풍만했다. 말을 잘 안했고 일만 열심히 했다. 그런데 놀라운 것은 밤에 달이 떴을 때 달을 쳐다보고 울거나 한숨짓는 일이 잦아서 海月선생이 물으면 꼭 한마디 했다.

"지가 못나서지유."

아마도 아이를 가졌거나 낙태한 것 같았다. 아이를 생각한 것으로 海月은 짐작하고 以民 앞에서 한숨을 내쉬며,

"현람애월민(玄覽涯月民)이라! 현람애월민(玄覽涯月民)이라!"라고 했다 한다. 그 뒤 현람애월민(玄覽涯月民)은 갑년이 같은, 아이 잃은 여인 같은 쓰린 밑바닥 민중의 한을 표현하는 말로 쓰였다 한다.

36)

누구의 말이라고 정확히 기억되고 있지 않은, 또 어느 때라고도 정확하지 않은 다만 海月이 살아있을 때의 水王會의 전반적 견해인 것

으로 전해지는 다음과 같은 준엄한 원칙이 있었다.

'물은 신령이다. 물을 함부로 대하지 말라.'

함부로 물을 대했을 때, 반드시 보복하는 것이 바로 물이다. 그래서 예전 성인(聖人)들은 치수(治水)사업을 할 때에도 절대로 치수(治水)란 말 못쓰게 하고 배수(拜水)라 하라 일렀으나 후인(後人)이 몰지각하게 건방을 떨어 치수(治水)라 했다.

물에는 약(藥)과 독(毒)이 함께 있다. 마치 병(病)을 주는 썩은 물과, 약이 되는 맑은 물이 함께 있는 것과 같다. 인류는 앞으로 물로 인해 큰 고통을 안게 되리라. 달과 어둠(그늘)과 아낙들과 아기들과 어두컴컴한 못난이들의 큰 은혜를 알게 되는 날이 온다. 그것이 참으로 빛의 시대(太陽之政)요, 참다운 '지혜의 때'(라이프니쯔, Symtomm Aura)다.

그것은 후천개벽으로 5만 년 이전의 한울의 때가 회복되는 시절이라 하니 그것이 곧 화엄부처의 때로 해인삼매(海印三昧)라 하며, 水王의 시절이라 부르는 것이다. 해인삼매(海印三昧)가 바로 水王史인 것이다.

우리 민족은 물로 큰 빛을 열었다.

그 이전 우리 민족은 큰 산에서 한울의 뜻을 얻었으나 어느 날 물을 찾아 동쪽으로 가라는 명령을 듣고 동으로 동으로 왔다. 물에서 빛을 깨달은 민족이 바로 우리 민족이다. 이 민족은 물의 시대에 인류와 중생에게 물의 지혜인 '물의 빛'을 가르쳐 줄 것이니 그것이 해인(海印)이요 水王이다. 부디 경계해야 할 것은 물의 독을 물의 약으로, 물의 약을 물의 독으로 잘못 알지 말라는 것이다. 물은 흐름으로 빛을 더하고, 고임으로 썩고, 더함으로써 줄어드는 신령이니 곧 '한울님의 침'이다.

산천은 물을 공경함으로써만 그 얼굴을 유지할 것이니 부디 물을 함부로 하지 말라! 물의 시대는 마치 달의 빛과 여인의 아름다운 덕처럼 공경(모심)함으로써만 열리는 것이니 물을 함부로 대하지 말고 모셔라.

이것은 아마도 海月선생이 남양주 근처의 '부리(扶理)'라는 작은 시골 마을 귀퉁이에 잠시 숨어 계실 때 그곳을 찾은 금강산 빈삼화상(彬杉和尙)과 백두산 도인 搜, 그리고 남학(南學)의 印正言, 奇世椿과 만났을 때 함께 논의하던 중 거의 공동의 생각을 하나로 묶은 듯하다 (이상은 군산 노동자로 나중에 노조 창립자가 된 千二柄의 기억이다).

37)

水王會 18회째는 두물머리(兩水理)의 한 어촌인 구아리(?) 마을에서 열렸다. 이 마을의 촌노 권모(權某) 노인의 집 안방인데, 이때 물 이야기가 나왔다. 두물머리는 한울의 가르침이다. 북한강은 그야말로 금강산으로부터 흘러내리는 큰 금강 지혜의 북쪽 산의 물이요. 남한강은 남쪽에서 숨은 승지(勝地) 벌판들로부터 위로 올라온 남쪽 들의 물이다.

이 두 물이 만나 서해로 흘러 큰 바다를 이룬다. 궁궁부적(弓弓符籍)이 중원에 상륙하고, 중원과 서해에 천상천하 경승의 월인천강(月印千江)이라. 이것이 혜충(慧忠)의 무봉탑(無縫塔)이고 설두선사(雪竇禪師)의 유리궁전(琉璃宮殿)이다. 그러면 억압받는 겨레도 억압하는 무리도 없는, 온 세상의 해인화엄(海印華嚴)이 설 때가 온다. 그때 이 두물머리의 참 한울의 뜻, 부처의 뜻이 열리리라. 그것은 한가지다. 남쪽의 빛과 북쪽의 그늘이 물과 달과 여인과 아기와 못난 백성을 통해 함께 빛을 이루는 것이니 세상은 그 빛으로 싸움과 고통과 가난과 폭정을 이기게 되는 것이다. 그 빛의 이름을 예부터 천부경의 묘연(妙衍)이라 불렀으니 오늘 우리가 水王이라 부르는 물의 덕(德)이다. 해인(海印)의 용화회상(龍華會相)이라 불리는 것이다.

남한강이 화엄의 산 오대산의 우통수(于筒水)라는 작은 샘에서부터 발원하는 것을 기억해야 한다. 우통수는 遇通水라. 어리석음으로 하늘에 통하는 물이다. 아낙과 어린이와 못난 백성, 현람애월민(玄覽涯月民)의 생명이다.

이 물이 서해를 채워 이제 후천 화엄 세상을 밝힐 것이니, 그 밝음이 필히 북방의 저 아득한 곳의 검은 태음(太陰)의 숨고 숨은 우주의 비밀을 열어 줄 것이다. 그것이 개벽이고 그 개벽은 먼저 여인의 몸속, 월경과 회음의 세 개의 바다로부터 온다. 그러나 그 남쪽 물과 북쪽 물은 또한 여인과 현명한 남정네의 합수(合水)이기도 하다. 우리 水王會는 이제 참다운 남녀의 지혜로운 합발(合發)을 크게 생각해야 할 것이다. 이 세상의 빛은 그 합발에서 올 것이다(이상은 구아리의 장로 김민수翁의 구전으로 기억되고 있다).

38)

海月이 1897년 봄 수원 근처의 남학촌(南鶴村)에 다녀간 적이 있다. 남학촌은 오늘날의 '빈손마을' 자리다. '빈손마을'은 빈손농장 운동 터이다. 인진수(印鎭洙)라는 뜻있는 선비가 그곳에서 일종의 계몽적인 농민운동을 하고 있었다. 인씨는 동학당은 아니었으나 동학의 개벽이

념, 특히 시천주(侍天主)에 동의하는 지사로서 海月을 보고 싶어 하였다. 인씨의 집에서 두 사람이 만나 세상에 대한 긴 이야기를 나눴고, 그곳에 묵었던 열이틀날 째에 아마도 20회 쯤의 모임이 있었다. 孫天民 이외에 7人이 만난 것으로 기억된다.

  이날 모임은 일찍 끝난 것 같다. 가까운 곳에서 웬 술주정꾼들이 몹시 떠들어 오래 지속할 수 없었던 것으로 전한다. 이때의 이야기 역시 거의 전원의 이야기의 묶음인 듯하다.

  새는 반드시 둥지가 있다. 만약 새가 둥지가 없다면 그 새는 뒤를 이어가지 못한다. 우리는 둥지 없는 새다. 어찌해서 둥지를 만들 수 있겠는가? 둥지 없는 새도 있다. 둥지를 하늘에 둔 새다. 하늘둥지는 온 천지를 둥지로 하는 봉황이다. 우리는 이제 봉황처럼 천지를 조직해야 할 입장이다. 천지조직의 이름이 다름 아닌 초미(初眉)다. 첫이마이니 신경준(申景濬)의 산경표(山経表)에 나오는, 영주 봉화 뒷산의 우뚝 솟은 낭떠러지의 이름이다. 이 첫이마는 동쪽에서 해가 뜰 때 그 햇빛을 받아 제 바위와 흙과 나무 밑에 묻힌 수천가지 광석들을 빛내고 온갖 향기를 뿜어내며 갖은 약초 향기를 뿌릴 뿐 아니라 이상한 음악까지 울리면서 세상의 더러움과 독과 약을 씻어낸다고 한다. 우리 水王會와 같은 뜻을 펴는 셈이다. 화엄이요, 향아설위인 셈이다. 그런데 이 초미(初眉)는 한 자리에 머물지 않는다고 한다. 늘 그 빛과 향기와 노래의 근원지가 옮겨 다닌다고 한다. 그리 생각하면 되는 것 아닌가! 옛 성인들도 둥지가 없었다.

39)

  오늘날 水王은 세상에서 숨어서 세상을 밝혀야 한다. 왜놈들은 지금 뭇 양귀자(洋鬼子)의 앞잡이들이다. 그들이 이 땅을 짓밟을 때 우리는 숨어서 일할 수밖에 없다. 물이 맑을수록 깊은 땅속을 흐르는 것과 같다. 그러나 동틀 때, 아니면 가뭄에는 여러 동네 우물과 샘에 잠깐씩 맑은 물줄기를 솟게 하는 것과 같다. 水王을 묘연(妙衍)이라 부르는 까닭이 이것이다. 묘연 다음 구절이 용변부동본 본심본(用變不動本 本心本) 아니더냐!

 변화를 이용해서 움직이지 않는 근본을 굳히니 그 근본마음을 세움이다. 또 그 다음 구절이 이어서 만왕만래(萬往萬來)이니 바로 후천개벽이고, 그 다음이 태양앙명(太陽昂明)이니 한울이 통치하는 태양지정(太陽之政), 무위정치 시절이며 그 마지막이 인중천지일(人中天地一)이니, 대화엄세계(大華嚴世界)다. 천지인(天地人)의 대삼합(大三合) 아니냐! 그래야한다.

 그래서 끝말이 처음과 똑같은 '있지만 없다.'인 것이다. 일시무시일(一始無始一)이요 일종무종일(一終無終一)이나. 하나이면서 없음이다. 그것이 곧 향아설위(向我設位)의 기본이요 그것이 부처님 십이연기법(十二緣起法)의 처음과 끝인 없음이다. 없음이 물이니 水王 아닐까! 어렵더라도 이대로 가자. 흰 구름이 그 아니 좋으냐! 아마 水王會는 이대로 영생을 가야한다.

 그래야 물이요 水王이지!

'모두 이것을 잊지 말자. 이곳이 수원(水源)이다. 물의 언덕이니 첫 샘물이자 지하 수맥이다. 이곳에서 오늘 水王 조직의 원칙이 선 셈이다. 철저하게 숨을 것. 숨어서 흐를 것. 그러다가 동틀 때 노래하고 춤추다. 환해지면 다시 숨을 것. 온 세계가 화엄바다가 될 때까지 적 안에 숨을 것. 이것이 향아설위요 이것이 한울님 부처님께 돌아가고 돌

아가는 가장 거룩한 제사다. 모심이 이것 아니더냐!'

40)

수원에서 나와 강화를 들러 남양주 쪽으로 돌아오는 길에서 있었던 일이다. 강화의 초지진(草芝鎭)에서 海月은 동행했던 남양주 동학당 김민선에게 이렇게 말했다.

"지금은 서양 사람들이 동양으로 자꾸만 몰려오는데 그것은 서쪽에서 큰 기운이 동쪽으로 어쩔 수 없이 옮겨오는 과정이고 그 과정은 머지않아 조선 반도에서 멈추어 동양의 넋과 결합하여 크고 넓고 깊은 사상을 이룰 것이다. 그때 서양 사람들은 비로소 물이 귀하고 달이 중요하며 여성이 참으로 고귀함을 알게 되며 불 기운보다는 물의 해맑은 빛이 더 큰 힘이라는 것도 알게 된다. 동방으로 자꾸만 오는 것은 어쩌면 해 뜨는 쪽으로 저도 모르게 오는 것이다. 그것은 어둠에서 빛을 찾아오는 길일 것이다. 이제 세상은 환한 빛으로 가득 차는데 그 빛이 이 땅에서부터 시작된다. 기다리자."

41)

1897년 겨울, 장소는 확실치 않다. 孫天民(잡혀서 이미 죽음)과 奇世春, 揆을 뺀 5人이 모여 彬杉和尙(빈삼화상)의 고려 말 신돈(辛旽)의 개혁 역사를 잠깐 요약으로 들은 적 있다. 그때 빈삼화상(彬杉和尙)은 자기와 오대산 북대(北台)의 나옹화상(懶翁和尙)이 왜 북대에서 화엄경에 몰두했는가를 설명한다. 그 때, 북대가 북방의 개벽운(開闢運)에 직결된 장소로서 원만중도가 온 세상에 펼쳐지려면 북쪽의 큰 변화를 五台의 화엄선 안에서 자각해야 한다는 뜻을 지녔었다는 것을 말해준다. 그 때 海月이 수운의 시, 남진원만북하회(南辰圓滿北河回)가 바로 그 뜻이라고 수긍해준다. 여기서 남학 - 정역의 印正言이 한 마디 중요한 말을 한다.

"수운 선생의 시에서 남쪽 별자리라 함은 분명 동학과 남학, 정역 등의 모든 개벽사상을 말하는 것이겠는데, 한 사람의 몸에서는 어디의 무엇을 뜻하겠는가? 바로 사타구니, 회음혈(會陰穴) 아닐까?"

남학과 정역의 영가무도(泳歌舞蹈)는 바로 그곳에서부터 우주의 새 기운이 샘솟는다고 가르쳐 왔다. 그곳에 별이 뜨는 체험이나 수련이 온몸에서 원만(圓滿)한 기운을 펼칠 때에 머리에 큰 변화가 오는 것 아닌가!

그것이 북쪽의 개벽을 뜻하는 것 아닌가! 여기에 가장 열렬히 동의한 사람이 海月이었다. 즉, 자신의 주장이 그것이었다는 것. 후천개벽은 북극태음의 물의 큰 변화로부터 시작되는데 그 물의 큰 변화는 여인 몸속의 월경의 변화로부터 비롯된다는 것을 그대로 말하는 것이기 때문이었다.

이후 이 水王禪이 몸 아래쪽의 회음(會陰)과 북극 태음(太陰)의 개벽적 변화를 이어주는 가장 원만한 실천과 수행이 곧 화엄법신의 향아설위 수행인 水王禪으로서 이것이 곧 지역적으로 중조선의 후천개벽적 의미(후천개벽에서의 원만의 의미)라는 이치가 水王會에서는 일반화된 이야기가 되었다 한다.

42)

1898년 초 어느 날 원주 호저면 고산리 원진여 토막(土幕)에 彬杉和

尙(빈삼화상)이 치악산 밑 구룡사(九龍寺)의 한 스님을 데리고 온 적이 있다. 그 자리에서 고려 말의 구룡사(九龍寺) 근처의 화엄승 맹암(孟庵)과 노비출신으로 후일 민란획책의 혐의를 받고 고문 중에 죽은 사미四尾)와 주리(柱離)등의 이야기가 나왔다. 맹암이 특히 여인과 어린이의 굶주림과 아픔에 극진하여 그들이 아플 때는 밤 새워 간호하는 것을 본 사미와 주리 등 노비들이 그를 따라 화엄수련을 했다 한다.
나중에 맹암이 추적(민란 관련)을 피해 몸을 숨겼고, 사미와 주리는 그 행방을 끝까지 발설치 않았다는 데에 이르러 구룡사의 스님이 맹암의 부덕(不德)을 탓했다고 한다.

그때 海月이 말하기를,

"맹암의 태도가 옳다. 여인과 아이를 돌보는 마음이 곧 현람애월민(玄覽涯月民)이니 사미, 주리가 그것을 느끼고 감격한 것이다. 맹암은 다시 더 큰 세상, 아마도 북쪽으로 나아가 또 그곳의 여인과 아이들을 돌보지 않았겠느냐! 나는 그래야 한다고 본다. 비난할 것 없다!"

여기에 彬杉和尙(빈삼화상)이 전적으로 찬성했다고 한다.

"오늘 사미, 주리의 반란은 극에 이르러 어쩔 수 없을 때 결행하는 일이다. 그보다 더 중요한 일은 여인과 어린이와 못난 백성을 어루만지는 맹암의 일이다. 또 그것이 도리어 화엄개벽을 모시는 水王의 일이다."

43)

역시 1898년 3월 초 원진여의 토막이다. 海月이 그곳에서 누군가에게 원주 남쪽 치악산 건너의 배론(舟論)에 숨어있다 잡혀 죽은 西學의 황사영(黃嗣永) 사건에 대해 들었다. 백서(帛書, 황사영이 북경에 보낸 글)의 내용도 들었다. 그때 海月은 긴 시간을 묵묵하다가 짤막한 몇 마디를 했다고 전해온다.

"이제 西學의 시대가 올 것이다. 그의 죽음은 꽃을 피우는 물 한잔이다. 그 뒤에 東學의 시대가 올 것이다. 西學은 東學의 꽃을 피우는 물 한잔이다. 그때 비로소 조선의 꽃이 핀다. 그러나 이제 東學에서는 누가 죽을 것인가?"

먼 훗날, 朴景利 선생은 原州를 언덕이라 부르며 동서남북이 함께 어우러지는 원만의 땅이라는 뜻으로 언덕을 풀이한 적이 있다.

44)

1898년 3월이다.

원주 호저면 고산리다. 원진여의 토막(海月 피신처) 가까이 원오길(元五吉)이라는 원씨 일가의 농가가 있었다. 이 농가에서 오길의 생일잔치가 있었다. 물론 초라하기 짝이 없었으나 이른 아침에 海月 선생을 초대해서 떡 대접을 하였다. 선생은 떡을 드신 뒤 모두들 한 말씀 기다리는 얼굴들을 보고 웃으신 뒤 짧게 한마디,

"떡은 한문으로 쓰면 '德'이여. 우리가 지금 귀한 떡을 나눠먹었으니 가난한 살림에도 먼데 손님한테까지 그 떡을 나누는 그게 바로 큰 덕이지. 자네집안 앞으로 큰 떡이 굴러올 걸세. 떡이 덕이고 덕이 떡

이라네."

海月선생 잡혀간 음력 4월 5일 밤. 오길이 크게 취해서 크게 크게 땅을 치며 방성대곡했다.
"떡 가져가라, 이놈들아! 떡 다 가져가라! 이놈들아! 다 필요 없다! 이 개 같은 놈들아!"

그 오길도 진여도 동학당이 아니었다.

1898년 3월 중순, 가까운데 있는 함곡(函谷) 사는 이춘진(李春眞?)이란 노인이 하루는 선생에게 와 자기운명을 봐달라고 했다. 海月선생 한참을 묵묵하다가 대답했다.

"명(命)이라는 건 한울에 달린 거요. 사람이 어찌 알겠소. 다만 한울에 비시오. 내가 말씀해 드릴 수 있는 건 이것 뿐이요. 한울은 저 허공에 있는 게 아니라 우리 몸 안에 있다는 것 뿐이요. 자기 몸 안을 향해서 늘 정성으로 비시오."

노인은 그리 했다고 한다. 선생이 체포된 뒤에도 그랬다고 한다. 그리고는 아침 저녁 늘 빙그레 웃고 있었다고 한다. 누가 물으면,
"복이여! 복!"
그 뿐.

1898년 음력 4월 2일 빈삼화상(彬杉和尙)이 금강산에서 오대산에

와 머물다가 이날 선생을 찾아왔다. 水王會 모임이었고, 역시 화엄경(入法界品의 妙德圓滿神에서 마야, 구파, 변우동자, 동녀 등을 넘어 창녀에까지 말이 갔을 무렵이다. 이 모든 진리의 귀결은 항상 몸모심禪 즉, 향아설위의 水王禪이었음은 또한 핵심 사안이다)과 모심 祝文을 연결하는 논의였다. 이야기가 시작되기 전에 海月 선생은 뒷문을 열고 高山 숲을 바라보며 彬杉和尙(빈삼화상)에게 말했다.

"저 숲을 넘어 창들이 내게 오고 있구려. 선생님(水雲)이 용담에서 마지막 밤에 그것을 보았다오. 내게도 오고 있소. 피하지 않을 테니 이젠 작별합시다. 화상에게 부탁이 있으니 부디 동도(同道)의 스님들께 한 가지만 잊지 마시라 꼭 기억시켜 주시오. 몸 중에도 아랫도리가 가장 귀하고 사람 중에도 아낙네와 아기들이 가장 귀하다는 것, 그것이요."

이때 빈삼화상(彬杉和尙)이 말없이 고개를 끄덕였나고 한다. 海月이 체포되고 6월에 좌포청(단성사 뒤)에서 처형되었다는 소식이 퍼졌을 때 지리산 쌍계사에 머물던 빈삼화상(彬杉和尙)이 곁에 있던 젊은 스님들 서넛에게 이렇게 말했다 한다.

"계림(鷄林, 신라, 경상도)은 갔다. 계림에서 울던 흰 새 한 마리가 이제 이 지리산에 왔구나. 海月을 위해 기도해라. 그리고 또 그분 말씀을 기억해라. 몸 중에도 아랫도리가 가장 귀하고 사람 중에도 아낙네와 아기들이 가장 귀하다. 이 뜻을 멀리 세상에 펼 자신이 없거든 일찌감치 하산해서 장가들을 가거라. 그래서 마누라 위하고 새끼들 모시고 한 세상 옳게 살다 가거라. 그것이 아마도 새 시대의 불법 중 최고의 불법(佛法)일 것이니."

그리고는 한 동안 눈물을 흘렸다고 한다.

45)

1898년 음 4월 5일 오전 11시경.

수운선생 득도일 제사를 향아설위로 지낼 적에 海月 선생의 말씀이다. 곁에 몇 사람 있었다고 하나 그 이름은 알려져 있지 않다. 가려져 있다. 까닭은 대개 짐작된다. 그들은 방면된 부끄러움 때문일 것이다. 그러나 짧은 한 마디는 생생히 전해져 온다. 참으로 중요한 한 마디다.

"이제 세상은 선생이 어째서 후천개벽의 진리를 부적과 주문 두 가지에 집중했는지를 똑똑히 알게 될 것이다. 주문을 공부하면 할수록 모심이 무엇이고 개벽이 무엇이고 그 개벽 뒤에 올 화엄세상이 무엇인지 똑똑히 알게 될 것이고 부적에 어째서 태극이 궁궁 앞에 오는지를 또한 깨닫게 될 것이다.

이것이 동학의 참개벽의 가르침이다. 머지 않아 궁궁 앞에 태극을 세우며 이렇게 생각할 것이다. 지금이야말로 궁궁이 태극을 높이 세움으로서 도리어 태극을 훨씬 넘어서는 '무극무궁'을 지덕(至德)으로 알게 되리라."

이제 우리는 생각해야한다. 여기 동아시아 태평양과 온 세상 인류와 중생이 자기에게 주문과 부적이 지금, 그리고 앞으로 무엇을 뜻하는지, 그리고 선생의 이 마지막 말씀이 무엇을 뜻하는지, 또한 훗날 몸으로 하는 水王禪이 어떻게 해서 사람을 대병겁(괴질)으로부터 살려내는 참다운 <산알(김봉한의 치료제의 이름, 불교에서의 '사리')>노릇을 하게 될 것인지를.

　이 문제를 깊이 공부해야 한다. 화엄개벽 모심과 신화엄경, 그리고 앞으로의 '화엄역' 동아시아 태평양 신문명에서의 간태합덕(艮兌合德)과 진손보필(震巽補弼), 한반도의 남리북감(南離北坎), 서북건(西南乾)과 동북곤(東北坤)의 의미의 역동적 전환, 그리고 몸 수련, 회음의 우주생명학과 水王會의 세계운동의 임무 등에 직결된다.

　특히 중국의 현재, 미래, 율려나 공자나 주역 타령과 궁궁태극의 대응은 매우 심각한 문제다. 팔려사율(八呂四律, 呂律)과 호혜, 교환, 획기적 재분배의 의미를 갖는 신시(神市) 체제와 여성·어린이 중심의 이원집정제(二元執政制) 등과 관련된다. 어쩌면 水王 운동, 水王禪의 핵심문제일 것이다.

46)

　내가 누구와 水王會 이야기를 나누며 의논할까를 생각하다 떠오른 사람이 화가 홍성담이다. 왜? 그의 집안 때문이다. 그의 집안은 의사 집안이다. 일종의 동의(東醫)인데 토박이로서 어려서부터 서당에도 다니고 풍속이야기도 들으며 자랐다.

　생명에 대한 원초적 감각이 있고 민중 화가다. 그러나 무엇보다도 가장 중요한 이유는 그 자신도 아직 모르고 있으나 그의 선조가 이미 水王會 조직원이었음이다. 그의 선조, 아마 증조부였을 홍해신 씨는 군산 부두 노동자였던 천이병(千二炳) 계열의 진보인사로, 水王會의 매우 열성적 인물이었다. 언젠가 그는 자기집안을 확인하게 될 것이다.

　우선은 이런 인연들이 아니면 水王會 확인과 재건은 힘들다. 왜냐하면 이 인연은 태생적 기억, 즉 역사적 상상력과 직결돼 있기 때문이고 화엄개벽 모심은 우선 <남조선사상사>라는 전후 100여 년의 비밀과 조직의 밭에서 피어난 모진 바람에 시달린 꽃송이였기 때문이다.

이후 이 조직은 중조선으로 이동하고, 또 소설 <土地>에 보이듯이 북조선과 만주와 연해주 등으로 북상한다. 이 역사는 결코 단순하지 않다. 당시 일제하에서 우리 동포가 먹고 살기 위해서만 북으로 이동했을까? 그럴까? 海月 최시형같은 'mentor'가 단지 일신(一身)만을 위해 경기도, 강원도 등 중조선으로 이동했다고 보는 것이 바보과에 속하듯, 이 역시 바보과에 속하는 단순사고다. 우리는 그것을 자료가 말살되고 기억이 매몰되어 버린 조건에서 김범부(金凡夫)의 四微論(사징론)처럼 어떤 초의식적 상상력의 힘으로라도 재건하고 재구성 할 수 밖에 없다. 우리는 이 민족의 역사 속에서 움직이는 신불(神佛)의 힘.

초절(超絶)한 비로자나(毘盧遮那)의 화엄세계 건설에의 대(大)침묵 속의 빛나는 지혜의 힘을 믿어야 한다.

47)

한때 조선일보에 실린 국제정치학과 하영선 교수의 글에서처럼 오늘날 세계 정치는 민족국가와 세계 국가와의 복합 국가, 복합화의 방향으로 가고 있기 때문이고 마치 민세(民世) 안재홍(安在鴻)의 확충론(拡充論)처럼 근본적으로는 월인천강(月印千江)과 일미진중함시방(一微塵中含十方)의 신화엄세계(新華嚴世界)를 지향한 일대 개벽기에 들었기 때문이다.

그래서 우리의 기억은 곧 우리의 역사적 상상력에 연결돼 있음을 믿어야 할 때다. 金凡夫의 사징론(四微論)에서 가장 어렵고도 가장 신뢰해야 할 부분이다. 내후년 초여름부터 시작하기로 기획될 水王會 재구성과 동시에 그 재건계획을 세울 때 우리는 사징론(四微論) 역시 재건해야 한다. 그렇다면 우리의 노력은 새로운 과학을 요구하게 되고 그 요구에 대답하는 과정은 세계사 자체를 근본에서 재구성하는 진정한 후천 화엄개벽을 성취하게 된다. 방법이 진리를 유도하는 이치다. 나의 모심은 그 단계에까지 이를 것으로 확신한다. 앞으로 일정 기간동안 나의 모심은 쉬지 않고 지속될 것이다. 그리고 이 과정은 곧 새로운 사상사, 조직의 방향과 새로운 과학 방법론의 모색과정이기도 할 것이다.

48)

치악산 밑 구룡사(九龍寺)는 심상치 않은 사찰이다. 계보로 보아 오대산 월정사(月精寺)의 말사(末寺)이겠으나 원주는 대화엄과 미륵회상(彌勒會相), 다물(多勿)과 고구려 재건을 내세운 궁예와 신라와의 타협을 모색했던 현실 안주적인 왕건의 대규모 투쟁(세차례의 문막 등지에서의 운동전)이 벌어졌던 곳이다. 또 왕건 역시 화엄불교 지향이었던-그러나 흥법사(興法寺), 법천사(法天寺) 등 대규모 법상종(法相宗) 사찰을 원주 서쪽, 부론, 호저에 증건함으로써 원주 동쪽의 화엄사찰들과 교파의 대립과 균형을 모색했다 - 것을 생각할 때 구룡사의 위상은 결코 심상치 않다. 앞으로 구룡사의 의미 연구가 따로 모색될 것이다.

지금 월정사(月精寺)에 가 있는 이전 구룡사주지 원행(遠行)을 우선 만나 절사람들(寺中)에 대해 들어야할 필요가 있다. 아마도 구룡사 창건을 전후한 여러 행적과 기록, 문서 등을 찾아낼 수 있을 터이다.

우리는 이곳에서 다만 중국 오대산의 짝퉁 비슷한 월정사와는 또 다른 원주 지역의 화엄 원만 중도의 독특한 역사를 찾을 수 있을지도 모른다(삼척 두타산에 우물터 50개, 비석자리 7개가 있고 무릉계 고인물 인근의 너럭바위 위의 討捕使 돌새김 17개가 있음으로 짐작되는).

그 위 용추아래 부터의 두타산 골짜기의 산적(山賊) 출몰의 역사를 주목해야 한다. 신라의 삼한일통(三韓一統) 때 강릉, 속초 인근에 30만이나 집결해서 살았던 옛 발해만 근처에서 동진(東進)해온 산해경(山海經)의 예(濊)족이 그곳에서 순식간에 사라져서 두타의 삼척에, 그리고 원주 영원산성에 입산, 양길(楊吉)의 3천과 입야(入野 원주 거주) 4천의 이월민, 그리고 박달재 인근의 무속(巫俗)이나 고조선 솟터 및 山市(정도령) 海市(목계, 흥원창) 연관의 옛 풍속 및 박달재 상용의 여속(女俗) 또 '벼루박달'의 박달왕자의 女俗-자양영당(紫陽影堂)의 의암 유인석 의병의 박달재전투에서 여성과 아기들을 구원한 사실들-등이 결국 예맥계의 이주-山海經의 好生不殺生, 好讓不爭 不死君子之國의 풍속이 원주와 봉양에 여전한 점과 고조선 古風과 巫俗이 현현한점, 그리고 동시에 정선의 정선아리랑의 근원인 '아우라지'와 九美亭-九折里에 직결된 큰 너그니재와 작은 너그니재, 여탄, 여곡, 소탄, 미탄 한탄, 芳林에 직결된 山水의 여러 증거와 女風, 9×9 = 81의 天符經(원효, 설총, 율곡의 천부경 학습지인 노추산이 '아우라지'다.)과의 관계, 삽당령과 백두대간의 전설 등과 文殊 보살의 지혜와 연관을 연구해야 한다.

이제부터 시작된 원주의 <아우라지 - 네오 르네상스> 운동과 목포의 <장보고 태평양 해양 경제> 운동을 언론 등을 통해 연속적으로 확산시켜야할 것이다.

오대산 화엄사(華嚴史)와의 비교는 좋은 水王史의 기초가 될 것이다. 여기에다 금강산과 지리산의 당취사(黨聚史)의 비교나 일관성 등의 중간 고리가 나올 법도 하고 오대산 나옹화상(懶翁和尙)의 발자취가 구체화되는 <民衆화엄사>가 잡힐 수도 있을 것이다.

특히 예맥계의 강릉, 속초, 주문진 거주 당시의 고조선 풍의 산시(山市)와 직결된 해시(海市, 바다의 물시장)에서 이른바 호혜, 교환, 획기적 재분배의 중요한 인물이었던 소사리(蘇思利)와 해인(亥仁) 두 여성의 전설은 유명하다.

동해안 고성(간성) 해안에도 잘 알려져 있는데 그 두 여인의 획기성(해인)과 재분배 (소사리) 또는 그들 사이의 대립과 융합의 아름다운 현실에서의 경제효과를 기리기 위해 신라는 그들의 전통을 남모와 준정의 源花전통으로 이어받으려 했으나 둘 사이의 갈등을 '질투전쟁' 따위로 모략, 중상 하는 등 남권화랑(男權花郞) 세력 중심의 <화백(和白) 및 신시(神市)>변향 때문에 源花는 실패하고 말았다.

이 역사도 잊어서는 안 된다.

지금도 강원도와 동해안엔 도처에 '蘇思利'라는 지명과 여러 명칭이 남아있음을 유념해 보아야한다. 재분배의 늠름한 기억이다.

49)

모임의 연락은 金以民과 奇世椿이 맡았고 모임에 참석은 안했으나 중간 연락을 거든 사람이 세 사람이 있었다. 두 사람은 알려져 있지 않고 나머지 한 사람은 金以民과 가까운 군산(群山)사람 千二柄이다. 千二柄은 이후 군산 부두의 노동자가 되었고 金以民의 지도로 전라남북도와 충청도일대에 수왕회 지하 조직을 만들었으며 1912년경 진주에 가 서북(西北) 오산(五山)출신의 기독교 목사 신상식(우범)을 만남, 이후 1920년 9월 9일 지리산 천왕봉에서 우범, 김단야, 박헌영, 기세춘과 함께 五人會를 통해 한국 최초의 공산주의 운동을 모의, 조직한다. 우범, 신상식이 그 지도자다.

1895년 음력 4월 5일 밤 모임 이야기는 모임 초두에 잠깐 잠깐씩 기록되었다. 새벽 1시 조금 넘어 甑가 막걸이 두 말을 어디서 가져다 대접한다. 이 술 이름은 여러 사람이 그 자리에서 <甑 극락길>이라고 부르며 웃었다. 기이한 것은 水王會의 조직 가입맹세를 9인이 함께 앵봉의 풀을 뜯어 입으로 씹음으로써 표현했다. 民草로서의 죽음의 약속을 뜻한다. 맹세는 세가지였다.

첫째, 어떤 경우에도 입을 다문다.
둘째, 어떤 경우에도 수왕선(水王禪)을 그치지 않는다.
셋째, 어떤 경우에도 현람애월민(玄覽涯月民)의 본분을 잃지 않는다.

50)

1895년 음 4월 7일 저녁.

익산 평서리(益山 平西里) 촌막(村幕)이란 마을에 사는 동학도 金올림이란 사람이 앵산 피신처에 찾아왔다. 이 사람은 관의 첩자였는데 자기가 첩자임을 실토하고 나서 이곳에 오래 있지 말고 곧 다른 곳으로 옮기라고 충고한다. 이 사람 얼굴이 보통 사람들과는 확연히 구분될 만큼 거룩한 데가 있어서 선생이 몇 마디 집안 내력을 묻자, 올림이 제 집안의 옛 조상은 이 근처가 아니고 백두산 근처의 밀림에서 사냥을 하던 사람들인데 피신할 이유가 있어 관을 피해 도망왔다고, 그래서 관을 괄시 못하는 집안 형편이므로 그들의 앞잡이 노릇을 하지만 자기는 동학을 좋아한다고 말했다.

앵산도 첩보가 들어와 곧 덮칠 듯하니 자기 말대로 하라는 거였다. 선생이 그때 한 말은 다음이다.

"참 잘났다. 사람이 그래야 한다. 자기를 밝혀도 옳은 길이 어딘지 잃지 않음은 참으로 잘난 사람이다. 동학 주문을 잊지 마라. 동학 주문은 입이나 머리로 하는 것이 아니고 몸으로 하는 것이고 밥을 앞에 놓고 하는 것이고 제 몸 안에 살아계신 조상과 무처님과 한울님과 온갖 세상 사람과 중생을 향해 하는 것이니, 이 모든 생명을 모신다는 생각을 늘 하면 되는 것이다. 부디 이름대로 올리면서 살거라! 참 잘났다. 잘났어!"

이틀 뒤 선생은 앵산을 떠났다. 올림은 그 뒤 행방을 모른다.

51)

이틀 뒤, 누가 선생을 이천군 설성의 구호리(九號里) 주막 뒷방으로 이끌어 모셨는지는 알려져 있지 않다. 다만 蟲와 매우 친한 동학당으로 보인다. 그는 젊은 사람으로서 왼쪽 팔이 없다. 신이라고만 불렀다. 신은 그 뒤 3~4일 간 선생을 모셨고, 3~4일 뒤 선생이 계신 설성면의 이두리(二斗里) 곽씨(곽면업)댁 뒷채(곽씨는 동학당이 아니었으나 동학에 우호적인 불교신자였다)에 두 달 간 묵었다.

곽씨는 관과 친해서 조금 위험하다는 蟲의 이야기가 있었으나 선생은 개의치 않았고 결과적으로 곽씨는 관과의 친분을 도리어 선생을 보호하는 데에 이용한 것 같다. 거기에 빈삼화상(彬杉 和尙)이 두 번이나 다녀갔고 그곳에서 12번째(?) 水王會 모임이 있었으며, 그때 매우 중요한 논의가 있었다.

그것이 곧 의암 손병희(義菴 孫秉熙)와 孫天民이 연루된 동학 법통의 문제였다. 이 문제는 결코 간단치 않다. 일방적으로 孫天民에게 법통이 주어졌으나 그가 잡혀 죽는 바람에 孫氏 가문의 연관으로 秉熙에게 이어졌다고도 하고 天道敎 쪽처럼 처음부터 秉熙에게 이어졌다고도 주장된다. 어쨌든 문제가 복잡했던 것은 사실인 것 같다.

그 뒤 여러 계열들, 여러 제자들 사이에서 의문이 제기되었기 때문이다. 그리고 특히 義菴 孫秉熙의 글이나 사상이 海月과는 거리가 먼 매우 고답적이고 성리학에 기운 듯한 관념론으로서, 동학의 민중적 개벽사상과는 매우 거리가 먼 것이었으며 그 이후 일본 망명기의 이른바 구파의 양반 출신 유생들 관련이나 일군대장 '하세가와 요시미치(長谷川好道)'와의 러일전쟁 전후 시기의 대타협설 때문에 더욱 그러했다.

물론 義菴의 공로나 그의 정치적 역량이 과소평가 되는 것은 아니나 그러면 그럴수록 사상측면, 종교 법통 측면, 서민적 개벽노선 측에서는 의심이 계속 제기되고 있고 후일 일이나 북한 주체사상의 연원이 그의 이신환성론(以身換性論)이라는 설을 부정하기 힘들다. 그러나 그가 3·1운동의 최대 공로자라는 점도 틀린 얘기가 아니다. 아무튼 분명한 것은 앵산 이후 孫天民 법통 설은 매우 분명한 것이었고 인품이나 수양 면에서 보아도 이것은 명백한 것 같다. 다만 天民은 앵산 이후 海月 곁에 없었고 이는 海月의 지시였을 가능성이 높다.

52)

　동학사상의 근원은 분명 한울님의 계시(啓示)였으나 사상사적 전통 측면에서 본다면 그 또한 분명 고조선 사상의 첫 샘물인 천부경(天符經)임을 부정 못한다. 천부경에 이미 만왕만래(萬往萬來) 즉 후천개벽이 태양앙명(太陽昂明) 즉 무위정치(造化定), 그리고 인중천지일(人中天地一) 즉, 대화엄개벽이 제시되었으며 그 조건으로 앞세운 것이 다름 아닌 오묘한 추연(推衍)원리인 묘연(妙衍)이기 때문이다.

　묘연(妙衍)이 무엇인가가 아마도 현대적, 초현대적 동아시아 세계사상, 우주생명사상에서 가장 핵심적 문제일 듯하다. 문자 그대로 따진다 해도 그 뜻은 엄청나다. 여성과 미성년 어린이 중심의 신령한 우주생명 생활원리(妙衍)이겠다. 그러나 뒷 글자 연(衍)이 확장해석의 그 연이므로 주역의 추연(推衍)에 대신하는 신묘 오묘한 추연법을 뜻하게 된다. 그리된다면 큰 문제가 된다. 추연(推衍)이 밀고나감 즉 추(推)의 핵심 어의(語義)이고, 공자 이래 사대부 가부장 군자들의 비법(秘法)을 뜻할 경우, 정치철학적 통치술, 처신술, 제압술 등의 교법(教法)이나 해석법 등이니 그러한 구닥다리 선비, 군자들의 확대해석이 아닌 여성과 어린이의 신령, 오묘한 확대 해석법이란 뜻이 곧 묘연(妙衍)이기 때문이다. 무엇이 묘연(妙衍)인가? 그 내용은 이미 천부경 81字 그것이다. 이미 천부경의 내용이 그렇게 돼있다. 수리(數理)와 괘지(卦支)를 묘연(妙衍)할 때에 그 결과가 바로 만왕만래(萬往萬來)요, 태양앙명(太陽昂明)이며, 인중천지일(人中天地一)이어서 처음 시작인 일시무시일(一始無始一)의 '1+0'이나 마지막인 일종무종일(一終無終一)의 '1+0'의 일종의 천부십이연기법(天符十二緣起法)이 된다.

　그럼 묘연(妙衍)의 이치가 무엇일까? 초점은 여기에 있다. 妙衍 바로 그 다음에 있는 8字가 문제다. 용변 부동본 본심본(用變 不動本 本心本)이 그것이다. 묘연(妙衍)의 내용일 수 있다. 이것을 여기서 한꺼번에 모두 해석 할 수는 없겠다. 다만 용변(用變) 이야기다. 어떤 변(變)을 용(用)한다는 것인가?

묘연(妙衍)이 여성적 우주관임은 이미 밝혔다. 그러면 그 우주관을 현실화한다는 水王會가 무엇을 활용하는 것이 될 것인가? 天符經의 내역과 예컨대 古代이래 우리 민족의 역사 가운데서 이와 관련된 오묘(奧妙)가 있다면 그것의 활용과의 관련을 들여다봐야 할 것 같다. 무엇인가?

묘연(妙衍)의 용변(用變)을 삼왕변(三王變)을 활용한 水王史로 해석함은 어떤가? 일단은 요즘 선덕여왕 드라마 이야기를 역사에서 활용해 보기로 하자.

53)

삼왕변(三王變)을 활용한 水王史.

水王史는 여성왕통 성립역사의 뜻이 된다. 선덕여왕의 경우 三王變은 무엇인가? 우선 三王이 무엇을 뜻하는 것인가? 실제에 있어서 천부경은 인중천지일(人中天地一)로 끝이다. 일시무시일(一始無始一)과 일종무종일(一終武終一)은 마치 세존(世尊)의 十二緣起法과 같은 '1+0'의 우주관의 철학적 명상이고 인중천지일(人中天地一)과 같은 명시적 현상이 아니다.) 인중천지일(人中天地一)이 곧 삼왕사(三王史)다.

인왕(人王), 천왕(天王), 지왕(地王)의 인왕(人王) 속에서의 천왕(天王)과 지왕(地王)의 통합이니 곧 대화엄이요. 신화엄개벽이며 완성이고 완결이다. 선도의학(仙道醫學)으로 본다면 인간의 몸으로 치면 완전 치유 같은 것이겠다. 이 같은 완성이 동아시아 역학(易學)의 개념으로 본다면 천지인(天地人)의 통일 완성인 인중(人中)이다.

그런데 고조선 이후 삼왕(三王)통일은 조건이 하나 있다. 그 밑바닥에 우주생명의 보이지 않는 근원인 水王의 받침, 보장이 완벽하지 않거나 불가능하거나 불완전하면 완성이 안 된다는 것이 천부경(天符經) 해석의 정도(正道)인 것이다. 바로 이것이 묘연(妙衍)의 바로 그 <묘(妙)>다.

'묘연(妙衍)이 곧 水王이다.'

水王의 해석 및 주체적 실천이나 여성의 실천적 모심의 여부에, 삼왕 통일 즉 화엄적 정치의 완성인 무봉탑(無縫塔), 당나라 혜충국사가 숙종에게 준 정치적 비전, 유리 궁전(설두스님의의 해석)이 달렸다. 그러므로 묘연(妙衍)이 용변(用變), 즉 삼왕의 역사적 변(變) 즉, 역변(易變)을 (일으켜) 활용함에 의해 萬往萬來(후천개벽)와 太陽昴明(無爲政治), 하느님 직접통치, 직접민주주의 등등-태양지정(太陽之政)이나 인중천지일(人中天地一, 대화엄개벽)이 완성된다는 이야기가 된다.

54)

그렇다면 기왕의 역사 행정 속에서의 삼왕변(三王變)을 水王의 힘이 어떻게 용(用) 즉, 묘연(妙衍, 오묘한 해석, 전망, 제안 및 실천적 모심) 하느냐가 문제가 되는 것이다. 어떻게? 선덕여왕 드라마에서의 덕만의 경우는 예컨대 어떠한 문제 영역을 가졌는가? 당시 서력 6세기 후반의 한반도 정세에서 삼왕변(三王變)은 그야말로 세가지 삼왕변(三王變)의 압축이다.

첫 번째는 반도 안에서 신라, 백제, 고구려의 삼한일통(三韓一統)의 문제. 둘째, 밖으로는 한반도, 당나라, 일본 및 해양 여러 지역 사이의 삼축조율(三軸調律)의 문제. 셋째는 김유신의 가야계와 김춘추 및 갈문왕(葛文王, 이 문제는 후일 자세히 검토할 기회가 있겠다)의 삼왕 관련의 문제다.

이상의 삼왕변(三王變)을 용변(用變)하는 묘연(妙衍)의 水王史가 당시(이천) 운성면(雲成面) 이두리(二斗里) 곽씨댁 뒷채에서 빈삼화상(彬杉和尙) 등과의 12회째 水王會 모임에서 논의된 내용이다. 그 때 현실적 주제는 손씨 3인에 관한 것이었다. 孫秉熙, 孫天民, 孫化仲 三人이다. 당시 三孫은 서로 연결을 갖고 있었고 孫氏 가문은 다른 가문보다 훨씬 집안 자체 내 결집이 강한 편이었다고 하는데 三人은 각각 입장이 특이해서 孫化仲은 남접(南接) 두목(실질적 조직 리더십), 孫天民은 海月의 옥천 도소(道所) 중심의 리더십, 孫秉熙는 북접(北接) 두목의 참전파(參戰派), 이렇게 셋으로 삼분돼 있었으므로 자연히 법통을 예상하는 동학 리더십과 그에 관련된 水王會의 장래방향 사이에 의견이 제시되었음은 당연한 일이겠다. 이 이야기 초점은 현재, 그리고 가까운 미래 특히 2012년 동아시아 태평양 정세의 격변에 대응하는 美, 中, 日, 북한, 남한 등 다섯 갈래의 '당파 겹당파'(鐺把 鐺把, 고려 혜정스님의 강화정권 三派, 즉 文, 武, 중간파 공략의 풍자시 非中離边 풍의 참선법), 그리고 남북의 '흰 그늘' 사이의 복합적 화엄연관에서 반드시 참고해야 될 사안인 듯하다.

55)

여섯 가지 사안이다.

가. 孫化仲 보다는 孫秉熙가 더 위태로움(左中石極論).

    초점 : 권력의지(水王會의 官見).

나. 孫天民이 孫化仲보다 더 취약함(天民優化仲弱).

    초점 : 수양중독 (化仲은 전투적이지만 동시에 수양규율이 강하다.)

다. 孫秉熙가 향후 대세 잡음(庵勢於荒).

    초점 : 토벌이 심해지면 의암(손병희)계의 권력의지가 유사 종교 형태로 결집한다. 이것은 전혀 水王會와는 별개로 갈 것이다.

라. 일본이 청나라 보다 더 강화(倭接淸遠).

    초점 : 일본이 청나라보다 국내에 더 깊이 들어와 있고 문물이 더 날카롭다. 대세다. 水王會에게 더 해롭다.

마. 미국, 서양, 아라사(러시아)가 아주 가까이 있음(洋近山幕).

    초점 : 기독교가 한반도를 휩쓴다. 좋은 영향노 있고 나쁜 결과도 있으나 水王에게는 이롭다.

바. 청나라는 향후 100년은 잠잔다. 그 뒤엔 일어나는 '잠자리를 탄 까마귀'임(淸登於霧).

    초점 : 중국은 거의 죽는다. 이후 일어나는 동학과 불교에 의해 구원되리라. 水王은 매우 위태로우나 결국은 水王과 화엄의 땅으로 변한다. 조선에 의해 날개를 펼 것이다.

이상 여섯가지 논의를 일러 육갑자(六甲子)라 불렀다. 그리고 水王史는 육갑자로 부동사 사심동(不動事 事心事)의 용변(用變)의 척도로 삼아야 한다고 했다.

2012년의 水王은 현금의 內外의 당파, 겹당파, 흰그늘의 흐름 따위에 대해 어찌 대응해야 할 것인가? 중요한 것은 이때 묘연(妙衍)의 세 가지 목표가 육갑자의 전략에 중요한 역할과 기능을 하리라는 예측이 가능하다.

· 萬往萬來 (후천개벽)
· 太陽昂明 (민중 직접민주주의정치, 하느님직접통치, 무위정치)
· 人中天地一 (대화엄개벽, 중생대해탈)

해석해 보라!
마지막 주의할 것은 역시 孫秉熙와 같은 흐름이다. 오늘날 이것은 유럽적인, 에코 파씨즘(Ecofascism)의 유행이다. 미국과의 구분이 중요할 것이다.

56)
이 논의과정에 海月 선생의 태도나 언급이 짧지만 중요한 네 가지다.

가. 義菴(의암)은 위험하지 않다. 중요한 것은 몸이 약할 때엔 강한 의지로 몸을 버티는 것이다. 義菴은 강한 데가 있다.
나. 미국이 오고 있다. 많은 것을 우리는 배워야 할 것이다. 서학(西學)은 우리에게 도리어 꽃 피우는 방법을 가르쳐줄 것이다. 우리는 물주는 법을 모른다. 또 많은 사는 도리를 배울 것이다.
다. 중국에 궁궁(弓弓) 부적이 상륙할 때, 태극과 궁궁의 선후가 바뀔 것이나 그것이 바뀌지 않도록 지혜로워야 한다.

라. 일본은 결국 水王會의 말을 따른다. 아득한 옛날 백제를 위해 싸웠던 왜인들도 많았다고 들었다. 세월은 또 되풀이된다. 수운 선생께서도 한때 그럴 가능성에 미소를 띤 적도 있었다. 돌아가시기 직전이다. 중요한 것은 水王會가 과연 물을 얼마나 아느냐에 있다. 왜는 물의 나라요, 여자들의 나라다. 蟲들이 많은 땅이라고 들었다. 우리가 蟲를 잘 아는가?

蟲가 곁에 있다가 한 마디 했다.
"蟲는 본래 따뜻한 곳에 많다. 그런데 따뜻한 곳의 蟲는 피가 따뜻하다더라."

57)

다시 똑같은 말을 되풀이한다. 누가 누군지 잘 알 수 없다마는 서력 2009년 12월 한반도와 동아시아 태평양은 매우 복잡하다. 국제 정치학의 하영선 교수는 조선일보에 2012년에 미·중·일과 북한·남한이 민족국가와 세계국가로 복합화하는 대전환을 시작해야 한다고 썼다. 민세 안재홍(民世 安在鴻)의 확충론(擴充論) 이야기를 곁들여서 이른바 혜충(慧忠)의 무봉탑(無縫塔)이니 월인천강(月印千江)에 일미진중함시방(一微塵中含十方)이고 만년지상화천타(万年枝上花千朶)에 사해운중월일감(四海雲中月一監)이다. 명명명 념념동(名名明 念念同)이다. 아니면 큰일난다는 것이다.

가만 생각해보니 2012년은 마야 달력이 끝나는 해다. 괴질 위험이 있다. 그야말로 水王을 찾아가는 2011년 바로 다음해다. 괴질에 대한 '산알'은 水王 뿐이다. 조계종도 오대산(월정사)도 내겐 문을 닫았다.

다른 모든 곳도 다 그렇다. 나는 그것을 이미 피부로 안다. (그러나 나는 비로소 '겸(謙)' 속에서 '로(勞)'를 시작한다. 오늘이다. 水王은 이제 비로소 시작이다. 그럴 줄 알았다.) 삼왕변(三王變)을 묘연(妙衍)함이 水王史의 시작이다. 당파 겹당파(鐺把-鐺把)의 용(用)이다. 용변(用變) 부동사 사심사(不動事 事心事)다. 밤새 문제가 제기되었다.
만왕만래의 참 시작이다.

달과 해는 똑같은가?
음과 양은 평등한가?
암과 숫은 똑같이 제 안에 음양을 고루 갖추었나?

즉, <흰 그늘>인데 흰 그늘이 당파, 겹당파의 참 대답의 시작이다. 대답은 크게는 이미 나왔다. 흰빛 안에는 그늘이 없다. 도리어 그늘을 키워야 한다. 그러나 그늘 안에는 어둠과 빛이 본디 함께 있다. 이것이 흰 그늘의 정체요. 이 정체를 찾아야 흰 그늘은 당파, 겹당파에서 그 어려운 대안이 된다. 다물(多勿)과 불함(不咸)의 관계다. 이제 이 공부를 시작해야 한다. 사실 海月 선생의 水王 모임의 지속은 내내 이 문제를 논의 했고, 그 과정은 천부경을 중심으로 삼왕변 수왕사를 토의한 것이다.

58)

이 기억을 Bachofen 등 달, 黑海, 열여섯 계절과 열여섯 차례의 순환, 거기에 보필하는 해의 상관 관계와 여신 창조 이후의 모권사를 짚어냄으로써 전체 先天을 공부해야 한다. 그래야 후천을 연다.

水王會 역사 안에서 이제부터의 水王史가 나온다. 이 일이 오직 謙안에서만 시작되는 줄, 그래야 노겸(勞謙)임을 참으로 오랜만에 뼈가 시리도록 절실히 깨닫는다. 꼭 海月 선생의 水王모임의 지속은 내내 이 문제를 논의했고 그 과정은 천부경을 중심으로 삼왕변 水王史를 토의하는 과정의 반복이다. 水王史 역사 안에서 이제부터의 水王史가 나온다.

꼭 海月선생이 三孫과 당파(鐺把), 겹당파들로부터 벼락을 맞고 나서부터 水王史가 논의되는 것과 똑같다. 재미있는 것은 TV의 '선덕여왕'이 바로 그 주제를 다루고 있는 점이다. 삼한일통(三韓一統) 전야의 '당파' 얘기다.

이제까지는 Bachofen과 Eric Neumann으로 부터 이 문제에 대한 도움을 받았으나 이제부터는 한·중·일을 비롯한 아시아로부터 주로 그 근원을 찾아내려 한다. 그래야 한다. 조금 복잡하고 어렵지만 곧 가까운 시일 안에 감자카의 7,000개 신화망과 몽골 토토텡그리 및 바이칼의 불함(不咸)이, 나아가 마고성(麻姑城)의 다물(多勿)이 반드시 열리기 시작할 것이다.

그렇지 않을 도리가 있겠는가?

59)

나의 부산 '易메모' <燈塔> 속에 서남乾, 東北坤이 꼭 화엄개벽의 '열매 차원만이 아님'을 지금 이 순간 날카롭게 느낀다. 세상에 공짜는 없다. 그리고 아무리 벌판이라도 사람이 살고, 사람 안에는 귀신들이 역사를 안고 산다. 이점을 우리는 가끔 잊는다. 꼭 요즘의 중국 놈들 같이! 저희만 인간인줄 착각하는 멍청이들 같이!

오늘 아침 불교의 <법보신문>에 중국불교협회가 한국 조계종에게 달라이 라마를 초청하지 말라고 협박했다는 기사가 실렸다. 동시에 이번 법보에 나가기로 돼있는 나의 '연재후일담'형태의 詩 '땡54'가 게재되지 않았다. 양해 통보도 일체 없었다. 원고료도 안 주는 주제에 별꼴이다. 이렇다. 내가 '신화엄공부'에서 조계종 비판을 시작했기 때문이다.

60)

자! 이제부터 '달' 공부를 시작한다.

내일부터 우선 Bachofen의 프리기아, 흑해(黑海)가 아닌 파미르, 천산(天山), 몽골과 바이칼 그리고 오호츠크와 베에림과 알라스카, 안데스 등의 '달 공부'다. 몽골리안 루트 9천년 흐름을 따라가면서 한다.

이 과정이 水王會 논의의 짤막짤막한 내용과 연결될 것이다. 水王史다, 달과 물의 역사다. 베트남과 캄보디아에 이런 설화가 있다. 한 스님이 밀림에서 길을 잃었다. 캄캄한 밤이다. 동쪽 나무숲 사이로 달이 떴다. 달이 스님에게 말을 걸어왔다.

"스님, 스님, 나 떡 한개 주면 길 가르쳐 줄게!"

스님이 대답한다.

"중한테 떡이 어디 있어?"

달이 대꾸한다.

"중의 마음이 떡이라오."

중이 말한다.

"무슨 마음?"

달이 말한다.

"부처님 찾는 마음."

중이 말한다.

"그것만은 못 준다."

달이 말한다.

"그럼 캄캄한 속에서 더 고생 하쇼."

그래 중은 밤새 고생한다.

새벽에 중이 문득 생각한다.

"아하 달이 바로 부처님이로구나!"

그때 지는 달이 말한다.

"스님 이제 깨달았구려, 날 따라 오소."

스님은 달을 따라 걷기 시작했다.

달이 지는 쪽을 향해 한참 가다보니 숲이 열렸다.

그때에 스님이 속으로 크게 한마디 외쳤다.

"달이 부처님이 아니라 달마저 부처님으로 생각하는 내 마음이 부처님이로구나!"

이 설화는 아마도 그 지역 13세기 경의 민간에 유행했을 것이라 한다. 자연적 샤머니즘과 인도 전래의 불교적 깨달음과의 상관관계가 잘 녹아있다.

그러나 더 중요한 것은 그 상관이 아니라 다른 데에 있다. 달과 보리심, 즉 부처를 찾거나 지키려고 하는 스님, 즉 소승불교의 답답한 신앙과의 연관이겠다. 그래서는 안된다는 것이 아니라, 그것은 큰 깨달음(제 마음 즉 우주)을 얻기위해 일정한 과정으로서의 의미 이야기다. 달은 무엇인가? 마구니 일까?

달은 베트남, 캄보디아, 밀림의 삶에서는 부처님과 똑같은 삶의 나침

반이다. 달은 여성이고 흰그늘, 즉 어둠의 빛이다. 도리어 부처님마저 이끄는 부처님 중의 부처님이니 그들에게 있어 水王은 이미 불교보다 더 근원적인 우주엄마 즉 화엄우주인 '로사나'인 것이다.

여기서 우리는 비로자나의 화엄개벽이 오늘 다시금 그 근원적 우주생명성인 '水王'과 '달'에서 도리어 진정한 지도자요, 위로자인 우주의 새 부처를 찾아야 한다고 본다. 이것이 오늘의 水王史다. 아마도 이런 취지가 海月과 彬杉和尙(빈삼화상) 사이에서 논의되었던 것 같다.

1895년 겨울 여주 신륵사 모임 이전의 장평동(長坪洞) 민원갑(閔元甲) 촌로(村老)의 집에서 있었던 이야기다.

61)

蟲의 말이라고 한다.

그러나 이점은 의심스럽다. 蟲는 1898년 초겨울 양평에서 잡혀서 죽은 것으로 알려져 있기 때문이다. 蟲의 발언이다. (다만 그 이후 기억에서 蟲가 중요해지는 것은 그녀의 불행과 함께 水王史에서의 그녀의 중요성 때문일 것이다. 허구라 하더라도 존중해서 경청하는 것이 좋을 것이다.)

"물은 달의 밥이다. 그러나 달은 밥의 물이다.
밥은 물 없이는 없는데 그 물이 곧 달이다.
달은 여자에겐 해보다 더 크다.
해는 여자에게 씨를 주지만 달은 여자에게
그 씨(자식)를 키우는 물을 준다.
월경이 왜 월경인가?

월경 없이 씨가 열매가 되던가?
씨가 안 중요하다는 게 아니라,
애당초 여자 몸에서의 물, 월경, 달이 있어야 씨도
씨 노릇을 하게 된다는 말이다.
세상에 씨앗처럼 소중한 것이 어디 또 있으리오?"

여기에 彬杉和尙(빈삼화상)의 한마디가 붙는다.

"蝨는 보석이다.
왜냐하면 이 없이는 보석을 알아볼 고생을 모르니까.
시커멀수록 이가 더 많이 괴롭히는 게 가만 보니
이가 여자 몸에서 이상한 기름을 빨아간다더라.
그 기름은 물개 먹이라는데,
여지를 독하게 하는 달의 한 빌레,
즉, 독수(毒水)라더라.
독수를 놔두면 여자는 제 아기를 씹어 먹는단다."

海月의 결론이다.

"우리는 북쪽으로 가야한다.
여자가 먼저 가야한다.
북쪽 太陰의 물을 바꾸려면 여자의 달이
북쪽 太陰에 떠야한다. 그것이 여자의 물이다.
그 물이 후천개벽을 이루는데 그 물이

水王이고 그 水王이 다름아닌 원만(圓滿)이니
묘덕원만신(妙德圓滿神)이다. 여자다.
우리 몸속의 여자를 모셔야 한다. '몸속의 물'
그것이 우리를 살리는 한울님인 것이다."

이 뒤에 또 한마디가 따른다.

62)

彬杉和尙(빈삼화상)이다.

"내가 여기오는 길에 강원도 원주를 지났다.
원주의 섬강(蟾江)가에 호저(好楮)라는 고장이 있었다.
그곳이 '원만'에 대해 공부하기에 좋은 터더라.
왜냐하면 高山아래 작은 실개천이 섬강으로 흘러가니 작은물을 높은 산 아래의 토막에서 사람이 기르는 것이 참말 현람애월민(玄覽涯月民)이니 참말 부처님을 낳는 마야(摩耶)의 공이다. 작은 물이 높은 산 기운을 사람에 의해 깨우는 것이 우리 공부다.
이젠 작은 물속에 서서 큰 산보다 더 큰 빛인 달이 떠야만 용화세상, 화엄세상이 된다.
그것이 水王이니 海月선생은 장차 그곳으로 가시라.
그곳이 곧 오대(五台)와 가깝고, 五峰과 가깝다."

63)

水王이란 말의 역사다.

중국에 지금부터 6,000년전 '水王'이라는 한 전설이 있었다. 하북(河北)과 하남(河南)의 구별은 흔히 알려진 대로 황하와 양자강의 구분이 아니라 사실은 중국대륙의 중남부에 있는 세 개의 湖水를 중심으로 한 황하, 양자강 포함 여러 강물의 연결고리를 중심으로 그 南과 北을 갈라 호칭하는 것이다. 바로 이 중심의 호수들이 바로 水王이다.

　이것은 일반적 명칭이 아니고 고증이나 풍수나 신활나 역사에 정통한 높은 학자들 사이의 호칭이어서 잘 안 알려져 있다. 이 水王이 중국의 생명선이요 근원이라는 것으로 그 北과 南이 자원이나 풍토, 역사적 의미에 있어서 매우 큰 차이가 나는 것으로 되어 있다.

　중국의 학자들이 우리가 말하는 水王史의 의미심장한 사상사적 근원을 伏羲氏의 설화와 그 易에서 찾고 있다. 그 출생의 '雷澤'이나 화서씨(華婿氏)의 여성적 물과 달의 전설과 동굴 속에서의 여성, 엄마, 아기와의 동거 후 서계 결승(書契 結繩) 창조와 그 후 노 젓는 물에서의 고기잡이 등인데 또한 미안하세도 이는 동이세 바이갈 호수의 水王史의 불함(不咸)의 내림이지 중국신화가 될 수 없다.

　곰(熊女)과의 연관도 중국인들의 희망사항이나 욕심일 뿐 날이 갈수록 사실이 아님이 드러나고 있다.

　동북방 신화망이 차츰 밝혀짐으로써 그것은 이제 사실로 굳어지고 있다. 복희씨의 근거인 산동성은 복희 당시인 지금부터 5천 년~6천 년 전은 북경 서북쪽의 남쪽 자그마한 華夏族마을의 중국 민족과는 아무 관계도 없는 東夷族의 땅인 것이 날이 갈수록 분명해진다. 어쩔 것인가? 억지로 될 일인가?

64)

세 개의 호수 이야기다.

鎭南湖(또는 婆老湖), 소수호(遡水湖) 그리고 초남호(沼南湖)다. 별로 크지 않은 이 세 호수가 바로 중국의 역사 지리학에서 가장 중심축을 이루는 이른바 水王이다. 이때의 水王은 그야말로 우주의 중앙이요 지구와 인류 역사, 중국적 삶의 진행에서 가장 중요한 결정을 하는 핵심 기능을 한다. 이런 말이 있다.

수행사만리 수투사천척(水行四萬里 水透四千尺)
수말사억생 수개사천화(水沫四億生 水開四千花)

즉, 물은 모든 것의 근원이라는 말이 된다. 역시 중국 역사에서는 그렇다.

어떤 중국 사가(史家)는 이렇게 말한다.

"중국 역사의 가장 중요한 시기의 결정은 水王이 내린것이다."

첫째, 황제(黃帝) 때의 4천 5백년 전 동이족(東夷族)의 치우(蚩尤)로부터 74회의 공격을 받았을 때 바로 북경, 서북, 서남방에 연결된 水王으로부터 힘을 받았다는 전설.

둘째, 삼국 쟁패기의 촉나라가 자기운명을 결하는 싸움과 퇴각 등에서 바로 이 세 개의 호수를 둘러싸고 전술적 대응을 해서 그나마 자기의 정통성을 유지한 점.

셋째, 모택동의 연안으로의 만리장정과 그 이후의 회복기에 거의 그 전략적 배경이 바로 이 세 호수의 수왕권(圈)이었다는 사실이다. 문제는 이 세 호수와 그 호수 주변의 지역이 풍수학적으로 어떤 뜻을 갖고 있다는 점이다. 무엇일까? 하나의 참고로서 예를 들어보자. 形局 얘기일 것이다.

  진남호(鎭南湖(婆老湖)는   北水南華形
  소수호(遡水湖)는   天遜再監形
  초남호(沼南湖)는   北間五華發

모두가 그 뜻을 이해하기가 쉽지 않다. 이름이 안 알려진 중국 풍수명인의 명명이라 하니 알 길이 막연하다. 그러나 한 가지만은 알겠다. 그것은 '水王'이 단순히 물이야기 만이 아니라 물은 이미 전제이고 그에 의해 형성되는 자연적인 은총(? 牧神 같은 것) 따위를 드러내는 듯 하다.

바로 이 水王의 신비한 힘에 관한 전설을 작품화한 소설이 있다. 얼마 전 作故한 작가 북채선(北彩先)의 긴 작품 수왕삼대초(水王三代鈔)다. 한 가문의 3대에 걸친 여성파워이고 그 배경인 물기운이나 달, 역사 지리학에서의 땅과 대기속의 水王運으로 연결시킨 희귀한 체험록이다. 별 평가를 못받았으나 중국문학이나 사상사는 노장(老莊) 이래 바로 이 같은 경향의 흐름이 중요하다. 공맹류(類)의 시국관(時局觀)이 갖는 천박함과 비교가 되겠는가!

중국인들은 흔히 水王史 하면 반드시 山海經(산해경)을 자기네 신화로 밀고 나오는데 미안하지만 (정재서 교수 등에 의해) 그것은 발해만의 동이족 방사(方士), 술사(術士)들의 동이 세계관의 신화들이다.

우리는 여기서 水王이 동아시아 사상사에서 특이한 그러나 그리 흔히 대중화되기는 힘든, 그렇다! 후천개벽이 현실화하기 이전까지는 그저 노자(老子)의 현빈(玄牝)이나 장자(莊子)의 혼돈(混沌) 같은 계열의 사상사로 대접되어 온 것이 사실이다. 중요한 것은 바로 이같이 중국의 경우 한 귀퉁이에서 내려 온 것, (그렇다. 바로 이래서 신문명의 중심은 중국일 수 없다는 것이다. 신문명의 중심은 당연히 달과 물과 음(陰)과 여성의 화엄시대에 水王의 흐름을 드러내야만 하는 것이다.) 그것에 비해서 동이의 흐름에서 水王은 이미 복희씨(伏羲氏, 산동성에 거주한 동이족임이 거의 분명하다)와 4천 7백 년 전의 천부경의 중심인 묘연(妙衍) 속에 뚜렷이 나타난다는 점이다. 그 밖에도 예증은 얼마든지 있다. BC 1~2세기 경으로 추측되는 발해만 근처 동이계 술사와 방사의 저술로 보이는 산해경의 해경(海經) 4種(종)은 철저한 물과 수신(水神)의 힘에 의한 우주와 태양의 지배력을 다루고 있다.

나는 이제 다음과 같은 약간은 독선적인, 그러니까 나 혼자만의 상상력 차원에 직결될법한 독단적인 주장을 제시하지 않을 수 없다. 왜냐하면 일단 이 같은 제안을 던져 놓고 나서 진행을 따르는 것이 효과면에서 나을 듯 싶어서다.

이것이다. 이것은 역사가 선형적(線形的)으로 진화, 진보하는 것이 아니라는 말이다. 이미 지금의 후진국 그 자체의 과거 역사 시기엔 그 당대의 선진적인(?), 출중한 가치 체계나 문명 가능성이 있었다는 말이다.

Bachofen의 <on matriarchy>에서 프리기아와 흑해(黑海)의 달 중심 문명사 이야기 가운데 드러나는 그것들이 한 예다. 그 달 중심의 세계관은 오늘 날 어떤 적합성을 띄우고 있는가? 띄우기 시작하는가?

그 사이 선진국이나 문명이라 하는 것들을 지배하는 우주적 중심은 분명 태양이고 불이고 에너지다. 남성이고 전제군주이고 지배통치력이고 막강한 돈과 군대들 이었으며 태양, 불, 에너지, 남자, 돈, 군사력에 관한 과학들이었다. 이것이 지금 무너지고 있다.

그 대신 달, 물, 예감, 여자, 마음, 호혜, 친화력, 문화와 그것에 관한 과학이 불쑥 솟아오르기 시작한다. 아직 시작에 불과하지만 시작은 분명 시작이다. 우리가 지난 시기, 제 3세계의 아시아, 아프리카, 라틴아메리카라고 부르던 그 황량한 땅들의 이야기다. 그곳이 이제 떠오르기 시작하는 것이다. 우연은 없다. 지난 시기, 반항과 변혁과 자존심 살리기로 대응하려다 사라진 '제 3세계 운동'이 이젠 현실적으로 자연적인 문명 대세의 이동현상으로 나타나고 있다.

지금 중국이 야단법석이지만, 그것은 초기 징후에 불과한 것이다. 지금 문명은 환귀본처(還歸本處) 하면서도 과밀초유지구(過密超留地區)와 과소개활시역(過疎開活地域)을 찾아 이동 중이다. 생태적인 자연 추세인 것이고 후천 개벽의 당연지사다. 우선 지금 진행 중인 동아시아 태평양 신문명(新文明) 성립의 추세는 일단 역학(易學)에서 인괘중심(人卦中心)의 간태합덕 진손보필(艮兌合德 震巽補弼)이지만, 가장 중요한 한반도의 남리북감(南離北坎)의 촛불, 흰 그늘의 모심이 나타나면서 서남건(西南乾), 동북곤(東北坤)의 벌판이 건곤(乾坤)으로 이 시기(후천 대개벽기의 乾坤이다!)에 나타난 점이다!

그렇다면 주의해야 한다. 정역(正易)에서 명백히 후천개벽의 대 완성으로서 한반도 간방(艮方)의 건곤(乾坤) - 복희씨의 역(易)에서 삼변성도(三變成道), 전복적 완성 즉, 복승(復勝)이었던 乾坤(건곤)이 서남(西南) 베트남 등과 동북(東北) 바이칼 등으로 나아가고 도리어 간방(艮方)은 고민과 창조적 고통의 지화점(至化點)에나 해당하는 남리북감(南離北坎)인 점을 참으로 식은 땀 흘리면서 명상하고 공부하여 파악해내야 할 것이다. 도대체 이 땅 간방(艮方)은 어떤 땅이던가? 이 땅은 한마디로,

  누군가 일어서서 흰 구름을 가르치면
  누군가 따라 일어나 낙원을 건설하고
  누군가 엎드려 초원의 그림을 그리면
  누군가 벌판에 수 천 수 만 그루 나무를 심어
  녹색의 낙원을 건설하고야 마는 그러한 땅,
  바로 그 현실적인 멘토의 땅,
  성배(聖杯)의 땅인 것이다.

                - 루돌프 슈타이너의 책 '나의 꿈 나의 땅'에서

  이 말이 일단은 맞다. 그러나 무엇인가 틀렸다. 맞은 것이 사실이지만 슈타이너는 〈멘토의 땅〉규정에서의 여러 설명이 완전히 맞지는 않다. 우리가 우리 자신의 水王史-예컨대 산해(山海)의 해(海) 등을 더듬어 찾기 이전에 바로 우리 주변, 그리하여 저 드넓은 중심 바깥의 땅-우리도 한때 그 바깥이었음을 잊지 말아야 영세불망(永世不忘)한다-이었다. 그 주변을 먼저 더듬으려 하는 것 또한 이미 논의 과정 안에서 주변 문제가 애당초 제기되어야 하는 새 시대의 담론, 미학의 조건 같은 것이다.
  이것은 중요하다. 우리가 먼저 먹고 나머지는 나중에 부스러기를 나누어 준다는 것이 당연시 되던 선천(先天)이 이미 아니다. 후천(後天)

은 손님이 먼저 밥을 드시는 세상이기도 한 것이다.

 베트남과 캄차카에서부터, 동남아시아와 동북방(오호츠크, 바이칼, 북만주, 남시베리아 등등)에서 水王史를 대강이나마 찾아보려는 나의 제안도 이와 같은 등탑역(燈塔易)의 사상 - 팔괘(八卦) 바깥의 화엄역(華嚴易)의 중요성, 중심성 이외의 전체 탈 중심영역의 화엄역이 성립해야만 하는 화엄개벽이 왔다.

 동아시아 중심만의 역(易)은 이미 역(易)이라 부를 수가 없다. 易은 이미 세계 지혜 즉, 서계(書契)와 결승(結繩) 그 자체이기 때문이며, 속에 숨어있는 무늬(文在內, 周易 坤卦)이기 때문이다. 팔괘(八卦) 중심성은 인정하되 그 주변으로 나아가는 탈 중심, 다극 해체의 대 화엄 시대가 온 것이다. 화엄개벽은 동아시아 태평양 팔괘 중심성은(잠정적으로 인정하자! 중요시하자!) 토대로 하되 이미 그 토대 자체로부터 탈 중심, 다극 해체의 전 지구, 전 우주, 전 생명계의 대화엄역(大華嚴易)을 성립시켜야만 하는 것이다. 해도 좋고 안 해도 좋고가 아니다. 치명적이다! 이제 이 까닭이 나타나게 된다.

 많은 현자들이 이래서 최근 중국의 호들갑과(2012년) 서 푼짜리 자발을 우습다고 경침을 발하는 것이다. 완전히 몰상식이기 때문이다. 최근의 경제 변동은 시작에 불과하기 때문이다. 중심성(동아시아 태평양)이 배합된 탈 중심(전 세계적 다국 체제)이 배합된 'The integrated network'(미국 국가정보위원회, 동아시아 태평양 경제전문가들의 판단)이야 말로 동(東)로테르담 허브(동아시아 태평양 신문명 중심이동 상징)의 선제적 대응이기 때문이다. 화엄역을 찾아가야 한다. 그러기 위해서 우리는 먼저 水王史를 찾는다. 앞으로 여기에 기초해 동아시아 태평양 근, 현대 개벽 문명사 - 복승확충 사관(復勝拡充

史觀)을 집필할 것이다. 우리의 중심 水王史 이전에 주변 水王史를 대충이나마 더듬어 보려는 것은 바로 이 같은 The integrated network 의 개벽요구 때문이고, 화엄역의 엄중함 때문이다.

65)

먼저 燈塔塔(등탑탑)에서 곤괘(坤卦)로 떠오른 동북방(東北方) 캄차카 근처부터다. 坤卦는 빔차의 사만카 비에라 고배니코와 페트로 파블로브스크 역사 박물관 관장 비테르 박사의 이미지와 직결되고 강증산의 부적 계두성(鷄頭星)과 연결된다. (나의 여행기 '예감' 참조) 우선 오호츠크해(海)라는 거대한 바다 이야기부터 하자. 水王史 중의 水王史가 될 것이다. 오호츠크 해의 기단(氣團)의 한랭 현상에 대한 동북방 전역(한국 동해안 포함)의 低溫현상이야기다. 몽골리안 루트 9,000년에 연결된 신화망 그리고 페트로 파블로브스크 앞바다의 느낌 ('예감' 참조) 등에 연관된 이야기다. 그야말로 水王史다. 이제부터 시작되는 동북아시아의 水王史, 그 중 오호츠크 바다의 水王史는 바로 지금부터 시작이다. 오호츠크海 기단(氣團)의 이상 냉각 현상이 장기화됨으로써 온난화 일색으로 뜨겁게 달아오르고 있는 온 지구에서 유일하게 여름 저온 상태가 동북방 일대에 일반화되고 있다. 일시적인 현상이 아니라고 한다. 이를 가능케 한 오호츠크 해 기단(氣團) 냉각의 원인은 과연 무엇일까?

중국의 해양기상학자 류우신은 말한다.

"오호츠크海 기단(氣團) 냉각은 아마도 해저의 암석 사이에서 최근 분출(북극 대빙산 해빙 직후부터)하기 시작한 불가사의한 지중수(地中水) 때문일 것이다. 그렇지 않다면 다른 원인은 없다. 그 지중수 가 최근 달 표면에서 광범위하게 발견되는 물의 벨트와 연관되는 듯하다. 이것은 결코 일시적 현상은 아니다. 그러나 왜 이것이 냉각 일변도로 작용하는지를 밝히는 것은 결코 쉽지 않다. 보다 근원적인 원인이 있는 것 같다. 미국 해상 기후학자 Anthony Newchin의 말, 오호츠크해(海)는 본디 지중수 즉, 일종의 호수다. 그것이 어느 시기에 남방으로 넘쳐 바다를 형성한 것이다. 따라서 그 물의 근원은 해저 암석 사이에서 유출하는 지중수다. 그 지중수에 문제가 있다. 그 지중수를 한마디로 무엇이라고 규정할 수 있을 것인가?"

하나의 달 현상(moon phenomenon)이다.
즉, 심층수 안에서 상승하는 우주적인 물의 벨트다. 그것이 지금 나타나고 있는 것이다. NASA의 에밀리아노 포플러의 테마지표인 그린 포플러 현상의 일환인 것이다. 그러나 그것이 왜 냉각 일변도인지는 좀 더 담색해보아야 할 일이다. 러시아 과학의 오호츠크 , 시베리아, 수질학 전문가 나탈리아 에미프라하비치의 말,
"아주 오랜 시절 이전부터 오호츠크해 밑바닥에서 확인되지 않은 여러가지 기현상이 많이 나타나고 있었다. 그것은 자주 수면 위에 불가사의한 안개 따나 오로라 비슷한 유사 극광, 또는 기이한 구름 따위를 조성하기도 했고, 또 어떤 때는 괴물체 비슷한 용트림을 여기저기서 나타내기도 했다. 이 모든 것이 물, 지중수의 작용인데 지중수와 오호츠크해 지중해류(地中海流) 사이의 상호작용에서 발생하는 기현상으로 짐작되었다."
이제 똑같은 오호츠크海는 아니지만 싸모아-발랑카 지역의 옛 대빙산(大氷山) 지대의 수중에서 극도의 뜨거운 독성 액체가 간헐적으로

분출하고 있다. 이것은 또 무엇을 뜻하는가? 화산의 가능성이다. 북극에서 화산이? 가능하다. 문제는 우주 전체의 대 변동과 함께 지층과 지각, 지구 심층구조 전체에 대 변동, 대 이동이 진행 중이라고 보는 것이 정확할 것이다. 문제는 그런데 싸모아-발랑카 같은 옛 대빙산 지역에 뜨거운 독성 액체가 분출하는데, 오호츠크海 기단(氣團)은 왜 냉각 일변도인가 하는 점에 있다.

간단히 짐작컨대 북극의 극지대와 오호츠크海 및 동북방 아시아 일대 사이에 거대한-그렇다! 우리가 이제껏 상식적인 지표학이나 기후, 수질학으로만 짐작해왔던 일관성이 그 밑에서 붕괴되고 있는 현상 아니겠는가! 아니면 그곳에 어떤 이유를 짐작키 어려운 상극, 길항 현상이 일어나고 있는 것 아니겠는가? 결코 간단치는 않다.

이 문제 해결을 위해서는 전 세계 과학이 연대해야 한다. 그리고 속히 해결해야 한다. 전 지구적 온난화에 대한 하나의 명백한 반대 지표가 나타나고 있기 때문이다.

이 지표는 지구와 인류와 생태계 일반과 기후, 물에 대해 어떤 미래를 예측시키는 것일까? 알 수 없다. 이 경우 단 하나 아쉬운 것이 있다면 오호츠크해 기단 냉각과 같은 치명적, 장기적 현상에 대한 동서양 전통과학 따위 안에 그 예상이나 예감, 패러다임의 암시가 전무하다는 점이다. 이것은 과연 무슨 현상일까? (2008년 여름 코펜하겐 여름 과학캠프에 초청된 나탈리아 박사의 1시간 20분간의 '세계의 북쪽'이라는 연설 중에서) 우리는 水王史를 공부 중이다.

이 경우 어찌해야 되는 것인가? 나탈리아가 '결핍'이라고 지적한 부분에 명백히 <정역(正易)>이 있다. 그들은 아직 한국이라는 나라의 사상사를 전혀 모른다. <정역>의 4천 년 <유리세계>의 비전이 그것이다.

己丑年(2009년) 7월 22일 大日蝕와 함께 시작되는 春分-秋分중심의 여름엔 서늘하고 겨울엔 온화한 유리세계, 무봉탑의 기후가 동북방에 미리 나타날 수 있다고 예언한 바로 그것과 관련되고 이현상은 己位親政(기위친정)의 包五含六(포오함육) 즉, 지구 자전축 북극이동, 북극 태음의 물 변동, 여성회음의 월경 변동과 달의 대 변동에 직결된다.

우주적 五運六氣論(오운지기론), 八數체계와 천부경 등과 현대 실증 과학과의 연결 속에서 그 오운 육기론 연구 초점을 다시 잡아야 할 일이다. 동북방 水王史에서의 오호츠크해 기단 냉각 현상은 몽골리안 루트 9,000년의 신화망 안에서는 어떻게 나타나는가?

나탈리아 博士의 무지를 탓할 필요는 없다. 똑같은 러시아의 젊은 여성학자 비테르 이리나 바실리 예브나 박사(博士)가 캄차카의 페트로 파블로브스크 역시 박물관에서 이렇게 말하고 있기 때문이다. 이곳 캄차카는 포그리니즈나야 체리토리아, 즉 경계 지역이다. 아시아와 아메리카 사이, 알타이-바이칼과 알라스카 카나다 사이, 그리고 투르크-몽골 등 고대 아시아 문화와 이즈테카-마야-잉카 문명 사이, 그리고 고대와 현대 사이의 경계 지역이다. 이 경계 지역 특유의 현상들이 사실상 많다. 다만 현대 과학의 눈이 여기에 집중되지 않고 있을 뿐이다.

하나 예를 들어 보자. 러시아의 언어 철학자 볼고진은 인류 역사상 단 한번도 상호 교통한 적이 없었던 이곳 캄차카 남부의 토착민족인 이텔멘 族의 언어와 스페인 바스크 지방의 토착 언어 사이에 참으로 놀라운 유사성이 수없이 발견되는 점을 찾아 연구하였다. 그 놀라운 유사성으로부터 근원적인 본질, 언어의 '육체성'을 찾아낸 것이다. 그것은 쉽게 말해 <혼돈적 질서>나 <허튼 소통성> 같은 것이다.

어찌 보면 노엄 촘스키의 언어 이론인 '인류 심층 의식의 보편 문법으로 들어가는 길은 주변부로 처져 도외시 되고 있는 민족 언어를 통하는 길뿐이다'라는 것이 그대로 진리임이 입증되는순간이었다. '상상의 공동체'니 뭐니 하는 민족 허무주의가 얼마나 엉터리인 가를 들춰내는 순간이었던 것이다. 그렇다면 바로 이 경계지역 (스페인의 바스크지역 토착어 역시 하나의 경계지역 언어)의 7,000개의 신화망 안에 어떤 독특한 내용이 담겨있는 것일까?

몇 개의 예를 들어 보자.

첫째, 아시아 신화망에서 까마귀는 중요한 새다. 그 까마귀의 암컷을 '보로나', 숫컷을 '보른'이라고 부르는데 바로 이 말의 뜻이 문제다. '보로나'는 '땅 속의 물'이고 '보른'은 '허공의 빛'이다. 신의 전령이라는 까마귀의 암수는 이렇게 '물'과 '빛'으로 상징화되어 있다. 이것은 아마도 의미심장한 연구 대상일 수 있다. 달과 태양과의 비교도 중요할 것이다.

둘째, '베링의 캄캄한 못'이라는 신화가 있다. 그 내용은 7,000개의 신화에 일관된 세계의 가장 중심인 바다(태평양) 속의 새로운 우주의 메타포다. 이카이 이카루, 데에무, 와이스무이, 코낭카투이(새야 새야 네가 가는 이 바다의 끝은 어디냐, 내가 숨은 이 깊은 물 속의 새 하늘 아니냐!).

셋째, 캄차카에서는 신과 인간 사이에 중개자가 없다. 모든 인간 안에 '샤만'이 있어서 신과 바로 소통한다. 다만 소통할 때는 남자는 여자로, 여자는 남자로 성전환 하는 의식(기도)이 필요하다. 이 때 남자는 여자의 물로, 여자는 남자의 빛으로 전환을 시도하는 것이다. 이 점이 중요하다. 왜냐하면 이 전환(일종의 개벽)이 바로 신과 인간의 합일의 조건이 되기 때문이다.

넷째, 캄차카 중북부-코리악 族의 神話 중에 다음이 있다.
'오호츠크海는 세 번 변한다. 뜨거운 바다에서 차가운 바다로, 차가운 바다에서 뜨거운 바다로, 뜨거운 바다에서 차가운 바다로 변하는데, 이 세 번의 변화를 이름하여 <우주의 三變成道(삼변성도)>라 한다.'
실제로 앞의 두 번의 변화는 어느 정도 지표과학 등에 의해 실증된다. 다만 마지막에 뜨거운 바다가 차가운 바다로 어떻게 변화되는가는 아직 미지수다. 다만 이런 신화가 있다.

"어느 날 남쪽에서 이상한 푸른 새들이 날아와 바다 위를 떠돌 때 극지(대 빙산지대)에는 뜨거운 샘이 솟아오르고 오호츠크 바다는 차가워져서 영원한 가을이 온다."

무엇이 푸른 새인가? 물론 상징인데 이 푸른 새에 대해서 코리악 族한 神話가 있다.

"남쪽의 푸른 새들이 날아온다. 그 맨 앞에 한 이상한 부적을 문 푸른 새가 날아온다. 그 부적은 새벽 닭머리(鷄頭星) 그림이다. 세 장의 큰 변화를 표시한다. 이 때에 오호츠크 바다에서부터 여름엔 시원하고 겨울엔 온화한 영원한 가을이 온다."

다섯째, '베링의 캄캄한 못'에 이어진 신화의 안데스 인근의 산사람들의 노래 〈베에리 바다〉 안에 "마추피추 솟았다. 그 봉우리마다 달이 떠오른다."라는 구절이 캄차카 신화의 노래 부분에 두 군데서 발견된다.

이것은 교통과 교환의 증거인가? 물론 정신의 쌍방향 소통이요 눈에 안 보이는 공명(共鳴) 현상이겠지만 현실적으로는 아무 교통도 없었다. 몽골리안 루트 9,000년은 내내 아시아로부터 아메리카에로의 일방적 이동만 있었을 뿐이다. 그럼에도 이런 현상이 일어나고 있다. 또 하나의 〈볼고진 현상〉이 아니겠는가! 앞으로의 동아시아, 동북 아시아 태평양의 문화과학(文化科學), 문화철학(文化哲學)은 이 현상을 연구해야 한다. 동시에 오호츠크海의 냉각현상, 영원한 가을도 연구해야 한다. 도대체 남쪽의 푸른 새가 몰고 온 새벽 닭머리, 계두성(鷄頭星)이 무엇의 상징인지부터 알아낼 필요가 있다.

66)

우리는 이제 정역(正易)의 4천 년 유리세계 예언을 살필 필요가 있겠다. 해당 원문을 그대로 인용하고 나서 李正浩의 연관 부분 해석과 또 필요하다면 그 밖의 코멘트도 활용해서 동북방 水王史의 실증을 짐작해 볼 필요가 있을 것이다.

正易 가운데 十一吟(십일음)이다.

十一歸體兮　五八尊空
五八尊空兮　九二錯綜
九二錯綜兮　火明金淸
火明金淸兮　日月光華
日月光華兮　琉璃世界
世界世界兮　上帝照臨
上帝照臨兮　于于而而
于于而而兮　正正方方
正正方方兮　好好无量

乙酉歲 癸未月 乙未日 십일일언(十一一言)에 대한 읊음.
십오가(十五歌)의 對.

'십과 일'이 한 몸 되니 '오와 팔'이 존공일세.
'오와 팔'이 존공되니 '구와 이'가 착종하여,
'구와 이'가 착종하니 화가 밝고 금이 맑네.
화가 밝고 금이 맑아 하늘 땅이 맑고 밝네.
하늘 땅이 맑고 밝아 해와 달이 빛이 나네.
해와 달이 빛이 나니 유리 세계 되는 도다.
유리 세계 되고 보니 상제께서 조림하네.
상제께서 조림하니 기쁘고도 즐겁구나.
기쁘고도 즐거우니 정정하고 방방하네.
정정하고 방방하니 좋고좋아 그지없네.

을유년 계미월 을미일
이십팔에

여기서 문제는 구이착종(九二錯綜)이다. 구이착종이 유리세계의 직접적 원인이다. 구이착종이 무엇인가? 구이착종은 주역의 삼오착종(三五錯綜)의 착종이다. 착종은 단순한 뒤집어짐이 아니라 도생역성(倒生逆成)을 가리킨다.

역괘(易卦)의 효(爻)가 뒤에서부터 그 운(運)이 일어서며 그 기(氣)가 거꾸로 앞에서부터 형성되는 것이니, 그 세목에서는 또한 분별이 있겠으나 대체로 보아 후천개벽 정역(正易)에서 '한미관계'에서의 간태합덕(艮兌合德)은 등탑역(燈塔易)에서도 不變(불변)이나 '중일관계'에서의 진손보필(震巽補弼)은 등탑역(燈塔易)에서는 거꾸로 뒤집혀 중국이 巽으로, 日本이 震으로 變하는 관계와 같은 것이겠다.

나의 글 정역과 등탑(흰 그늘의 미학, 박경리론 '흰 그늘과 화엄'의 보충원고)에서와 같이 오운육기론(五運六氣論)의 구조로 본다면 중국의 正易(정역) 震(진)은 雲丁(운정)으로서 크지만 낡은 운(運)이요 일본의 正易(정역) 巽(손)에 燈塔震(등탑진)은 海門(해문)으로서 작지만 실팍한 새로운 기(氣)의 대세인 것과 같다.

그러나 화엄 개벽의 진행 과정에서 중국의 巽이 도리어 그 결말에는 이견대인(利見大人)으로 대 변동을, 일본(日本)의 震이 그 시작의 이견대인(利見大人)으로 크게 시작하나 그 결말에는 도리어 지리멸렬할 가능성이 있음 또한 착종이다. 바로 이 같은 착종에 의해서 4천 년 유리세계가 온다는 이야기다. 그렇다면 이 경우의 水王史는 직접 관련이 있을까? 있다. 어떻게? 이와 같다. 오운육기론(五運六氣論)의

'雲丁'과 '海門'의 비유가 이 경우에도 적용된다.

운정(雲丁)이 '온난화'(탄소에 대한 온실가스와 해의 불과 연관된 공기의 뜨거움) 등의 따뜻한 기온으로 인해 실질적인 巽(손)은 震(진)으로 착각하게 하듯이, 그리하여 옛날의 커다란 운세(運勢)의 虛(허)를 드러내듯이 海門이 바다 속의 깊은 地中水(달작용)의 냉각 현상과 관련되어 진(震)을 손(巽)으로 착각하게 하는 현상 등의 착종과 비슷한 것이다.

그러나 문제는 해와 달의 우주적 패권 이동은 이 착종으로 인한 유리현상(琉璃現象) 즉, <영원한 가을(여름엔 서늘하고 겨울엔 온화한 春分, 秋分 中心의 기후변동)>을 거의 항속화한다는 점이다. 그렇지만 이 역시 거대한 착종임엔 틀림이 없으므로 몇 만 년 단위가 아니라 4천 년으로 한정한 것이다. 이것을 세목(細目)적으로 추구하는 것은 지금 우리의 일은 아니다.

향후 동아시아 과학이 본격화하는 단계가 가까운 시일 안에 온다. 그 때 할 일이다. 다만 유리세계의 원인이 해와 달, 양과 음, 불과 물, 五運(오운)과 六氣(육기), 震(진)과 巽(손), 사이의 또는 금화정역(金火正易)상으로는 金과 火의 倒生逆成(도생역성)과 같은 착종 – 이것은 包五舍六(포오함육) 등 개벽의 한 현상일 뿐이다 – 의 한 드러남이라는 말이다.

따라서 그 근원에 달, 물, 음(陰), 여성성, 그늘, 냉각, 빛 등의 상승에 따른 현상이니 곧 水王史의 중요한 계기라고 해야겠다는 말이다. 서양 과학과 이를 추종하는 동아시아 과학도 이에 대해 아는 체도 안 하거나 잘 모르겠다는 표정일 뿐이다. 다만 일본의 한 신화(神話)학자가 이에 대해 짤막한 관심을 표했을 뿐이다.

고토쉬가리(高藤修正) 왈,

"17세기 일본의 서구화(西歐化) 대변동 이전에 북해(北海, 이른바 일본해와 오호츠크해, 사할린 쪽의 바다 총칭)에 하나의 수온냉각(水溫冷却)의 변괴가 있었다."

67)

아주 오래 전 상고(上古) 이래의 전설인 바다 속의 깊은 세계에서 달이 솟구치리라는 소문이다. 이 소문은 신도(神道) 등의 신화적(神話的) 차원에서 그쳤으나 오늘날 이 현상과 연관 있는 오호츠크해와 北海 일대의 냉각이 있다. 이것을 신화망에서는 역시 '오니(女神)의 복귀' 현상으로 볼 수 있다(2008년 9월 17일자 요미우리 신문).

즉, 水王史로 볼 수 있다는 말이다. 어찌 해석해야 할까? 그 해석에 도움이 되는 몇 가지 근거들을 찾아보자.

첫째, 7세기 경 일본의 교토와 나라 등지에 바다와 관련된 수온 냉각 현상이 있었다. 백제계 황후(皇后)와 귀족 여성들의 여러가지 형태의 수난과 치명(致命)에도 불구하고 그녀들의 굳센 문화적 주체(백제혼 - 이후 일본 왕실의 정신적 기초가 된다)가 역설적으로 강화되는 현상 사이의 연결이 검토되어야 한다. 다만, 그 연결을 다룰 수 있는 새로운 과학인 우주 생명학이 아직 없다.

둘째, 15세기 가톨릭의 일본 상륙 시 도꾸가와 정권의 회유로 십자가를 밟고 가는 남성들은 모두 살았으나 십자가를 밟지 않고 처형당한 수많은 여성 신도들(예컨대 종신 귀양살이의 오다 쥴리아)의 水王史가 일본 열도의 새로운 정신 주체로 일어서기 시작한다. (2013년 현재 아베 극우파 남성주의 권력 밑에서도 역시 그 어려운 水王史는 일어설 것이다. 반드시 일어선다! 2013년 5월 7일 현재) 이 사태 당시 전후하여 역시 바다의 냉각 현상(달의 작용이다!)이 있었다. 이 연관은 과연 어찌 될 것인가?

셋째, 17세기 북해의 냉각 현상 이후, 일본의 대본교(大本敎, 生命敎)와 '에자나이까' 운동, 그리고 이어서 18, 19세기에 일본에 상륙한 사회주의, 공산주의, 무정부주의 운동에 헌신한 여성 간부들의 비전향 종신형 수형흐름은 적군파의 현재 경우(후꾸오까 감옥의 여성 장기수)까지 이어진다.

이것은 또 어떻게 해명될 것인가?

68)

넷째, 한국 식민지 시대, 인도, 이후 베트남 등에서의 여성의 투쟁과 수난, 고통의 역사, 한국의 後天陰開闢運動(후천음개벽운동) 등은?

다섯째, 그 밖에 유럽과 러시아, 미국, 농＋라파와 남미, 아프리카 그리고 가장 중요하게는 이슬람 여성들의 수난과 함께 전 세계적 기온, 수온 냉각, 달 현상과 태양력, 이 모든 것들이 결코 단순하지 않다. 오늘의 서구발(發) 실증과학은 룸펜 과학이다. 이름만 과학일 뿐, 실증 가능한 몇몇 분야 이외에는 모두 다 미신으로 돌려버리는 그야말로 룸펜이다. 해명해야 한다.

그리하여 오호츠크 氣團 냉각과 4천 년 유리세계를 동아시아 태평양만이 아니라 전 세계적 사례와 함께 여성, 달, 물, 음, 어린이들의 水王史에 직결시키는 '회음(會陰)의 우주생명학(宇宙生命學)'이 성립되어야만 인류 대망의 화엄학(華嚴學)의 과학적 근거가 나타나게 될 것이다. 또한 동아시아 태평양 근 현대사의 개벽 복승사관(復勝史觀)

에서도. 水王史는 이 일의 한 끄트머리인 것이다. 그러나 중심 흐름일 것이 분명하다.

이제부터 시작이다.

69)

이 일은 또한 캄차카의 이뗄멘과 코리악족(族)의 신화 7,000개 (7,000개가 있었다는 소문)의 신화망에 대한 구체적 접근이 동반되어야 한다(캄차카 페트로 파브로브스크 역사 박물관장-비테르 이리나 바실리예브나 박사). 서남방(동남아시아), 베트남 을 중심으로 한 수왕사를 찾아보자. 2008년 여름 케냐에 얼음이 얼고 적도에 눈이 내렸다.

천지개벽이나 다름없는 사태다. 북극의 대 빙산이 거의 다 해빙되어 따뜻해지고 있기 때문이다. 그럼에도 오호츠크해는 기단냉각으로 인근 동북방 기온은 거의 '유리세계'에 접근하고 있다. 이것은 결코 우연이거나 그냥 지나칠 일이 아닌 것이다.

유럽의 여러 천문 기상대의 종합 보도는 지난 11년 째 태양열이 식어간다는 것이고(태양 흑점 이야기는 누구나 안다.) 달에는 상상 밖의 물과 물의 벨트가 광범위하게 있어 혹성과 혹성 사이에 물의 생성(생명 생성)을 촉발한다는 NASA의 보고가 잇따르고 있다. 이러한 때다. 올해, 2009년 초 프랑스 과학자들이 케냐의 이 같은 이상 기후를 탐색하고 돌아왔다.

그 결론은 한마디로 현지 케냐인들의 용어로 <비비컴 나르발라돔 하이예(이랬다 저랬다 변덕스러운 날씨여서 뭐가 뭔지 잘 모르겠다)>였다. 우박이 오다 눈이 오다, 안개가 끼다 해가 나다 이상한 아지랑이가 상시 끼고 열대 작물은 전멸한 대신 이상한 식물들과 곤충들이 대거 나타난다고 한다. 이 이상한 식물들과 곤충들, 그리고 변덕스럽기까지 한 현저한 저온은 이른바 오호츠크해 방면의 <영원한 가을>과 어떻게 다른 것일까?

 케냐나 적도의 날씨가 바로 베트남이나 기타 동남아시아의 그것과 같은 것일 리는 없다. 그러나 정역(正易)은 후천개벽 현상 중의 하나로 유리세계 4천 년(春分 - 秋分 중심 날씨)외에 적도와 황도(黃道)의 일치를 들고 있다. 이 현상을 어찌 볼 것인가?

 황도(黃道)는 이렇다. 태양의 시궤도(視軌道), 곧 지구에서 보아 태양이 지구를 중심으로 운행하는 것처럼 보이는 천구상(天球上)의 대원(大圓), 적도(赤道)에 대하여 23.5도 경사점, 그 적도(赤道)에서 만나는 점(황도와 적도가 만나는 점)은 춘분점(春分點) 및 추분점(秋分點)이고 태양이 그 지점에 이를 때는 낮과 밤의 길이가 같음.

 적도는 이렇다. 천구상(天球上)의 상상선(想像線). 지구의 적도면과 천구와의 교선(交線). 천구의 남북 양극으로부터 등거리에 있는 대도적대(大圓赤帶). 지구의 중심을 통하는 지축에 직각인 평면이 지표와 교차된 선(線). 곧 지구의 남북 양극으로부터 90도의 거리에 있는 대원(大圓). 지난 己丑年(2009년) 7월 22일 동아시아 대일식(大日蝕) 때에 '대윤초'라고 불리우는 정력(正曆)의 무윤력(無閏曆)이 선다는 날이 있었다.

 그날 태양력 주기의 천이백 여 년의 윤달 365일 1/4이 없어지고 月曆주기의 360일이 상시화되기 시작한다는 것이 정역의 예언이고 주장이었다. 그 때에 밤과 낮의 길이가 같아지고 적도와 황도가 일치한다고 했다. (정역의 주장) 그리고 춘분, 추분 중심의 4천년의 유리세계가 시작된다는 것인데 여름엔 서늘하고 겨울엔 온화한 날씨여서 산천초목이 다 지금과는 달라진다는 것이다. '비비컴 나르발라돔 하이예'는 바로 이 같은 변화의 시작인 것이다.

케냐의 이 같은 변화는 적도와 황도가 경도(經度)가 아닌 위도선(緯度線) 선이므로 아프리카와 동남아시아, 베트남의 기온이나 생태 변화는 동일성을 갖게 된다. (오호츠크해의 냉각과 러시아 극지 싸모아 발랑카의 뜨거운 액체 분출의 상극성(相克性)의 근거와는 다른 것이다.)

문제는 이곳 케냐의 전에 못 보던 곤충이나 풀들과 함께 오로라나 무지개와는 다른 이상한 안개나 아지랑이 현상이 계속된다는 점이다. 이것이 물 현상임은 쉽게 짐작할 수 있다. 이것이 이른바 水王이겠다.

70)

나는 이미 '정역(正易)과 등탑(燈塔)'이라는 글에서 <등탑팔괘(燈塔八卦)> 중의 서남건(西南乾, 베트남과 동남아시아)을 설명하면서 과밀초유지구(過密超留地區)라는 이 지역의 생태학적 특징을 제기한 바 있다. 삶의 근거지 밀집에도 불구하고 '생태계가 도시화 되지 않는 독특한 생명 문화가 유지됨'이라고 설명했다. 물론 그 원인은 동식물 생태계의 특성 때문이겠지만 근원적으로 최근에 와서 더욱 더, 그리고 그런 초유상태(超留狀態)가 경제 개발과 도시화에도 불구하고 유지되는 것은 결정적으로는 물 때문인 것이다. 이것이 베트남(연관하여 동남아시아 거의 전역)의 水王史에 연유하고 있다. 이제 그 水王史를 살펴볼 때가 되었다. 바로 그 수왕사 플러스 후천개벽이 이같은 변화와 특징을 도래시키고 있으며 이제부터의 지구 대 혼돈과 괴질, 종말적 대 변동 속에서 다른 어느 곳보다 더 새로운 용화회상 해인삼매(龍華會相 海印三昧)의 화엄개벽(華嚴開闢)의 아름다운 성취가 가능한 땅으로, 위상으로 돼간다는 뜻이다. 무엇이 그 水王史의 뼈대들일까? 나는 이미 이 지역의 한 전설, 한 스님과 달 사이의 대화 이야기를 한 적이 있다. 달이 곧 물이요 水王의 우주적 근거다. 그리고 여성성과 모성과 후천 화엄개벽의 배경인 것이다. 그런데 바로 그 달과 불교와 밀림-메콩강 등 수많은 물과 늪으로 가득 찬, 그리고 긴긴 해안선이 계속되는 이 지역의 밀림은 '물의 숲'이라고 할 만하다.

그리고 지난 번 항미전쟁(抗美戰爭), 그 이전의 항불(抗佛), 항중(抗中), 항일전쟁(抗日戰爭)에서도 뛰어난 여성 전사들의 신화로 유명한, 그럼에도 오늘엔 '도이모어'를 위해 다소곳하고 친절한 미소로 과거의 적들인 미국인, 프랑스인, 일본인, 중국인과 한국인들을 맞이하는 그 여성들의 생생한 영적 생명력은 유명한 것이다. 여러 가지 그들 나름의 水王史가 불교, 샤머니즘과 얽혀 숨어 흐르고 있는 것이다. 내가 말하기보다 그들 스스로 말하는 시간이 와야 한다. 그것은 아마 한국의 水王史 이후 일 것 같다. 아마 틀림없이 그럴 것이다.

71)

베트남이 정역과는 달리(한국이 乾이었던 것과 달리) 등탑팔괘(燈塔八卦)에서는 乾인 것은 그 (캄차카의 坤과 함께) 천지대괘(天地大卦, 개벽의 완성체)의 완성을 촉발하는 창조적 고통의 자리, 한반도의 〈남리북감(南離北坎)〉 즉, 흰 그늘(白闇, 不咸과 多勿)인 점에 의미가 있다. 현대의 진정한 후천 화엄 개벽 모심의 水王史는 여기서 시작한다.

그리하여 일본, 중국과 미국과 함께 실험적 문명이 시도되는 과정에서 서남(西南)과 동북(東北)의 건곤(乾坤)을 통해, 전 세계의 벌판과 산맥과 강과 섬들로 퍼져나갈 것이다. 이른바 제 3세계였던 아시아, 아프리카, 라틴 아메리카가 결국은 완성에 가까운 용화회상(龍華會相), 미륵과 화엄과 후천 무량의 땅이 될 것인데, 그 첫 성배(聖杯)의 땅이 곧 이 땅, <남리북감(南離北坎)의 흰 그늘의 땅>이 곧 이 땅, 水王의 땅인 것이다.

그리하여 水王史는 새시대의 달의 우주생명학을 성립시키게 되고, 그때 西南의 적도와 황도의 일치, 주야평균(晝夜平均), 춘분·추분·중심(春分·秋分·中心)의 4천 년 유리세계가 동북방과 함께 중요한, 그리고 결정적인 온난화 극복과 그 이후의 지구가 될 것이다. 이것은 단순한 비전이 아니다. 하나의 'factum'이다. 水王史는 'factum'이다. 베트남과 '비비컴 나르발라돔 하이예'의 水王史 이전에 다시 우리 땅의 水王史로 돌아와야 하는 까닭이다.

72)

동이족(東夷族)의 水王史의 시작은 어디인가?

우리 민족의 종족적 기원은 파미르 키르키스 한이다. 그리고 그 신화적 태반은 1만 4천년 전 파미르고원의 여신 마고(麻姑)다. 마고여신(麻姑女神)은 월신(月神)이요 해신(海神)이요, 수신(水神)이다. 그리고 마고성(麻姑城)의 소(巢)에서 관측된 성운군(星雲群) 중의 천시원(天市垣)의 우주율은 중국 황제(黃帝)의 평균률(平均率)인 <율려(律呂)>따위가 아닌 <八呂-이후 팔려사율(八呂四律)로 정착됨)>로써 전적으로 여성성(女性性), 혼돈성(混沌性), 생명성(生命性), 우연성, 개체성이었으니 바로 달과 물과 陰(玄牝)의 혼돈 질서였고, 모녀직계혈통(母女直系血統)의 궁희(芎姬)와 창희(蒼姬) 등의 단성 생식시대 이후 남성 파트너의 등장, 황궁씨(黃穹氏)와 함께 팔려사율(八呂四律)의 신시(神市), 천시(天市)체제가 성립된다.

이른바 근대 정역(正易)에서의 율려(呂律)의 원형인 셈이니 요즈음의 Chaosmos, 즉 혼돈적 질서요, 호혜, 교환, 획기적 재분배의 <시끄러운 고요>, <화엄경의 동진불염(同塵不染) 이생상도(利生常道, 티끌을 함께 뒤집어 쓰되 물들지는 않는 것이 중생을 위한 항상된 진리실천의 길)>의 원리인 것이다. 바로 이것이 水王史의 시작이다. 마고성의 건축과 성 내의 호수, 그리고 신시(神市) 시스템의 기본은 모두 <팔려사율(八呂四律),여성성이 팔려, 남성성이 사율>로써 바로 水王의 이치 그것이다.

그리고 당대 마고 식구들의 묘 안에는 팔려사율이 움직였으니 다름아닌 水土을 기본으로 하는 三王(天地人)의 통일이라고 하겠다. 水王 그 자체가 혼돈의 질서를 뜻하는 지기(至氣), 혼원지일기(渾元之一氣)요, 궁궁태극(弓弓太極)을 뜻하는 것이다. 이후 동진하여 민족은 바이칼의 알혼섬에 정착한다. 바이칼의 팔려(八呂)에 알혼이 사율(四律)로 대응한다고 볼 수 있다.

바로 이 때가 水王史의 참 시작이라고 할 수 있는데 이 곳에서 <불함(不咸)>의 문화가 배태된다. <不咸>은 '부르한'인데 역리(易理)로 풀면 리(離)와 감(坎)으로서, 빛과 그늘진 웅덩이를 뜻한다. 리대인(離大人)의 축빈우(畜牝牛)가 바로 <不咸>의 뜻인 그늘진 물에 생명의 빛을 비추는 문화다.

이것이 곧 수왕(坎)의 사(離)로서의 <不咸>이니 환웅(빛)과 웅녀(그늘진 물)의 결합의 근거다. 산동성 연원의 6천여 년 전 복희씨(伏羲氏)의 水王史로서의 <서계(書契)와 결승(結繩)>의 최초의 역(易) 또한 <不咸>의 리대인 축빈우의 신화적 기원이다. 빛에 의한 그늘진 모성, 여성성의 키움이다. 최근 중국인들이 황제(黃帝)를 웅족(熊族)이라고 강변하고 웅녀상(熊女像)까지 크게 세워 저희 조상이라고 우기는 것은 복희씨와 불함(不咸), 흥안령의 동이족(東夷族) 발원의 水王史를 약탈해 가려는 흉계에 불과하다. 그들은 뭐든지 좋은 것은 다 저희 것으로 '인 마이 포켓' 하는 도둑 근성이 민족 근성이 돼 버린 민족이다.

도둑 대국주의, 밝힌 바와 같이 水王史는 미래 신문명의 근거다. 모르는 사람 없다. 그래서도 이 점은 명백해져야 한다. 4천여 년 전의 천부경의 핵심이 <묘연(妙衍)>인 것은 누누히 강조해 왔다. 배달국과 고조선의 역사의식의 초점이 <묘연(妙衍)>이고 <묘연(妙衍)>은 인중천지일(人中天地一)이라는 삼왕통일(三王統一) - 화엄개벽의 근거인 水王史 그 자체다. 여성과 아기의 물과 생명의 신비요 세계 개진의 역괘(易卦)에 대한 오묘추연(奧妙推衍)의 열쇠인 것이니 바로 다름 아닌 水王史의 역사 신비다. 복희씨(伏羲氏)의 설화와 직결되고 동북방 신화망 전체를 관류하는 水王의 흐름에 직결된다.

고구려의 주몽이 대륙 영성계의 후손임에도 하백(河伯)의 자손으로 명기되는 까닭이 무엇인가? 고구려 벽화의 '날개 달린 물고기' 상징의 근원이 무엇인가? 어째서 주몽의 도주과정에서 강물을 건널 때 자라와 물고기가 등을 내주는가?

그리고 어째서 신시(神市)의 솟대는 반드시 '산 위의 물' 즉, 간태합덕(艮兌合德, 정역)이나 산택통기(山澤通氣, 주역)인가? 왜?

우리나라는 본디부터 간방(艮方) 즉 '산의 나라'다. 산이 많은 땅이다. 정역(正易)에까지도 간괘(艮卦)다. 그러나 동이족의 반도 진출이 분명한 삼한(三韓) 이전에도 그러한가? 그렇다. 역시 간(艮)이다. 산이 중요하다.

1만 4천 년 전 파미르 키르키스탄의 거주지는 파미르 고원이니 엄연히 산 중의 산이다. 또한 알타이 산맥과의 깊은 연계도 있고 이후에도 그렇다. 그러나 파미르 고원 시대에도 물과 달과 음과 여성성, 모성의 중요성이 클로즈업 되었으니 신화 그 자체가 이미 최초에는 四律이 '아직 없는' 오로지 八呂였다. 려(呂)는 풍류(風流)에서 음률(陰律)을 말하는 것이다. 율(律)의 반대다. 따라서 남성성에 대한 여성성이요, 태양에 대한 달이요, 불에 대한 물인 것이다.

뒷날, 황궁씨(黃穹氏) 등의 남성신(神), 남자 파트너싶 등장 시에 성립된 천시(天市), 신시(神市) 체계의 원리인 八呂四律에서는 그 비례는 남성성, 불, 태양보다 여성성, 물, 달의 비율이 누 배가 더 크다. 陰이다.

그런데 이것은 희망사항이나 작위적인 것이 아니고, 마고성의 소(巢), 즉 '지규라트(관측소)'에서 관측된 인근 천공(天空)의 성운군(群)들, 천시원(天市垣), 자미원(紫微垣), 태미원(太微垣) 중 특히 천시원(天市垣)으로부터 들려오는 소리, 음률(音律)을 관측한 결과, 지배적인 우주율(宇宙律)이었다. 훗날, 신화가 남하하여 지리산의 산신이 된 마고, 마고 할미 이야기, "오줌을 싸 갈기니 오대양의 물이 쏟아져 나왔다."라고 한 것은 바로 이 팔려(八呂)의 물 해석이다. 다름 아닌 여신으로서의 水王史이겠다.

우리나라 최초의 마고기록인 신라 재상 박제상(朴堤上)이 지은(훗날 金時習이 보관, 발표) 부도지(符都誌)에는 '실달성과 허달성'이 모두 음(音)에서 나왔다고 했다.

음은 八呂라고 했다. 呂는 곧 여성 음(陰)이다. 天女(여성, 여신)는 呂를 관장하였고, 天人(남성, 남신)은 律을 맡아 보았다. 音과 數가운데서 音이 천지를 창조했다는 신화는 부도지가 처음이다. '音의 창조설(여신 창조)'은 한국 민족이 처음이다. 중국과 서양(피타고라스) 모두 數의 우월성을 내내 강조한다. 한 수 뒤라고 하겠다.

중요한 것은 음(音)의 창조설과 함께 呂는 여성 음인데 그 呂 즉, 八呂를 여성이 관장하고 律 즉 四律을 남성이 관장했다는 부분이다. 신시의 남녀 이원 집정제(단군 즉 단골이 八呂를, 왕검 즉 임금이 四律을 관장한 고조선 전통은 이로부터 연원한 것이다.)의 원리다.

八呂 즉 삶의 획기성(세목성, 생활성, 혼돈성과 우연성, 개체성)은 여자가, 四律 즉, 경제의 재분배(대칭성, 규칙성, 질서성과 필연성, 집단성)은 남자가 맡았던 이야기인 것이다. 고대 중국인들도 音과 數를 중요하게 여겼다. 그러나 그들은 모두 數우위론자, 律우위론자였다. 즉 물이 아닌 불과 남성성 우위론자들이다. 천문훈(天文訓)은 율력(律曆)의 수(數)는 천지(天地)의 도(道)다라고 했고, 한서(漢書) 율력지(律曆誌)는 수(數)가 율(律)을 낳고 기(器)를 만든다고 했다. 그러나 수(數)는 자연의 용(用)에 불과한 것이다. 당서(唐書)인 律誌와 數는 자연의 用이라고 했다. 피타고라스는 고대 중국인보다 더 적극적이다.

그는 자연이 숫자로 다스려진다라고 가르쳤다. 그는 자연에는 하모니가 있다고 하고 자연이 숫자로 다스려진다고 했으며 자연의 다양성 속에는 통일성이 있고 그 나름의 언어가 있으며 그것이 곧 숫자라고 했다. 그는 음악적인 하모니와 수학 사이에 근본적인 관계가 있다고 했다. 그는 만물의 근원을 수(數)라고 했다. 천체의 운행을 음악의 음정과 관련시켜서 계산해 낼 수가 있다고 했다.

그렇다. 그 결과가 오늘 날 서양 문명의 불모성(不毛性)과 물질문명 일변도의 과학의 파격이다. 지금 기세를 떨치고 있는 중국의 율려만능(律呂萬能)과 공자의 합리성 또한 그 내일이 서양 비슷할 것은 뻔할 뻔자다. 현대, 초현대는 분명 물과 달과 여성과 현빈(玄牝)과 音과 呂, 그것도 八呂로써 거기에 四律이 보합(補合하)는 '기우뚱한 균형'을 원한다. 그것이 화엄 개벽 모심의 흰 그늘의 길이고 그것이 곧 묘연(妙衍)의 인중천지일(人中天地一), 즉 水王史인 것이다. 억지 부려봐야 소용없다.

73)

현실은 못 속인다.

희미하지만 그것을 실감하기 때문에 중국인들은 황제(黃帝)가 곰족(熊族)이고, 즉 웅녀(熊女)가 자기네 조상이라고 우긴다. 우긴다고 되는 게 아닌데 그런다.

감(坎). 즉, 웅족(熊族)이 최근 동북방 농업의 시작과 연계된 동북방 신화망의 출발 연원이고 최초의 왕권 사회의 출현이며, 서북방 바이칼과 파미르로부터의 여성성, 水王, 불함(不咸)이나 다물(多勿)의 신권사회의 현실 문명화의 역사적 기저부분이기 때문에, 홍산문화, 복희씨(伏羲氏)와 함께 모조리 저희 것이라고 독점하려고 떼를 쓴다. 그러나 그런 짓이 얼마나 가겠는가?

그들이 진리의 엄엄함을 뼈저리게 실감하는 날이 곧 온다. 뭐든 저희 것이라 우기면서도 최근의 경기 상승에도 불구하고 공산당을 자처

하는 자들이 막심한 빈부격차, 여성차별, 55개 소수민족 탄압, 공산당 부패, 전권(錢權)유착, 소수 부자들의 호화 방탕에 공자, 주역, 율려의 세계강요로 웃기는 자들이 돼간다. 중국 내의 유행어 몇 가지.

74)

"푸얼다이(富二代)-부의 세습."
"팡누(房奴)-집의 노예, 전세 값에 허덕이는 사람들."
"이쭈(蟻族)-개미족, 중국판 88만원 세대."
"핀얼다이(貧二代)-가난의 세습, 일용직 2세들."

심해지고 선전(深川)의 호화 빌라에서 30대의 청년 자본가들은 수천 명씩 떼지어 호화방탕으로 날을 지샌다. 그런 그들이 水王을 알겠는가?
달의 시대를 알겠는가? 玄牝(현빈)을 기억이나 하겠는가?

축빈우(畜牝牛)와 황상원길(黃裳元吉) 문재내야(文在內也)의 새로운 서계(書契) 결승(紘繩)을 알겠는가? 정역(正易)과 등탑(燈塔)을 알겠는가? 화엄개벽과 모심과 흰 그늘을 알겠는가?
강탈해서 되는 게 있고 안 되는 게 있다. 감(坎)과 水王을 강탈하려 하고 세상에(한국과 김지하에게) 律呂를 강요하면서도 그들 땅 도처에 可弘이란 이름의 기괴한 새빨간 짐승 꽃이 피는 것은 어찌할 것인가?
중국의 왕조변혁(王朝變革)의 시작은 언제나 농민 혁명이요 여성의 이반(離反)이요, 물의 변괴(變怪)로부터다. 그리고 그 전엔 반드시 기괴한 짐승 꽃 등이 피어났다. 어찌할 터인가? 이래도 김지하에게 동이문화(東夷文化) 압살신호였던 천명검(天明劒) 그림을 우편으로 보내 공갈 협박하고 난데없는 전화로 율려(律呂) 운동을 강요하고 뜬금없는 시골 향교의 특강 부탁으로 공자의 현대 사상사적 의미를 요청할 터인가? 왜 그러는가?

75)

그럼에도 주역은 만년불패의 과학이요 최고의 변증법인가?

호주 외무상의 발언과 똑 같은 말을 안 할 수 없다. 좀 문명국답게, 그나마 옛 기억을 되살려서라도 "please politely and propriatly!" 중국은 이제 화엄개벽, 월인천강의 날이 멀지 않다. 그것은 해인삼매(海印三昧)와 개체 융합의 무봉탑(無縫塔)이니 당나라 혜충국사의 예언이다.

이것이 곧 여성차별과 농민 억압 및 빈부격자, 소수 민족 탄압을 숭지하고 모심과 흰 그늘의 음개벽(陰開闢), 즉 水王史의 수입인 것이다. '정중한 수입'이니 곧 배움이다. 여기에 대한 대안으로서 부도지와 마고신화의 다물(多勿)과 환인씨의 바이칼, 알혼의 <불함(不咸)>과 천부경의<묘연(妙衍)>이 있다. 우선 주역(周易) 개조의 한 방법으로 推衍(추연)을 묘연(妙衍)으로 개혁하는 학문 방법의 개조가 있어야 한다. 중국의 水王史는 水王史가 아니라 水變史 즉 물을 개발하고 파헤치는 억지물의 역사다. 그것은 水王史의 정반대인 것이다. (이명박의 4대강은 바로 그것의 짝퉁일 뿐이다.) 지금 중국에 절실히 필요한 것-水王史를 배워야 한다. 이제 중국은 '중'이 아니다. 배워야 산다. 항구적 중심(中心)은 이 세상에 없다. 그것이 곧 우선 역학(易學)

의 삼변성도(三變成道)다. 그것은 먼저 중국의 '中'인 孔子 자신의 말이다. 주역 계사전의 孔子의 말,

"종만물 시만물 막성호간(終万物 始万物 莫盛乎艮)이다."라는 것이 무슨 뜻인가? 그리고 그것은 명나라때 강소성(江蘇省) 사람 황호동(黃湖東)의 기만물이서(寄萬物移書)에서 孔子의 그 말이 조선의 천부경의 <묘연, 만왕만래 태양앙명 인중천지일 일종무종일(妙衍, 萬往萬來 太陽昻明 人中天地一 一終無終一)>을 읽고 난 뒤의 일이라는 것, 그리고 공자의 그 말은 평언(平言)이 아니라 명언(明言)이라는 것(子路 魯言集 8장).

明言은 斷言이니 확신에 찬 예언이라는 것이 두 가지 사실로부터 스스로 확인하는 일일 것이다.

이러한 겸(謙)이 진정한 현대적 창조자의 사명이고 노겸군자(勞謙君子, 겸손하기 위해 노력하는 군자)의 태도라는 것. 그리고 이 겸(謙)과 로(勞)가 곧 '물의 성정(性情)'이니 水王史의 핵심 의미라는 것부터 깨달아야 할 것이다.

76)

이제 참으로 한국과 한민족의 水王史의 기본 흐름을 역사적으로 간결하게 정리해 나갈 때가 되었다. 그것을 해내기 위해 중국의 방해를 지적하지 않을 수 없었다.

방해의 초점이 드러났으니 이제 성큼성큼 나아가자. 겸(謙)의 역사가 水王史다. 겸(謙)을 산해경(山海經)은 예맥의 <好謙不爭(호겸부쟁)>이라고 압축했다.

'양보하기를 좋아하고 싸우지 않음'이다. 그 앞에 또한 好生不殺生

(호생불살생)이 있다. 말 그대로 살리기를 좋아하고 죽이기를 싫어함이다. 요즘 문자로 하면 생명과 평화이다. 이것이 謙의 본성인데,謙이 기초가 되어야 비로소 로(勞) 즉, 참다운 창조가 시작되는 것이다. 현대, 초현대의 창조적 우주 생명학, 즉 화엄역(華嚴易) 없이는 아무 것도 할 수 없다. 대 혼돈은 대 붕괴로 이어질 뿐이다. 그러니 오로지 진정한 로(勞), 즉 창조를 위한 진정한 겸(謙)이 있어야 한다.

참다운 水王史가 있어야 하는 것이다.

그리고 바로 水王史는 곧 畜牝牛(축빈우)와 黃裳元吉(황상원길)의 물, 즉 여성 왕통의 역사와 우주지배이니 이에 대한 離大人(리대인)과 문재내야(文在內也)의 남성 지혜자(빛, 불이 아닌 예감의 광휘)의 새로운 서게 결승(書契 絃繩)이 요청되는 것이다.

77)

이세 순서를 신성한 팔려(八呂)로부터 찾아가자. 얼마 안 되는 기억을 더듬어 사율(四律)의 빛 이전에 팔려(八呂)의 물을 찾아보자. 어디 있는가? 크로모스(chromos)적 시간적 線形(선형) 순서를 제치고 역행으로 가자. 우선 이조 500년을 관통하는 다섯 사람의 여성 리더쉽을 입고출신(入古出新)의 소급법으로 더듬어 가자.

천도교(天道敎) 여성 리더였던 주옥경(朱鈺卿)
최초의 여성명창이었다는 이화중선(李花仲仙)
최초의 여성 기철학자(氣哲學者) 임윤지당(任允摯堂)
송도 기생 황진이(黃眞伊)
이조 초기의 프리섹스 여성 어을우동(於乙于同)

물론 상대(上代)로 갈수록 여성 리더쉽은 더 풍요롭다. 고려 전 시기는 말할 것도 없고 신라만 해도 거대한 프리섹스의 신권정치(神權政治) 리더였던 미실(美室)과 왕권(王權)의 삼한일통(三韓一統)의 여걸 선덕여왕(善德女王)이 있다. 그리고 원효(元曉)와 의상(義湘)의 연인이었던 요석궁(謠石宮)과 선묘(善妙)의 커다란 존재가 있다.

그러나 고대와 모권제(母權制)의 기억, 팔려사율(八呂四律)의 마고(麻姑) 전통이 애당초 깔려 있는 한민족 역사에서 상대(上代)로 갈수록 水王史가 강한 것은 당연하다. 따라서 앞으로 水王史를 들어올리기 위해 가장 억압과 사회적 핍박이 심했던 유도성리학(儒道性理學) 지배의 500년 이조 가부장 권력 밑에서 돌출한 여성 파워에 우선 초점을 맞출 필요가 있는 것이다.

그리고 이것은 "海月-彬杉(빈삼)-甑"의 1895년 앵산(鶯山) 향아설위(向我設位) 모심의 水王會의 역사를 본격 조명하기 이전에 그 흐름 바깥, 500년 역사 속에서의 유사 현상을 먼저 참고로 검토하는 것이다. 현람애월민(玄覽涯月民)의 천도교 쪽 집중점은 방정환(方定煥, 玄覽)-주옥경(朱鈺卿, 涯月)-김기전(金起田, 民) 3인이다.

주옥경(朱鈺卿)

우리나라 최초의 부인회(婦人會), 부인지(婦人誌), 부인운동(婦人運動)의 시창자인 주옥경은 갑오혁명이 나던 1894년 평양 태생으로 유명한 명월관 기생(明月官 妓生) 출신이다. 그녀는 기생이었던 20대(代) 전후 당시 천격(賤格)의 대표적 존재였던, 기둥서방 없는 벌판의 기생들의 '무부기 조합(無夫妓 組合)'을 최초로 조직하여, 아무나 겁간하여도 죄를 묻지 않았던 외로운 창녀들의 권익을 자조(自助)하는 운동을 시작한 여장부 중의 여장부다.

후일 1919년 이전 천도교 주인 의암 손병희(義菴 孫秉熙)를 만나 결혼하여 그 부인이 된 뒤 천도교를 중심으로 한 국내의 진보적 여성, 부인 운동을 망라하여 '조선 부인회'를 만들고, 최초의 부인잡지 '婦人'을 창간했으며 매우 강경한 부인 권익 운동을 펼친다. 손병희 사후 동경에 유학하여 대학에서 공부하고 돌아와 1970년 초 사망하기까지 내내 한국 부인운동의 막강한 배경 노릇을 한다. 그녀의 부인회는 지금 와 뭐라 뭐라고 자기 PR을 열심히 하고 있지만 기독교의 YWCA나 공산당 쪽의 부인 운동보다 훨씬 먼저 부인, 여성, 어머니의 후천개벽, 조선 민족해방, 민중해방의 주체로서의 역할과 사명을 인식한 분이다. 그녀의 언행(言行)과 행상(行狀), 그리고 시문(詩文)을 보면 확인할 수 있다.

특히 조선왕조 멸망과 한일합방의 식민지시대 초입의 절망적 분위기에서 싸우려 장녀와 같았던 무부기(無夫妓)들의 자위조합(自衛組合)을 조직하고 이를 철저히 보위하였던(당시 서울의 몇 군데 일간지와의 인터뷰 기사도 남아있음) 그녀의 활동은, 개벽과 여성 주체(해월의 노선)를 앞세운 천도교 부인운동 조직자로서보다 훨씬 더 값진 공로라고 생각된다.

그녀의 호(號)인 의월당(義月堂) 자체가 이미 水王史다. 그녀에 관한 치밀한 조사와 연구, 평가가 곧 이어져야 할 것이다. 나는 여러 해 전에 이미 천도교 여성 리더들에게 간곡히 어린이 운동의 소파 방정환(小波 方定煥), 쓸쓸한 소외 대중운동과 청우당 운동을 뒤에서 살핀 오심당(吾心党) 조직자 김기전(金起田)과 함께 특히 주옥경 女史의 연구작업을 서두르라고 몇 번씩 권유했으나 '꿩 구어 먹은 자리'다.

그들은 도대체 누구인가? 무엇 하는 사람들인가? 海月 선생의 예언인 동학의 운명 <三隱三顯(삼은삼현)>은 아직도 삼은(三隱) 단계에서 전혀 못 벗어난 것인가? 동아시아 태평양 신문명 창조의 세계사, 변동이 저렇게 큰 소리로 울리고 여성 파워가 지금처럼 커진 적이 역사에 어디 있었던가?

중국 대륙에 弓弓太極(궁궁태극) 부적이 상륙할 때가 머지 않은 지금, 서구 페미니즘의 젠더(Gender) 투쟁이 완전 몰락하고 남성 가부장 반동(反動)과 사상사 역공(逆攻)이 지배하는 서양에 첸코의 '토플레스', 'FEMEN'이 춤추기 시작하고 파키스탄의 말랄라가 활동하지만 아직 도입부에 불과하다.

그에 비해 동아시아에서 <신성(神聖) 페미니슴>의 역사가 새로이 기대되는 바로 지금, 천도교의 주옥경에 대한 침묵이 가진 역행적(逆行的) 의미는 과연 무엇을 의미하는가?

이화중선(李花中仙)

1898년~1943년. 여류 명창 중의 한 사람, 부산 출생 이화중선(李花仲仙)이라 쓰기도 한다. 17세 때 전북 남원군 수지면 호곡리의 흠실 박씨문중으로 출가하여 살던 중 협률사(協律社)의 공연을 보고 감동하여 집을 나가 장득주(張得周)로부터 판소리를 배웠다. 천부적인 목소리와 재질로 몇 년 만에 춘향가, 수궁가, 흥보가를 공부했고, 서울로 와서 송만갑(宋萬甲), 이동백(李東伯)의 지도를 받아 당시 여류 명창으로서 가장 인기가 높았다.

아무리 어려운 대목도 거침없이 시원스레 부르는 것이 청중을 매혹시켰으나, 오히려 거침없이 쉽게 부르는 것이 감동을 덜 주는 단점이 되기도 하였다. 일제 때에 임방울(林芳蔚)과 함께 음반을 가장 많이 녹음한 명창으로 꼽히고 있다.

'대동가극단'을 조직하여 지방순회공연을 많이 하였고, 일본 공연도 많이 하였다. 1943년 재일교포 위문공연차 일본을 순회하던 중에 죽었다. 그녀의 장기는 심청가 중에서 <추월만정(秋月滿庭)>,춘향가 중에서 <사랑가>였다. (한국민족문화대백과에서 찾아볼 수 있음.)

아마도 이화중선(李花仲仙)이 우리나라 여성 명창 중 최고로 꼽히는 것은 물론 그녀의 판소리를 다루는 능숙성과 재능 때문이었겠으나 그보다 더 중요한 것은 그녀의 깊은 가슴 속 여성의 한(恨)과 원(怨), 그리고 그 밑에 숨은 차원에서부터 솟아오르는 여성 특유의 사랑의 신명(神明)이 보여주는 그야말로 높은 경지의 <흰 그늘> 때문이겠다. 이화중선의 여성의 슬픔(秋月滿庭)과 여성의 사랑(사랑가), 즉 恨과 神明 앞에 울지 않는 여성이 없었고 남성들도 눈물을 적셨다고 한다. 바로 이것이 근대 식민지 시대의 살아있는 <水王史>인 것이니 특히나 예술, 그 중에도 최고급인 판소리 미학을 통해 이룩한 水王史란 점에서 그녀는 길이 기록될 만 한 것이다. 일본의 예술 전문가, 일본의 여성 지식인들 사이에 판소리와 조선 예술의 미학적 높이는 애당초 유명했지만 그 중에도 이화중선(李花仲仙)의 판소리는 참으로 독특한 감동이었다. 일본 여류 성악가 에도 슈미에(江戶順汝)는 말한다.

"조선의 깊은 땅 속에서 울려 나오는 수많은 여성들의 원념(怨念)의 탄식과 울부짖는 통곡소리다."

임윤지당(任允摯堂, 梅室軒)

1720년(숙종)~1780년(정조).

어떤 기록엔 1721년~1793년으로 되어있음. 본명 임숙(任淑), 호(號)는 윤지당(允摯堂)이기도 하다. 본관 풍주(豊州), 청풍(淸風) 출신으로 기철학자. 녹문(鹿門) 임성주(任聖周)의 누이동생으로 강원도 원주 인근의 문막면(文幕面) 다솔리(多率里)와 원주 배말 봉산동(鳳山洞)에 시집 와 살았던 여류시인이자 여성 기철학의 독자적 영역을 개척한 사람.

이조 500년 여류명인으로 꼽히는 신사임당이나 허난설헌이 철학적으로 저작이 거의 없고 시문에서도 여성 특유의 가치관이 크게 드러나지 않음에 비해 윤지당(允摯堂, 梅実軒)의 시문 과 단편적인 논문들에는 거듭 여성의 기철학적 중요성, 특히 여성 신체와 삶과 심성의 기학적(氣學的) 특이성과 그 뛰어남, 생식(生殖)과 태교(胎敎), 출산(出産), 양육(養育)의 기학적 능력이 강조되고 있다.

주의를 기울여야 할 부분은 놀랍게도 여성 신체와 기(氣)의 유통에서 수액(水液) 즉 물이 지니는 중요성 강조다. 물이 기체(氣體)의 기본이고 기류통(氣流通)에 있어서의 신적 주체(神的 主体)임을 강조한 것은 이제껏 동서양 어느 누구도 건드리지 못한 초유의 영역이다. 그야말로 수왕사 중의 수왕사임에도 어느 누구도 윤지당(允摯堂)의 이 작업을 주목하지도 평가하지도 않았다. 남성이야 그러려니 하거니와 또, 기철학 전공자 대부분이 이런 부분을 놓치거나 무시해버리는 게 일상인데 과연 물을 모르는 기철학, 기의 과학이 진정한 철학이자 과학으로서의 기학(氣學)인지 묻지 않을 수 없다.

여성학자들 역시 예외가 아니다. 모든 것은 이제부터다. 진정한 페미니슴은 아마도 윤지당(允摯堂)부터일 것이다. 이전 황진이와 서화담 사이의 설화나 시문(詩文)이나 소문 속에서만 기대되고 과장되었던 여러 가능성이 실제의 시운(詩韻)이나 논문으로 나타났으니 놀라운 일이 아닐 수 없는 것이다.

그녀의 논문은,
① 기요액정사서(寄妖液精事書)
② 문사무고사설이제(問史誣古事說二題)
③ 태악일분묘(泰嶽一墳妙)
④ 진안설화초(鎭安說話抄)
⑤ 린인설(隣人說)

詩文으로는 가장 유명한 3편을 들 수 있다.
① 西湖憶(서호억)
② 太山韻(태산운)
③ 梅秋詩(매추시)

지금 문막 다솔리(文幕 多率里)에는 임매실헌(任梅實軒)의 자취 같은 것은 없다. 이런 것부터 고쳐져야 하는 것 아닐까? 그녀는 당시 원주 봉산동(鳳山洞) 배말 변두리에 살았는데 무장면 신평 저수지 뒷산에 있다는 그녀의 무덤도 소문만 있지 실체가 없다. 자식이 없다고 비석을 허락하지 않은 탓이라고 하는데, 발견했다는 사람이 있긴 있다. 그 대신 있는게 무엇일까? 깡통시골 복판에 기업단지 굴뚝과 윤지당이 그리 아꼈다는 신평못을 간섭하는 저수공장 굴뚝들 뿐이다. 매우 잘 하는 짓이다.

또 누이동생 인연으로 원주에 와 3~4년 살았다는 그 오빠 녹문(鹿門) 임성주(任聖周), 그리고 같은 계열의 기일원론(氣一元論)인 서경덕(花潭 徐敬德)이나 후세의 혜강(惠崗) 최한기(崔漢綺)의 저작, 그리고 인접한 동학 수운사상(水雲思想)과의 비교연구를 통해서 조선의 水王史와 여성사상가 탐색이 시급히 진행되어야 할 것이다. 그런 것은 나몰라라 하고 백만공업도시 원주 운운하고 앉아 있는 원주 지역 정부도 잘하는 짓인가?

바로 옆에 있는 남한강은 서울의 식수원이다. 서울 시민은 가만히 있을까? 특히 여자들이 잘한다고 박수칠까?

유럽 젠다 투쟁 몰락을 방관만 하는 한국 페미니슴의 뼈까지 스며든 서양 짝퉁을 이젠 반성할 때도 되지 않았나? 계속해서 공업이요 공장뿐인가?

지나가는 이야기처럼 임윤지당 유고(원주시청 발행) 중에서 두 자락만 말하고 끝내자.

① 여자도 공부만 하면 성인(聖人)이 될 수 있다.
② 칠정(七情)도 사단(四端) 중의 하나다.

이 말이 참말인가? 또 이 두 마디가 19세기 말부터 부활했다는 김봉한(金鳳漢) 이 주장한 '여성회음뇌'의 우주 생명력이란 뜻일까? 참말이라면 그야말로 後天開闢이다. 또 있다. 원주 언저리의 웬 촌 늙은이의 소리다. 윤지당이 했다는 말.

"여자가 개벽을 하려면 물가에 가까이 있는 둔덕을 잘 활용해야 한다."

  신평못과 윤지당 무덤이 있다는 뒷산 사이를 둘러보니 한 무덤 팻말이 보인다. 원신(元愼) 장군 묘소. 그는 과연 누굴까? 그는 이조 인조(仁祖) 무렵의 한 장수로 당시 근처의 한 산간 초적들이 떼로 몰려와 일대를 약탈할 때 극소수의 군대로 기기묘묘한 옛 동방전술을 활용하여 하나하나 물리친 공적을 쌓았다. 그 뒤 공로를 표창하려는 정부의 뜻에도 응하지 않고 신평못 근처 노산리(老山里) 고향자리에 물러나 농사를 지으며 살다 운명(殞命)했다. 평생 소신이 두 글자.
  상겸(祥謙).
  즉, 높은 뜻을 지니고 겸허히 산다였다. 바로 그의 영혼이 윤지당의 바로 그 둔덕일까?

  황진이(黃眞伊)
  생몰년 미상, 조선시대의 명기, 본명은 진(眞) 일명 진랑(眞娘) 기명(妓名)은 명월(明月) 개성출신. 확실한 생존연대는 미상이나 중종 때 사람이며 비교적 단명하였던 것으로 보고 있다. 그녀의 전기에 대하여 참고할 수 있는 직접 자료는 없으며, 간접 사료인 야사(野史)에 의존할 수밖에 없는데, 이 계통의 자료는 비교적 많은 반면에 각양각색으로 다른 이야기를 전하고 있을 뿐만 아니라 너무나 신비화시킨 흔적이 많아서 그 허실을 가리기가 매우 어렵다.
  출생에 관해서는 황진사(黃進士)의 서녀(庶女)로 태어났다고도 하고 맹인의 딸이었다고도 전하는데, 황진사의 서녀로 다룬 기록이 숫자적으로 우세하지만 기생 신분이라는 점에서 맹인의 딸로 태어났다는 설이 오히려 유력시되고 있다.

  기생이 된 동기에 대해서도 15세 경 이웃 총각이 혼자 연모하다 병으로 죽자 서둘러서 기생에 투신하였다고 하나 사실 여부는 알 수가 없다. 용모가 출중하며 뛰어난 총명과 민감한 예술적 재능을 갖추어 그에 대한 일화가 많이 전하고 있다. 또한 미모와 가창뿐만 아니라 서사(書史)에도 정통하고 시가에도 능하였으며, 당대의 석학 서경덕(徐敬德)을 사숙하여 거문고와 주효를 가지고 그의 거처를 자주 방문, 당시(唐詩)를 정공(精工)하였다고 한다. 후세 현대 연구자들은 진이를 '화담 서클의 꽃'이라고 표현한다. 그 서클의 기일원론(氣一元論)의 정화(精華)였다는 뜻일 것이다.

  그런 만큼 자존심도 강하여 당시 10년 동안 수도에 정진하여 생불(生佛)이라 불리던 천마산 지족암의 지족선사(知足禪師)를 유혹하여 파계시키기도 하였다. 당대의 대학자 서경덕(徐敬德)을 유혹하려 하였으나 실패한 듯하며, 사제 관계를 맺었다는 이야기는 유명하다. 또한 박연폭포, 서경덕, 황진이를 송도삼절(松都三絶)이라 하였다고도 한다. 그녀가 지은 한시에는 <박연(朴淵)>, <영반월(詠半月)>, <등만월대회고(登滿月臺懷古)>, <여소양곡(與蘇陽谷)> 등이 전하고 있으며 시조 작품으로는 6수(首)가 전한다.

  이 중 <청산리 벽계수야>, <동짓달 기나긴 밤을>, <내 언제 신이 없이>, <산은 옛 산이로되>, <어제 내일이여>의 5수는 진본(珍本) <청구영언(靑丘永言)>과 <해동가요(海東歌謠)>의 각 이본들을 비롯하여 후대의 많은 시조집에 전하고 있다.

  <청산은 내 뜻이요>는 황진이의 작품이라 하고 있으나 <근화악부(槿花樂府)>와 <대동풍아(大東風雅)>의 두 가집(歌集)에만 전하며,

작가도 <근화악부>에는 무명씨로 되어있다. <대동풍아>에서만 '황진이'로 되어있다. 그리고 두 가집(歌集)에 전하는 내용이 완전 일치하지도 않으니, 특히 초장은 <근화악부>에서 '내 정은 청산이요 님의 정은 녹수로다.'라고 되어있는데 <대동풍아>에서는 '청산은 내 뜻이요 녹수는 님의 정'이라고 바뀌어 그 맛이 훨씬 달라졌다. <대동풍아>는 1908년에 편집된 책이요 작가의 표기도 정확성이 별로 없는 가집이라는 점에서 그 기록이 의문시되고 있다. 황진이의 작품은 주로 연석(宴席)이나 풍류장(風流場)에서 지어졌고 또한 기생의 작품이라는 제약 때문에 후세에 많이 전해지지 못하고 인멸된 것이 많은 것으로 추측된다.

현전하는 작품은 5, 6수에 지나지 않으나 기발한 이미지와 알맞은 형식, 세련된 언어구사로 남김없이 표현하고 있는 점에서 높이 평가된다. 황진이의 시문은 당대 여성, 특히 기녀가 보는 삶과 세계가 남녀의 정의 세계에 대한 참으로 여성 특유의, 그러나 우리나라 여성들의 남성의 역사 특유의 세계를 잘 보여주고 있다.

황진이는 참으로 우리 민족의 과거, 그리고 미래의 <水王史>에 중요한 인물로 될 것이다. 당대와 역사적 기녀제도의 평가 분석과 함께 여성사, 후천개벽사에서 참으로 깊은 의미를 갖게 될 것이다. 특히 많은 사람들의 희망사안이기도 한 화담 서경덕(花潭 徐敬德) 기철학사(氣哲學史)와의 현실적 관련, 신분과 여성 해방, 다원적 연애의 정열과 페미니슴의 미래, 여성왕통의 문제, 축빈우(畜牝牛)와 화엄개벽에까지 연결될 것이다.

그 만큼 막중하다. 특히 황진이의 말년에 성에 굶주린 중들에게 성(性)을 개방하고 성병에 지쳐 병든 몸으로 제 고향에 돌아와 마을 입구의 언덕에서 쓰러져 죽음을 맞이하는 대목은 가히 여성사, 水王史의 영웅전이다. 왜?

당대적 도덕 윤리의 문제는 그 다음이다. 불교와 기철학 일반에서의 불성(佛性)과 열림의 삶과 직결되기 때문이다. 이 열림에 기초한 가족 제도의 윤리가 다시 정립돼야 할 것 아닌가! 그녀는 그 개방적 마음에서 완전히 화엄역(華嚴易) 그 자체였고 후천 개벽 그 자체였으며 사람의 갈망에 대해, 그것이 성(性)이던 밥이던 즐거움이던 술이던 완전히 개방적 <모심>을 실천한 <열린 사람>이었던 점에서 <현람애월민(玄覽涯月民)> 이었다는 것, 그 점에서 그녀는 완벽한 水王이었고 <鼠, 李水仁>의 전형(前型)이었던 것이다. 그리고 바로 그런 점에서 그녀는 다가오고 있는 <모심>의 문화 혁명, <흰 그늘>의 입고출신(入古出新) <네오 르네상스>에서 참다운 모범으로 일어설 것이 분명한 것이다. 그녀가 곧 후천 개벽이요 화엄적 묘덕원만신(妙德圓滿神)의 모습이었기 때문이다. 윤리적 한계성은 그 다음에 논의해도 늦지 않기 때문이다.

먼저 열고 나서 그 다음에 닫아야 하는 것이 오늘의 문제 영역 아니던가! 닫은 뒤엔 열기 어렵다. 안팎의 억압이 심할 뿐이다. 열고난 뒤에 보살심과 자비심도 닫음을 조절한다. 그것이 바람직한 삶의 정식이 아닌가! 아닌가?

어을우동(於乙宇同)

이조 초기 사료(史料)에 숨기지 않고 다 드러나는 어을우동 사건의 의미는 참으로 심각한 것이다. 심지어 이런 기록까지도 드러난다. 재상들이 양반가의 부인인 어을우동의 거듭된 부끄러운 줄도 모르는 간

통사건, 분방에 대해 누차 걱정하자,

세종(世宗)이 대답하기를,

"어쩌리요, 옛부터의 女心인 것을!"라고 했다고 한다. 이 말은 매우 중요한 뜻을 갖는 것이다. 첫째는 경국대전의 책임자요 공맹유학 성리학(孔孟儒學 性理學)의 주무자(主務者)가 '어쩔 수 없다.'라고 한 것과 그 까닭이 바로 고래(古來)의 女風(여풍)이니 체념할 수 밖에 없다는 역사성에 있다는 점이다.
잘했다는 이야기와는 흐름이 전혀 다르다. 이것은 사뭇 심각한 점이 있다.

언젠가 소갈머리 없고 공부도 못한, 엉터리 기독교 계통의 서구 짝퉁 여성학자 한 분이 공개적인 세미나 자리에서 매우 으스대며 '한국은 전 세계에서도 가장 여성 억압이 심한 역사를 갖는 후진국'이라고 모욕을 서슴지 않은 적이 있다. 이 자리에 있던 내가 화가 나서 창피를 준 적이 있는데 그 때 내 말이 '공부 좀 해라'였다.

그녀는 과연 어을우동 관련의 세종임금 발언을 알고나 있었을까? 고대사 일반과 화랑세기를 본 적은 있었는가? 여성의 자유로운 성애와 분방의 역사를 읽은 적이나 있었는가? 고려 속요를 단 한 편이라도 읽은 적이 있었던가? 하기야 서구 짝퉁들은 지금도 민족은 그저 '상상의 공동체'일 뿐이라는 서구의 소갈머리 없는 민족 허무주의자들의 또 하나의 짝퉁의 짝퉁일 뿐이다. 내가 이렇게 모욕적 태도로 비난하는 데는 이유가 있다.

그들이 지식인이 아니라면 내가 이런 태도를 취하지는 않는다. 그러나 남에게 가르치려 드는 것을 돈 받는 직업으로 하는 언필칭 지식인이 공부도 제대로 안하고, 제 것이 무엇인지도 모르는 태도는 장바닥에서도 통하지 않는 서푼짜리 사기에 불과하기 때문이다. 농부는 밭 갈아서 먹는다. 노동자는 기계 돌려서 먹는다. 이것이 누구의 말인가? 마르크스의 '도이치 이데올로기'에 있는 말이다. 서구 짝퉁이 마르크스도 모르는가? 사무원은 종일 사무 보아서 월급을 받는다. 지식인은 무엇인가? 그리 공부도 안하고 빈 말로 사기를 쳐도 월급 받고 밥 먹을 자격이 있는가?

더욱이 여성학이 여성 문제를 제멋대로 떠든다면 그것은 간단한 일이 아니다. 분명 서구 우월주의를 믿고 한창 까부는 것이다. 얻어터져도 싸다.

그런데 동아시아 태평양으로 문명 중심이 이동하는 이 때, 입고출신(入古出新)의 '아시안 네오-르네상스'를 외쳐대는 바로 이때에 그런 사람들은 어디로 갔는가? 그녀를 반격할 때, 내 머리에 떠올라 내내 사라지지 않는 영상이 바로 어을우동(於乙于同)이었다. 그녀는 어떤 여성이었는가? 태어나기를 괴물 색광(色狂)이었던 것뿐이었는가? 그렇지 않다. 그녀는 누구였는가?

이른바 난데 없이 '한국역사는 17세기에 비로소 남성 가부장 지배가 시작되었다'고 우겨대는 한 서양 여성의 억지를 그대로 따르자는 것인가? 아니다. 세 가지로만 압축한다. 사실 이제부터가 바로 그녀에 대한 상세하고 엄밀한 자유로운 논의가 시작되어야 할 시점이기 때문에 내 견해는 되도록 간략하게 참고 정도, 소개 정도로만 줄이는 것이다. 너무도 중요한 사안이기 때문이다. 조선왕조실록은 왈, '어을우동은 반가(班家)의 여성으로서는 합당치 않게 분방을 되풀이 한 사례이다.'라는 것 정도이다.

일제후기 천도교 쪽 부인회 기록은 왈, 어을우동은 합당치 않은 결혼

제도와 반상의 차별, 가족제도에 반기를 든 대표적인 자유연애 신봉자였다라고 했고, 최근의 한 여성학자는 그가 속한 대학의 연구논문 속에서 왈, 어을우동 케이스는 한 여성개인의 도덕적 품성 등의 사안으로 재단할 문제가 전혀 아니다. 그것은 이씨 조선 사회의 유교적인 反여성적 차별제도와 그에 엇가는, 본디 우리 민족 역사에서 고대 이래 여성들의 비교적 자유로 왔던 남녀관의 상대적 착종의 드러남으로 판단하기 시작해야만 그 근원이 파악될 수 있는 사건이다라고 했다.

그렇다면 또다시 영국 여성 도이힐러인가? 아니라면 이 문제는 이제부터 본격화되어야 한다.

어떤가? 이제부터 아닌가? 참으로 우리 민족의 水王史는 이제부터가 그 진정한 샘물 찾기의 역사로 되는 것 아니겠는가! 한민족의 水王史에서 이조 500년의 끝, 일제 식민지 시대의 한복판에 떠오른, 피어난 대표적인 水王의 별과 꽃을 간략하게 집약해 다섯 분으로 소개했다. 그러나 이것은 그저 날을 가리키는 손가락일 뿐, 진성한 水王史가 아니다. 진정한 水王史는 세목적이고 구체적인 것이다. 그래서 그 사관(史觀) 자체가 동서양 고금의 그 어떤 사관과도 달라야 하는 것이다.

그것은 앞으로 시도돼야 하고 또 나 자신도 약간 정도 시도할 것이다. 회음(會陰)의 생명학(生命學), 우주생명학(宇宙生命學) 이후, '水王을 찾아서'를 통해 가능하다면 蠱의 실증적 확인조사 과정 이후에 동아시아-태평양 근현대 복승(復勝)의 水王史 미학에서다. 그것이 바로 나의 최대 과업인 <화엄역(華嚴易, 八卦의 바깥으로)>의 기초를 만드는 작업이기 때문에 불가피한 것이다.

78)

박경리 문학

그러나 일제에서 현대까지의 '海月-彬杉和尙(빈삼화상)-蝨' 水王史 중심 흐름에 깊이 접촉해 들어가는 과정에서의 전초 작업에서 어떤 점, 문화적 각도에서 가장 중요한 작업 한 가지가 우리 앞에 엄연히 놓여 있으니 박경리문학(朴景利文學)의 예언적 섬광의 존재다. 이것을 다루지 않고 水王史를 말할 수 없다.

특히, '시장과 전장', '김약국의 딸들', '토지'를 일관하는 <흰 그늘과 華嚴(화엄)>의 테마는 근대의 압축이자 현대-초현대 동아시아 태평양 水王史의 예언이기 때문이다. 이미 나는 그 작업의 미학적 의미망을 화엄개벽과 아시안 네오-르네상스, 모심의 문화 혁명 차원에서 대강 전개 해명한 바 있다. 水王史의 차원에서는 그에 연계된 역사, 여성사적 영역이 약간이나마 다뤄져야 할 것이다.

그 작업에서는 역시 작지만, 비록 예감이나 씨알 차원일망정 작은 여성사관(女性史觀)이 나타나야 한다. 작은 작업이지만 어렵다. 앞으로 있을 본격적인 음개벽사(陰開闢史), 여성 주체의 水王史 사업의 첫 발자국이 되기 때문이다. 매우 중요한 과제다. 무엇이 여기에서 문제가 되는가?

첫째, 박경리 선생 본인의 출생 문제다. 본인 스스로 그냥 '쌍놈출신', '서민 출신'이라고 말하고 있으나 실은 그렇지 않은 것으로 이미 알려져 있다. '김 약국의 딸들'은 작가 본인의 가계에 토대한 것이라 한다. 그러나 확실한 것은 나도 알 길이 없다. 그 출신이 약국이니 그 당시의 약국은 그냥 천출(賤出)이 할 수 있는 일이 아니다.

대개의 경우 무반(武班)이 약국을 경영했으니 그 나름의 연원이 있을 것이다. 몸을 다루는 생명연관의 직업으로서 연결 고리가 크기 때문이다. 박경리 선생 작품의 상당한 부분의 배경이 바다와 물로 이루어진 것 또한 우연이 아니고 그 주인공과 주요 등장인물과 주제 또한 水王, 女性, 母性이 주를 이루는 것 또한 결코 스쳐 지날 수 있는 요소들이 결코 아닌 것이다. 그리고 이들이 대체로 가난과 핍박, 억압과 불행 속에서 무언가 새 시대의 새 삶을 동경하고 갈구하며 꿋꿋이 살아가는 사람들임에 이 또한 결코 우연이나 막연함이 아닌 것을 잊지 말아야 한다.

둘째, 박경리 선생의 젊은 시절이다. 일본제국주의는 그녀의 젊은 시절을 시커먼 어둠으로 먹칠했다. 정신대 차출의 공포 때문에 이십 전에 일찍 시집을 가야 했고, 이른 나이에 남매를 낳아 길렀다. 남편과 함께, 고향을 떠나야 했으며 객지에서 쓸쓸한 삶을 살아야만 했다. 이것은 또한 박경리 水王史에서 중요한 매듭이 된다. 선생의 연안 교사 생활 기간의 의미는 상식적 판단 이상의 깊은 의미 제세 위에서 탐구되어야 할, 단순한 연대기 이상의 의미를 가진다. 그 시기가 박 선생의 진보적 의식 성장과 깊은 관련이 있는 것으로 자료들이 밝히고 있기 때문이다.

셋째, 선생의 남편은 6·25 전쟁 직후 북한의 부역자로 몰려 이 세상에서 사라진다. 박경리 문학사에서의 좌우간의 갈등과 깊은 상처는 유명하다. 그렇다고 기회주의를 드러낸 적도 없다. 전쟁과 상호 살륙과 말살, 희생 그 자체의 여실한 반영이고 그 암흑 속에서의 생활과의 투쟁들뿐이다. 그래도 6·25 이후 불행한 남한사, 남한 여성사의 절절한 반영이다. 이후, 박경리 문학과 선생의 水王史에 대한 좌우, 남북, 동서의 마치 경쟁이라도 하는듯한 핍박은 결코 그냥 스쳐 지날 수 없는 한국 현대 水王史의 시커먼 단층이다.

심지어 여류 문단의 질시와 해외 유학파 서양 짝퉁들의 깡통 문예학에 의한 모멸은 이미 누구나 다 아는 역사 수준이다. 오랜 세월이 지난 뒤지만, '참, 너무했다!' 소리가 나올 판이다. 이것은 중요하다. 水王史에서의 질시, 모멸, 핍박과 비웃음, 그리고 억압의 사실들은 반대로 그 水王史 자체의 줄기찬 역사의식과 개벽적 용기를 반증하기 때문이다.

특히, 여류 문단의 이미 세상이 다 아는 질시와 백낙청으로 대표되는 '하바드 문학자'(이 말의 우스꽝스러움을 잘 살펴야 한다. 6·25 직후의 하바드 출신 한국 문학 평론가의 존재를 잘 음미해 보라는 뜻이다.)의 엉터리 비평은 만화 수준이다. 그렇다고 그가 그 당시 분명한 좌파(左派)도 아니었다.

이후 좌파가 된 뒤에도 역시 엉터리 반수왕(反水王)이었고 우파 추상주의자들 이른바 문학과지성(이른바 文知) 또한 백낙청의 창작과비평(이른바 創批)과 거의 맞먹을 정도로 박경리 문학과 그를 둘러싼 水王史에 무지했던 점은 참으로 재미나는 수준이다. 무슨 문학자들이 그 모양이었을까? 과연 그들은 문학자들이었던가? 왜 문학을 선택한 것이었을까? 이들보다 더 우스꽝스런 부류들이 있었다. 페미니슴을 앞세운 사뭇 엉터리 문인들이다. 그들은 박경리 水王史가 무엇인지도 아예 모르는 철부지 유럽 젠더 투쟁 짝퉁들이었다.

그녀들의 박경리 때리기는 한 유행이었다. 요컨데 '봉건적, 반 여성 해방적'이라는 것이다. 박경리의 水王史는 과연 그런 저급한 수준이었을까? 이제 그녀들의 조국인 유럽에서 젠더 투쟁의 페미니슴은 몰락하고 남성 가부장 문화의 반동적 압도가 대세를 이루고 있다. 헤겔,

칸트, 더군다나 다윈이다. 심지어 다윈 열광은 한국 보수 일간지까지도 점령하고 있다.

또한 우스운 것은 유럽 젠더 투쟁의 몰락에 힘을 잃은 한국 페미니스트들의 시들한 그 침묵이다. 유럽이 자기들 조국인가? 참으로 코미디다. 대안을 찾아 뤼스 이리가라이를 찾는 여성들이 늘어나고 있다. 그럼에도 그들은 박경리 水王史에 대해 예감은 커녕, 단 한 치의 정보도 지식도 감각도 없다. 애당초 여성, 모성의 문명사적 의의에 추호의 관심도 없는 사람들임이 분명한 것이다.

이리가라이를 더듬는다면 마고신화(麻姑神話)나 사무(史誣) 전통, 신라 여왕사(女王史), 고려와 이조의 여인사(女人史), 주역의 리괘(離卦)의 축빈우(畜牝牛)나 坤卦의 황상원길 문재내야(黃裳元吉 文在內也) 또는 감괘(坎卦)의 습감주경(習坎主經), 그리고 不咸文化(불함문화)는 상식 아니겠는가? 그런데 캄캄이다.

그러니 '토지'와 '김약국의 딸들'을 관봉하는 수왕사가 무엇인지, 그 이후 <용혜>의 예언적 위상이나 <주갑>의 실질적 배경에 관심이 움직일 하등의 이유도 없는 것이다. 나아간다. '김약국의 딸들'은 '파시'와 '표류도'등에 이어 '시장과 전장'에 직결된 水王史의 중대한 금자탑이다. 토지의 웅대한 대수왕사(大水王史)의 높은 고원에 오르는 한 중요한 동양 정예 사상사적 水王史 수련의 기지인 것이다.

나는 천부경 연구서인 '초미(初眉)'에서 이미 동양 철학사의 주요 핵심인 '오운육기론(五運六氣論)'에 토대한 '복승(復勝)' 원리로 '김약국의 딸들'의 <오복승(五復勝) 원리>를 설명한 바 있다(다섯 딸의 성격 설명론).

그리고 이것을 박경리 문학론인 <흰 그늘과 화엄(華嚴)> (문학의 문학)에서 상론(詳論)했다. 이는 본디 주역의 리괘(離卦) 부분에서 제기되는 '남성에 의한 여성의 숨겨진 모성, 여성성의 교육' 문제였다. 또한 이는 40여 년 전 숙청당한 북한 경락학자(經絡學者) 김봉한(金鳳漢)의 '표층 경락과 심층 경락 사이에서 일어나는 산알의 복승(復勝) 이론'에 연결된다.

이는 세계 현대 문학사의 큰 사건이지만 특히 한국문학에서는 중차대한 뉴스다. 복승(復勝)은 변증법 격파의 생물학적 진실이기 때문이다. 이른바 오파린의 <외수법(外搜法)>의 코미디와 중국 주역 변증법의 만화를 깨끗이 청소한다. 그래서 김봉한은 숙청되었지만 박경리는 그 뒤 어찌되었는가? 다 알다시피 토지는 역(易)의 이른바 <곤괘(坤卦)>다. 토지는 곤괘(坤卦)의 철학에 투철하게 대응한다. 女性的 서사전통(敍事傳統)을 일관하여 세계문학사의 유일한 전통을 세웠다.

더욱이 이 길고 긴 토지 전편을 통틀어 그 대문장 구조의 10분의 7이 <삼진법(三進法)이 아닌 이진법(二進法)>이다. 이를 어찌할 것인가? 이것에 관심가진 문학자가 또 한 사람이라도 있었는가? '김약국의 딸들'에서 축빈우(畜牝牛)와 '현람성'(玄覽性, 老子의 최대 미학)을 준비한 뒤 토지는 현빈(玄牝)과 현람(玄覽)을 상식적 예술 행위로 구사한다.

또 도처에서 법화경(法華經)의 '솟아오름' 즉, <종지용출품(從地湧出品)>과 화엄경의 입법계품(入法界品)의 사자당(獅子幢)과 같은 자행동녀(慈行童女) 스타일의 무승당해탈(無勝幢解脫) 즉 동학(東學)의 <향아설위(向我設位)>가 넘치고 있다. 어찌할 것인가? 알기나 하는가? 게다가 맨 마지막 토지를 되찾은 서희의 입에서 法華經(元曉의 疏)이 길상의 입산동기(入山動機)가 화엄변상도(華嚴變相圖) 제작으로 나타난다. 불교의 최종 우주 완성은 이 두 개의 경전과 금강경(金剛經)에 있다.

우리는 이제 동아시아, 태평양 신문명 성립과 전우주적 水王史 창립의 목전 태제에 부딪치고 있다. 박경리 문학은 바로 이 테제에 대답하고 있다. 내가 읽은 한국 문학 평론들 중 여기에 대해 말하는 것을 단 한편도 본 적이 없다. 깡통들인가? 세계의 미래는 해인(海印)에 있고, 그 해인은 이미 박경리 문학 안에 있다. 그래도 모르겠는가? 당연하다고 했다. 그렇다 당연하다. 더 우스운 것은 선생 사후(死後)다.

그의 문학과 水王史 이해에 단 한 치의 노력도 없이 대중적 인기나 아이콘 팔아먹기, 아니면 제 편 만들기 이외엔 하등 관심도 없다. 제 이익 찾기 바쁜 사람들과 박경리 水王史가 무슨 관련인가? 선생 자신이 분명하게 서거 전에 중도노선을 선포했음에도 그저 우익으로 끌고 가려 하던가, 좌익으로 우기던가 하는 따위 촌뜨기 짓을 멈출 줄 모르고 지방마다 기념사업 벌이며 제 호주머니 챙기느라 바쁘고 고생하는 가족들 모략중상도 서슴지 않는다.

문호에 대한 태도로서는 더 말할 것도 없고 토지의 예언적 신문명관의 광휘에는 완전히 몰지각한 위에 여성사, 水王史의 일반론도 전혀 이해하지 못하니 한심할 수 밖에 없다. 다만 한가지 위로는 통영 미륵섬의 장지가 그야말로 水王史에 어울린다는 것. 그리고 원주의 기념사업이나 문화관 지원이 그래도 조금은 고인의 생전의 뜻에 조금은 합한다는 정도다. 그렇다고 水王史에 대한 일호의 감각이 있는 것 아니다.

쉬운 예를 하나 들자. '토지'의 근거는 물이다. 리괘(離卦)에서 중요한 것은 축빈우(畜牝牛)요, 곤괘(坤卦)에서 가장 중요한 것은 황상(黃

裳)인데 그 황상의 왕통(王統)의 근거는 물의 통치력 즉, 水王에 있는 것이다. 고인 생전의 생명 사상의 핵심은 물의 사상이다. 그런데 고인의 농업 즉 토지와 관련된 물길의 예언이나 홍수나 생태계 관련의 물에 대한 발언을 엉뚱하게 악용하여 대운하니 사대강 개발로 수질오염 만발 대가로 돈이나 벌자는 일부 몰지각한 토건업자나 정치모리배들이 왜곡하고 있으니 참으로 박경리 水王史는 그 작품과 함께 아직도 모욕과 모멸, 질서의 굴레를 못 벗고 있음이다. 누가 이 문제를 해결해 줄 것인가? 문학사, 사상사, 그리고 화엄개벽의 모심의 문화 혁명밖에는 없다. 이제부터다. 그리고 원주 토지 문화관이 이제부터의 할 과업이겠다.

이제 좋은 뉴스 두 가지를 접한다. 원주시가 원주를 '생명문화 중심도시'로 결정했다. 그들의사업 상 이익은 잘 모르겠으나 그렇다 하더라도 좋은 일이다. 또 하나는 당시 정운찬 총리가 예외적 발언을 한 것이다.

'앞으로 여성 친화적 사회문화를 강화해야 한다.'

어떻게 발전할 것인가? 좋은 뉴스, 그보다 더 좋은 뉴스가 오늘 아침 조선일보에 클로즈업 되었다. 일본 도쿄의 재래시장 '아메-요코'가 3년째 내리 대박이다. 많은 백화점 손님이 재래시장으로 머리 돌리고 있다. 하기야 그 이후 일본의 극우파는 선생자신의 책 '일본산고' 대로 참으로 몰지각한 여성콤플렉스의 발작에 지나지 않는다.

왜?

오일장, 바자르 야르마르크트, 신시(神市), 비단 깔린 장바닥, 호혜시장, 이 모든 것이 바로 여성, 즉 水王史의 구체적 얼굴이기 때문이다. 며칠 전 경제신문 헤럴드 경제가 토지문화관에 와 3시간 반을 와 이드 인터뷰했다. 새로운 아시아 시대의 첫 발자국으로서의 아시안 네오-르네상스 얘기였는데 '돈과 마음의 관계'가 주 테마였고, 오일장, 여성 주도의 새 문명 얘기가 주를 이루었다. 매우 만족해하며 돌아갔는데, 이 모든 것이 우연일까?

앞으로의 水王史, 동아시아-태평양 신문명의 기본 흐름으로서의 水王史는 그 촛불을 켤 것인가? 과연 그럴 것인가? 문제는 북한과 일본 극우파의 척결에 그 열쇠가 있다.

79)

자!

이제는 1895년 음력 4월 5일 밤 이천 앵산의 海月-彬杉(빈삼)-益의 水王會 쪽으로 분명하게 머리를 되돌리기로 한다. (오늘 아침 조선일보 제 6면에 '아메 요코' 기사 위에 일본의 하토야마와 미국의 폴 크루그먼의 '잃어버린 25년'과 '잃어버린 10년' 타이들의 큰 기사가 났다. 남성적 시장 원리에겐 모두 다 '잃어버린'일 것이다. 그러나 여성, 水王史에도 그저 '잃어버린' 뿐일까?

아니면 U 턴의 신호 기간이었을까? 분명히 이것은 水王史 중심으로 18세기 말부터 19세기, 20세기, 21세기의 동아시아 태평양 근 현대 역사의 復勝擴充(복승 확충) 사관을 샅샅이 엄밀히 검토해야만 해결될 수 있는 숙제다. 잃어버린? 잃어버린! 무엇을?

전해오는 한 소식에 의하면 수운선생 체포 이전에 이미 海月과의 사이에서 개벽운동의 예상되는 로드맵 이야기가 있었다고 한다. 그것은 남조선에서 날카로운 개벽운동의 충격이 일어나지만 후천개벽의 우주적, 전지구적 실재, 현실화는 북쪽-海月은 '북극 태음의 물의 대변동'이라 했고 수운은 시에서는 북하회(北河回) '북쪽 지구자전축이 제자리에 돌아온다.'라는 구절, 즉, 정역(正易)에서 기위친정(己位親政)이라 명제화한 천지경위 이천팔백년설(天地傾危 二千八百年說)을 표현하고 있다.

여기에서의 큰 변동에 의해 이루어짐이 논의된 것이다. 그런데 그 조건은 곧 중조선(中朝鮮)에서의 원만(圓滿)과 중도(中道)의 현실적 성취라고 합의되었다는 것이다. 그래서 나온 시가 수운(水雲)의 남진원만북하회(南辰圓滿北河回)다. 그리고 이어 진안 김광화(金光華) 南學에서는 正易 쪽도 비슷하다.

"북학이 일어나고 그 뒤 서학이 들어왔으며, 그 충격으로 동학이 나타난 뒤 이제 남학이 일어났으니 남은 것은 중학(中學)이 일어나 동서남북(東西南北)을 원만히 아우르는 것이다."라고 담론이 있었다 하고, 또 강증산의 '만국활계남조선(萬國活計南朝鮮)' 명제의 후계자인 보천교(普天敎)에서는 "개벽의 씨앗은 남조선에 뿌려지지만, 그 열매는 중조선의 화엄사상으로 맺게 된다."는 소론이 있었고, 그리해서 보천교 탄압직후 보천교 최고 간부의 아들 김탄허(金呑虛 스님이 즉각 오대산 월정사에 와 상원사의 방한암 스님 밑에서 본격적으로 화엄경 공부를 한 뒤, 그것을 남조선 사상사나 후천개벽 정역(正易) 등과 결합하는 화엄개벽의 꿈을 꾸었던 것이다.

이것이 결코 우연이 아니었으니 海月이 수운 처형 직후 이동과정에서 반드시 산악고지대와 머언 중조선을 선택한 것은 그 이전 수운과의 협의 과정이 있었다는 것을 증명한다. 즉, 수운은 감옥 안에서 海月에게 시 쪽지를 내보낸다.

"吾(오) 順受天命(순수천명) 汝高飛遠走(여고비원주)."

바로 이것이 그것이다.

어떤 서투른 자는 이후 海月의 동학세력이 높이 번성하고 머언 목표를 갖고 행동하라는 지시였다고 촌놈같이 해석하려고 했다는데 우습다. 그렇게 한가한 소릴 할 사람들이 아닌 것이다. 산악과 머언 중선으로의 피신인 것이다.

이후 충청북도 고지대로 피신한 海月의 행동이 그러했고, 또한 갑오혁명 이후 경기도 평야지대로 피신해서 다시 그러했다. 더욱이 1894년 겨울 남도에서의 갑오혁명 실패 후 옥천 도소(沃川 都所)를 떠난 海月 선생이 어디로 향했는가? 경기도다. 경기도 어디인가? 어디로 가서 음력 4월 5일 수운 득도일(水雲 得道日) 제사를 지내며 향아설위(向我設位)의 대제사 혁명을 단행하는가? 이것은 매우 중요하다. 지역적 의미와 사상사적 중내 설성은 깊이 밀접한 연관을 갖는 것이다.

앵산(鶯山)이다. 水王會가 결성된 곳이 앵산이다. 앵산이 어디 있는가? 이천(利川)군 설성면(雪城面) 수산(水山) 1리 (앵산동은 옛 이름)의 앵봉이라는 조그마한 (논 가운데에 있는) 봉우리다.

利川이라는 지명이 갖는 의미가 또 있다. 海月은 이것을 이미 의미심장하게 검토하고 있었던 것이다. 海月이 급히 도망하기에만 바빴던 서푼짜리 혹세무민가라고 생각하는 이라면 그는 분명 그 스스로 서푼짜리 맑스뽀이에 불과할 것이다.

이곳에서 水王會와 묘덕원만신의 화엄개벽과 향아설위(向我設位)와 빈삼화상(彬彬和尙) 등의 금강산 당취사(黨聚史)가 연결되는 지점이 나타난다. 水王史다. 이천은 이섭대천(利涉大川)의 준말이다. 왕건의 천하통일기(天下統一期) 때 병략(兵略)전설에서 온 말이다.

여주 이천의 '한강을 건너야 이롭다'는 이야기다.

물 이야기이니 水王史인 것이다. 어째서 海月은 유언에 의해 스스로의 고향이나 조직적 근거지와 하등 인연 없는 이천의 여주강변 산 위 주놋거리 근처의 원덕산(圓德山) 천덕봉(天德峰)에 묻힌 것일까?

남진원만북하회(南辰圓滿北河回)에서의 중조선(中朝鮮)에서 얻고자 했던 水雲의 시 등명수상(燈明水上)을 보라! 원만(圓滿)의 가장 중요한 조건이 바로 水王史였던 것이다.

이섭대천(利涉大川)이 중심 조직성을 강하게 가진 水王史인 설성면(雪城面)에서 새 봄의 개척적 주체인 '꾀꼬리'를 탄생시키는 앵산으로 자기의 새자리(은신처 또는 都所-向我設位 선포는 都所에서나 할 수 있는 엄청난 화엄 개벽 모심의 핵심사상 발표다)를 정한 것이다.

옛 지도자들은 지명을 천의(天意)와 연결하고 인사(人事)의 예시로 생각하는 풍속이 있었음을 모르는 사람은 없다. 이천(利川), 설성(雪城), 수산(水山), 앵산(鶯山)은 중조선원만(中朝鮮圓滿) 화엄 개벽의 조건인 水王史에의 집념의 산물이었음을 잊지 말아야 할 것이다. 이후 원주(原州) 호저(好楮)의 高山 섬강변(蟾江邊)이야기까지 이어지는 중조선에서의 水王會의 기본에 蟲, 갑년(甲年)등과 직결된 水王史에의 큰 희망이 줄기차게 흐르고 있는 것이다. 이리 본다면 우리의 이제까지의 동학 공부나 역사적 연구, 그리고 의암(義菴) 이후의 천도교는 껍데기 밖에 없었던 것을 스스로 자인해야 한다. 마치 유사 종교 연구 수준에 불과했다.심지어 어떤 멍청한 자는 을묘천서(乙卯天書)가 기독교 성경이었노라고 강변하기까지 했으니 한심할 정도다.

이제 본격적으로 새로이 시작해야 한다. 水王會 모임부터 시작해서 우선 1898년부터 음력 4월 5일 원주 호저 고산에서의 海月 체포시까지의 역사를 다시 정리해야 하는 것이다. 철저한 水王史 중심으로 재검토 해야 한다.

갑오전쟁 실패 다음 해인 1895년 음력 4월 5일 낮 11시 수운선생 득도일 기념하는 향아설위(向我設位) 제사혁명한 날, 그 밤 9시쯤에서 이튿날 새벽 3시경까지 앵산의 조그만 논 가운데 봉우리 앵봉에서 홍일점인 蟲와 함께 9인이 모였다고 했다. 海月, 孫天民, 金以民(동학당), 彬杉(빈삼), 乃紅(금강산, 지리산, 모악산 당취), 奇世椿, 印正言(남학, 정역), 搰 (백두산 天符 도인) 向我設位를 화엄경 묘덕원만신(妙德圓滿神)과 마야부인 자행동녀 공부에 연결시키는 <현람애월민(玄覽涯月民)>의 水王會 첫 모임이다. 이 자리에서 海月선생 수발드는 28세 동학당 여인 蟲가 후천 화엄 개벽을 한마디로 아낙네의,

① 母性(임마 마음)
② 밥
③ 月経(母體)라고 발언한 뒤

海月의 "蟲가 이(李)다."라는 발언이 있다. 이어서 남학-정역의 印正言이 기위친정(己位親政) 발언을 한다. 지구 자전축 북극 이동 복귀가 밑바닥이 임금자리 회복(十一一言)이니 곧 "蟲가 바로 이씨(왕족 李氏)다."라는 海月의 뜻 바로 그것이고 正易의 후천개벽이니 이것이 곧 수운의 <남진원만북하회(南辰圓滿北河回)>의 바로 그 '北河回'라고 주장한다. 이어서 海月은 '후천개벽은 북극 태음의 물의 대변동인데 그 첫 변동은 아낙(여성)의 몸 속의 월경(月經)의 변동에서 시작된

다.'라는 발언을 한다.

水王史의 본격 시작이다. 그리고 이날 발언들은 실질적으로 28세의 무주 李氏 동학당 蠱를 옹호 하는, 달, 물, 음(-), 여성이 후천 화엄 개벽의 주체임을 선언하는 자리였다. 이 자리에서 나온 이야기는 아니지만 이날, 1895년 음력 4월 5일 밤 9시 앵봉에서의 水王會 첫 회의가 사실상 水王史의 중요한 변화 속에서 진행되고 있었음을 후일에 확인하게 된다.

80)

숙청된 북한 경락학자 김봉한(金鳳漢)은 오랜 경락학 연구를 통해서 다음 결론을 도출한다. 수 천여 년 전 모권제시대에 활발했다는 인체의 회음(會陰), 특히 그 중에도 여성 회음이 천응혈(天應穴), 아시혈(我是穴)(당나라 초기 경락학의 손사막(孫思邈)이 발견한 이후 사라진) 등 혼돈혈(混沌穴) 30종과 함께, 18세기 말, 19세기 초기부터 몸 안에 왕성하게 활동을 개시한 사실을 임상을 통해 확인하였고, 이때 특히 여성 회음(사타구니) 중심으로 (그러나 남성 회음에서도 수련의 경우에는 생기는) 정체 불명의 '생명령'-화엄경의 수생장(受生藏), 수생자재등(受生自在燈)과 흡사한)의 출현(이것을 復勝현상이라 명명했다.)-하는데, 이것이 곧 부처님 몸의 사리(舍利)와 흡사한 산 알이라는 것이다. 산알은 일단 회음으로부터, 그 다음 상중하 내단전(上中下 內丹田)으로부터, 세 번째로 심층 경락(氣穴) 360 류(類)에서 네 번째로 표층 경락(經絡) 365種으로부터, 그리고 다섯 번째 6조 개의 세포로부터 문득 나타나 강렬한 생명치유활동을 하는 것으로 확인 되었다.

일본 경락학계의 열화와 같은 대지지와 찬양 속에서 국제화된 이 復勝-변증법의 삼진법을 박살내고 生克 이진법과 그 밑의 숨은 차원으로 부터의 문득 솟아오름의 은현복승생명학(隱顯複勝生命學)을 성립시킨다-의 생명학은 104세 된 장병두(張炳斗) 옹에 의하면 일제 때 백두산 도인 임학(林學)에 의해 '천부경 81자'의 인중천지일(人中天地一)의 대화엄 개벽의 천지인(天地人), 三王통일의 치유의 근거가 바로 천부경 중의 핵심 원리인 <妙衍(묘연)>의 근거, 즉 맨 밑바닥의 주인공 생명령인 水王이 없으면 성립되지 않는 이치로, 그리하고 그 산알의 復勝이 한민족 선도의학(仙道醫學)의 근본 진리인 水王, (또는 달, 물, 음, 여성, 모성, 어린이)의 우주 생명학으로 해석되었다.

 (장병두의 평전 <맘 놓고 몸 좀 고치게 해 주세요> 서두에 쓴 김지하의 추천사에서 정리) 이에 관해서는 김지하가 회음(會陰)의 생명학(生命學), 우주생명학(宇宙生命學)을 집필, 해명할 것이다.

81)

물론 앵산 모임에서 이 같은 후일의 김봉한 경락학이 나왔을 까닭이 없겠으나 대체적인 논의와 담론의 흐름은 똑같았다는 이야기가 확인된다. 그리고 이날 금강산 당취거인 빈삼화상(彬杉和尙)은 화엄경 입법계품(入法界品)의 큰 봉우리인 <묘덕원만신(妙德圓滿神)>의 공양과 굿(모심)에 의해 우주 淸佛 (비로자나부처)의 배꼽 (회음, 태음)으로부터 수생장(산알) 수생자재등(사리)이 放光(復勝) 하는 이야기가 있고 바로 이것이 오늘 (그날 陰 4월 5일) 海月선생의 향아설위(向我設位)에 있어서 밥 한 그릇 모심에 의해 우주의 한울, 부처, 조상, 온갖 신령과 선생님과 만물 중생이 내 안에 살아 있고, 밖으로 나와 다시 차원을 바꾸며 내 안에 지금 여기 다시 돌아오는 이치와 똑같아서 바로 그것이 원만(圓滿)한 화엄개벽(華嚴開闢)임을 설명한다.

또한 그것이 화엄경 입법계품에 자행동녀와 같은 무승당해탈(無勝幢解脫)이라는 원만성불과 똑같은 이치임이 합의된다(동양, 조선의 학에서의 온전한 치유는 <원만(圓滿)>이 조건이다).

백두산의 민이 그것이 곧 水王 즉, 妙衍의 이치라 했고 印正言, 千二峰 등은 그것이 곧 正易의 <包五含六>의 개벽 '애기달'(여성의 보름달과 애기의 초승달이 겹치는) 이라 했고, 그것은 동학 쪽 孫天民, 金以民은 <현람애월민(玄覽涯月民)>이라 이름했다. 이에 海月이 그 결론으로서 水雲의 시구절, 남, 중, 북조선 이야기, 남진원만북하회(南辰圓滿北河回)로 마무리되었다. 바로 이 시가 곧 화엄 개벽 모심의 길인 水王會의 시작이니 조선, 근현대 水王史의 참 시작인 것이다. 원만(圓滿)이 참으로 무엇일까?

82)

"姦의 인류사, 열 가지 水王史의 기억."

姦가 1895년 앵산에 이어 이듬해 1896년 잡혀서 죽기 전까지 海月을 수발하면서 세 번에 걸쳐 모임 때마다 彬杉和尙(빈삼화상)이나 乃紅 스님으로부터 화엄경 入法界品의 묘덕원만신, 마야부인, 구파여인, 창녀, 변우동자, 동녀들, 그리고, 안주신(安住神), 주야신(主夜神), 법해월(法海月) 등의 여성과 '흰 그늘'의 밤귀신 이야기 등을 많이 듣고 가장 가까웠던 동학당 金以民에게 남긴 몇 마디 말과 그림 등을 통해 종교적 환상 또는 그 개벽 역사적 상상력을 통해서 말해준 <화엄의 십무극(十无極) 구조와 똑 같은 인류사 중의 열가지 水王史의 암

시>를 金以民이 훗날 간략 간략히 풀이한 내용을 오늘 김지하가 다시 간략히 정리한다.

이는 다시금 훗날 누군가에 의해 철저하고 상세하게 풀이되어야 할 것이다.

83)

지리산 마고(麻姑) 할미의 이야기를 통해 1만 4천년 전 파미르 고원 마고여신(麻姑女神)창조설과 그 뒤를 이은 궁희(芎姬) 등의 모녀직계 혈통에 의한 <팔려사율(八呂四律)>의 천시(天市), 신시(天市)의 여성중심 호혜시장(互惠市場) 체계 속의 水王史를 이마구(蝨麻句)로 기억한다. 이마구가 오줌 싸서 오대양(五大洋)이 나타나는 것도 기억한다.

그야말로 <물의 水王史>다.

84)

원시, 고대의 <달 중심의 水王史>의 기억을 <달 열 여섯(月十六)>으로 기억한다. 음주기(陰周期) 16회 전설 (이집트, 시리아, 바빌로니아와 黑海연안의 가브에세아로 또는 테세 문명의 달이 물 속에서 열 여섯 번을 순환하면서 솟아 나와 우주를 지배하고 태양은 거기에 빛과 열을 제공하는 정도, 달을 닮은 것이 물이고 여성이어서 아이를 남자에게서 씨를 받아 낳고 기르는)의 水王史.

85)

온 세계 인류사의 솟대,

소(巢), 마구간(예수 마굿간의 기억이 중첩돼 있다), 굴(伏羲氏의 7년

간 여성, 아기와 산, 물 관련의 어둠이 중첩돼 있다) 의 물 중심 시대, 물, 달, 여성의 月經을 보고, 우주, 땅, 사람(역사)의 일을 점쳤던 사무(史誣, 神官)의 이야기를 水王史에서의 <소> 라고 기억한다. 그림도 남겼는데 짐승인 소의 모양이다.

86)

로마시대 이후,

9세기에서 10세기 사이의(혹은 또 다른 시대 중복됨) 여러 성녀(聖女)들의 기억. 테레사, 쩨찔레아 등 유명한 카톨릭 성녀(聖女)들의 기억을 蠶는 <미애월(美涯月)>로 표현했다. 물 속에 든 희미한 달들로 그림 그리고 서양사에서 가장 아름답고 건강한 도덕적 시대로 기억한다. <微涯月(희미한 물 속에 잠긴 달)>로도 표현한다.

87)

김지하의 판단으로는 15세기 일본에 상륙한 카톨릭의 박해 시대의 기억인 듯하다. <배부>란 표현을 썼던 것인데 뱃부(別付)가 아닐까? 후꾸오까 밑의 아소산 근처의 뱃부는 십자가를 밟지 않아 처형당한 수많은 카톨릭 여성들의 귀양지 또는 처형지 등으로, 다른 섬이지만 오다 쥴리아의 평생 유배로도 상징된다. 서양 종교의 일본에서의 水王史인 것이다.

88)

교또, 나라 시대의 백제 황후들, 귀족 여성들의 그 끝끝내 백제 혼을 지킨 장렬한 水王史, 지금까지도 일본혼(왕실 역시 이것이다.)의 기본 줄기다. 蠱는 이것을 그린 그림으로 표시했는데 다음과 같다.

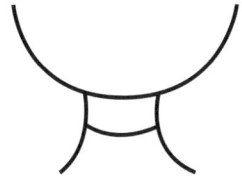

89)

역시 일본 근대화 과정의 환영이다. 일본 참회 귀족들과 연합된 사회주의, 공산주의, 무정부주의, 극소수 진보적 개신교 신자들, 여성 간부들 절대 다수가 남성 간부들이 모두 전향했음에도 불구하고 <비전향>으로 종신형, 사형, 처벌을 감수해서 지금까지도 (후꾸오까 감옥의 무기수) 적군파와 과격파 여성들의 水王史를 이루고 있음을 본 것 같다.

역시 그림이나. 나음과 같다. 원만(圓滿) 또는 오메가·포인트의 상형이 아닐까! 종말, 완성, 개벽적 대전환이다.

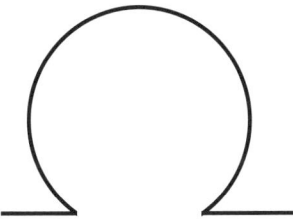

90)

이슬람 역사의 水王史가 틀림없다. 무하마드 성인(聖人)의 부인 아크발라이 쇼크니아바(어둠 위에 손을 얹은 참 빛)의 두 젖가슴을 상징하는 두 개의 山(하나는 여성, 하나는 아기)을 그린 그림으로 17세기 이후 20세기 초까지 300년의 이슬람 여성권리인 <고통에 대한 용기>를 뜻하는 <아크발라이 쇼크니아바> 운동인 듯 하다. 역시 그림이다. 젖가슴이 위(하느님)를 향한다.

91)

명백하다. 이름도 묘덕원만신(妙德圓滿神)이니, 화엄경, 입법계품의 그 룸비니 신무(神誣)다. 1세기에서 7세기 사이 대화엄 결집 700년 동안 주로 초기 200년 간의 수많은 젊은 중앙 아시아(중국 여성 포함) 여성들의 참가운동이다. 이 운동은 앞으로 철저히 연구되어야 할 것이다.

92)

우리나라 신라 말에서 고려 전 시기, 그리고 이조 500년의 임진란 이후 근대 초기까지의 화엄법신선, 밀교, 선도 등과 연관된 여성 비구니 중심의 마야 부인, 구파여인계 水王史다. 이것은 蟲의 기억 안에서도 엄청나게 강력하다. 아마 가장 강력한 기억일 것이다. 신라 때의 요석궁이나 선묘의 水王史도 중요하고 크지만 蟲 자신이 이것이 가장 큰 강물이라고 스스로 기억했다. 명칭은 금강산, 쌍계사(花開) 당취 비구니인 "수장사(水長史)"다.

어산(魚山) 범패와 흰 그늘의 詩 연관의 문화운동, 여성 주체성 강조의 부분이다.

93)

1895년 음력 4월 7일 저녁, 익산(益山) 평서리(平西里) 촌막(村幕)에 사는 동학도 김올림의 제보로 앵산을 떠나 海月이 그 이틀 뒤에 같은 이천군 설성면의 구호리(九狐里)의 곽씨네 뒷채에 잠시 묵을 때다 (앵산이 위험하다는 김올림의 제보). 이 때, 연락을 받고 빈삼화상(彬杉和尙)과 내홍(乃紅) 스님이 왔다.

동네 뒷산 이름이 '八彩山'인데 빈삼화상 왈,

"산 이름이 별로 좋지 않다. 동네 이름도 九狐里라 하니 안 좋다. 물론 좋게 생각할 수도 있겠지만 옛 사람들은 지명에서도 천의(天意)를 읽었다. 다른 곳으로 옮김이 어떠신가?"

海月이 묻는다.

"구호리(九狐里)는 여우 이름같아 그러려니 치지만 八彩山은 왜 나쁜가?"

彬杉(빈삼)이 대답한다.

"팔채(八彩)는 무지개의 구채(九彩)를 왜곡한 뜻을 갖고 있다. 무지개는 구색(九色)이지 팔색(八色)이 아니다. 그런데 팔색, 팔채라 한 것은 가장 중요한 색, 백색(白色)을 빼버린 것이다. 순정한 마음이 부족한 땅이다. 속히 장소를 옮기는 것이 어떠냐!"

海月 답,

"좋은 뜻을 잘 기억하마. 그러나 지금의 내가 그리 신속하게 좋은 곳을 찾는 것도 어려운 일이고 주위 사람들을 괴롭힌다. 견디어 보자.

순정한 마음이 없으면, 내가 내어 마련할 것이고 한울이 보살필 것이니 어디 견디어 보자."

그리고는 두 달 간 거기 묵는다. 또 融의 경고가 있어 주인 곽씨의 관가와의 밀착설이 문제가 되었으나 그 역시 견디자는 海月의 주장이었으니 결국은 곽씨가 도리어 관가의 인연을 선생을 위해 거꾸로 활용한 일이었다. 구호리에서의 손병희 법통(法統) 등 논의도 유명하다. 海月의 주장은 손병희가 마땅치 않은 일면이 있으나,

"때를 당하면 일은 한울이 하는 것이지 사람의 잘잘못은 큰 뜻이 없다. 견디어 한울을 따름이 좋다."라는 거듭된 주장이었다.

결국 곽씨의 팔채산 불순정설도 海月의 '겸(謙)'으로 해소되었다. 후일, 선생 주변에서는 '겸(謙)'은 인간의 모든 모자람을 넘어서는 '일하는 사람(勞人)'의 만덕(萬德)의 근원이라는 말이 나돌았다. 곽씨는 사실 처음에 관에 찌를 생각까지 한 것 같기 때문이다. 海月의 덕성(謙)이 도리어 곽씨를 海月선생 편으로 돌려세웠다. 겸(謙)은 곧 로(勞)에 대한 한울의 선물인 것임을 우리는 여기에서 알겠다.

손병희의 후일 3·1운동 주도의 공덕 또는 겸덕(謙德)에 기인하고 아마도 원수일본의 여성에 의한 후천 모심의 개벽 가능성 역시 겸덕(謙德)에 힘입을 가능성이 크지 않을까? 특히 수 천 년 억압아래 편성(偏性, 뾰족함)이 습관이 된 여성의 새 시대 창조설의 가능성은 오로지 관련 남성 지혜자의 오랜 겸덕(해월의 가르침, '큰절')에 의한다고 봐야하지 않을까?

팔채산 구호리의 뾰족한 결핍에 대한 海月의 겸(謙)을 우리는 이때 배워야 한다. 그렇다. 겸덕(謙德)이야 말로 水王史의 진정한 물의 지혜가 아니겠는가!

94)
　이후 약 7회에 이어지는 은신처 등에서의 회의.

　논의 내용은 1898년 음력 4월 5일 원주 호저까지 꼭 4년 간의 기록인데, 연대기적인 실증사적(實證史的) 순서를 밟을 필요가 없을 터이다. 중요한 것은 蟲가 없어진 뒤로는 8인의 논의 내용의 특징이거나 확장적 활동, 정세 판단, 중요한 공부내용이지 역사 초등 교과서가 아니다. 참가자 등과 함께 내용 중심으로 압축할 것이다.

　이제 水王會의 방향과 水王史의 중심 흐름은 다 드러난 일이기 때문이다. 그리고 이제부터 더욱 중요한 것은 1898년의 호저와 단성사 뒷편 좌포청에서의 海月 처형(6월) 이후 1970년대 초 이른바 박정희 정권의 경북 청도로부터의 비공개적인 자조 자립운동 75년 간의 동아시아 태평양에서의 <현람애월민(玄覽涯月民)> 중심의 근현대적 개벽 <화엄 개벽 모심>의 길, 그 복승 확충(復勝 擴充) 축적순환의 개벽 역사의 뼈대를 찾아서 드러내는 것이다.

　그것을 찾아낸 이후 누구든 복승이란 제목으로 근현대 동아시아 태평양 중심 개벽사를 편집 저술하는 일이 필요할 것이다. 이 水王史의 기록은 이후의 水王史 즉, 지난 75년 간의 기록 이후의 '복승' 저술 완료까지의 한 나침반 노릇을 할 것이다. 그러므로 확인 발굴 행정은 도리어 원주 호저에서 이천, 여주와 남양주 등으로 중조선 탐사 이후 경상, 전라, 충청 등 남도로, 남조선 기행의 형태로 이어지고, 북조선으로, 그리고 약간의 일본이나 중국, 동남아, 동북방 혹은 미국, 유럽 등 짧은 확인 기행이 이어질 수 있다.

　이제 나머지 일곱 가지 기록을 짧게 요약하며 마친 뒤, 크로노스 순서에 의해서가 아니라, 향아설위(向我設位)와 무승당해탈 및 묘덕원만신(妙德圓滿神)적 시간 구조에 따라 포오함육(包五含六) 1970년대 초까지의 75년 水王史의 이미 확인되거나 알려지거나 확정적 사건, 인물 연대, 내용, 문제점, 미래적-과거적 의미 체계, 암시, 기이한 사안, 상징성 등과 함께 사회과학, 종교적, 소통론적, 생명과학적 의미 등 이른바 <우주 생명학> 연관 기존 자료의 확인, 기록과정이 이어져야 한다.

아마 전체 발굴-복원 및 확인 과정은 2011년 초여름부터 (어떤 기획) 여행을 통해 실시될 수도 있다. 이 과정이 곧 이제부터의 새로운 신문명 창조 작업의 새로운 水王史와 새로운 水王會 역사의 참다운 시작이 될 것이다.

95)

첫 번째, 남양주 근처 은신처다. 기이하게도 이날 彬杉和尙(빈삼화상)은 없다. 잘 안보이던 남학 정역파의 印正言이 있고, 드물게 오는 백두산 천부경 수련자 攪이 있다. 金以民의 기억이다. 海月이 운을 뗀다.

"이 한강, 그 중에도 남한강이 매우 중요하다. 이 남한강은 백두대간에서 시작해서 서해바다로 흐른다. 이 강물이 후천 개벽의 대세를 결정할 것이다. 사람들은 모두 다 밭에서, 마을에서 개벽이 결판난다고 생각하지만 실상은 다르다. 개벽은 물에서 난다. 그것도 바다가 아닌 강물이다. 왜 그러냐? 바다와 산 사이, 저 대륙과 해양 사이를 잇고 결정하는 것이 강물의 그 물이다. 그러니까 달과 새로운 큰 엄마 세상, 개벽 세상을 연결하는 고리가 젊은 아낙, 애기를 밴 젊은 아낙인 것과 같다.

우리 印正늠님이 늘 말하는 15일 보름달이 16일 초승달을 밴 것과 같이, 이 남한강이 백두산과 서쪽 바다를 잇는 고리요, 백두산과 서쪽 바다를 함께 개벽하는 고리다. 서쪽 바다는 어디냐? 궁궁부적이 중원에 상륙할 때, 그 바다는 곧 세계의 복판이 된다. 그러니 남한강이 중요하지 않으냐!

전 날 和尙에게 듣자니 남한강의 첫 샘물이 오대산 우통수라 하더라. 서대 우통수, 조그마한 샘물인데 그러니 우리가 오대산을 배워야 하지 않겠느냐! 그 배움이 곧 水王會 아니냐! 화엄경 공부하는 개벽, 그것이 바로 참다운 모심이고 향아설위(向我設位) 아니냐! 남한강이 중요하니 남양주가 또한 중요하다. 오늘 여기서 印正늠님에게 애기달품은 보름달 이야기(包五含六)를 자세히 듣자. 그리고 나서는 남한강 물에 들어가 어디 목욕이나 하자.

오늘 밤 달이 뜰 것이다. 오늘이 열 사흘 크지는 않아도 징조는 된다. 무슨 일이든 저음엔 다 크지 않은 달과 같다. 그것이 또한 서대 우통수 아닌가! 水王會가 바로 우통수, 물의 첫 근원 아니냐! 그것이 또 弓弓 부적 아니냐!"

96)

이어서 印正言의 포오함육(包五含六)와 정역(正易) 남학(南學) 소식이 이어진다. 지금 생각하기엔 무척 소박하지만 그 나름의 진솔함이 담겨 있다.

다음과 같은 짤막한 소식이다.

"나는 역학에 대해 잘 모른다. 그러나 그것이 세상을 보는 것만 아니라 세상과 인생을 바꾸는 것임을 조금은 알고 있다. 내가 아는 것은 몇 가지 안 된다. 세 가지뿐이다. 개벽은 15일 보름달과 16일 초승달이 겹쳐지는 것. 그리고 그것이 땅 위에서 나타날 때는 먼저 깨달은 사람들은 돕기만 하고 숨고 나중 나오는 백성들, 아낙과 어린 애들이 직접 나서서 정사를 관여한다는 것 그 때는 하늘의 해가 뜨겁기보다는 해맑음으로 세상을 돕는 사천 년 동안 여름엔 서늘하고 겨울엔 따뜻한 유리 세계가 온다는 것.

아낙과 어린애와 민초 백성이 주인 되는 것이 水王會요 현람애월민(玄覽涯月民) 아니냐! 그런데 중요한 것은 그 아이를 그 아낙이 키우는 데에 백성 사는 달 시절의 이치가 함께 있는 것 같다. 그것이 무엇일까?

내가 오늘 말하고 싶은 것은 젊은 아낙들, 특히 애기 가진 아낙들의 새벽일은 좀 면제해 주자는 것, 그리고 밤늦게까지 일시키는 것은 좀 그만 두자는 것이다. 새벽과 밤일이 제일 힘들다. 힘들면 애 떨어진다. 개벽 실패 아니냐! 아니냐?

봐라.

두물머리(兩水里) 여울물 소리가 시끄러운 것은 바로 울음소리다. 바닥 옅은 데를 물이 빨리 가자니 힘들어서 운다.

"가슴 아프지 않으냐! 사람 사는데 서 여울은 없는 것이 개벽 세상 아닌가!"

이 때, 海月 선생이 세 번이나 눈의 눈물을 흘렸다 한다. 따라서 거기 있던 이들도 모두 속으로 울었다 한다(金以民의 기억).

97)

두 번째 이야기다.

海月 선생은 훗날 문막 근처에 머문 일이 있다. 문막에서의 일이다. 2~3일 머무는 사이에 海月선생이 여성문제에 대해 남긴 몇 마디가 남아있다. (또 다른 일화가 있다. 이미 水王史에 나왔다.)

전에 이 근처의 '다솔리'라는 곳에 옛날 녹문(鹿門) 선생이라는 큰 선비의 동생 되는 '임매실헌(임윤지당)'이라는 여인이 있었다고 한다. 아낙인데도 공부를 많이 해서 여인의 처지에 관하여 기사상(氣思想)으로 여러 좋은 말을 남겼다 하는데 나는 잘 알지 못한다. 다만 듣자니 섬뜩한 말 한마디가 남아 있다. (원주의 산호(山湖), 원협(原峽)에 살았고 묘소는 호저 무장리(茂長里) 간무곡(무지울) 산평못 옆이다.) 여자가 남자를 죽이는 것은 원한 때문이지만, 남자가 여자를 죽이는 것은 필요 때문이다. 원한으로 인한 살해는 어쩌면 하늘에서 용서받을 수도 있을 것이다. 필요에 따른 것은 절대로 용서받을 수도 없을 것이다. 다만 그 여자가 남자에 대한 원한 때문에 그 자식의 불행을 오히려 바랄 경우 남자가 그 여자를 죽이려 나서 드는 까닭은 납득할 수 있다. 그러나 그 때에도 역시 살해는 용서되지 않는다. 다만 마음으로만 악을 생각한 것이기 때문이다.

왜 이렇게 되는 것인가? 생명을 죽이는 행위에는 참으로 제 목숨을 거는 절박성, 제 목숨을 걸만한 까닭이 있어야 하기 때문이다. 하늘은 이 때 무엇을 결정해 주는 것일까? 이상하게 생각할 것이 아니라 당연한 일이다. 여성의 처지, 수 천년 억압당해온 아낙의 처지에서 판단하는 것이 하늘의 마음이다. 임매실헌(임윤지당)이 이렇게 말한 것은 신기(神氣)의 차원으로서 볼 때에 삶은 기(氣)의 역사요 신(神)은 하늘의 판단인데, 기의 역사에서 원한과 눈물과 저주가 극도로 쌓인 쪽은 신의 마음에 깊은 그늘을 만드는 것은 당연하기 때문이다. 그래서 이 그늘을 하얗게 밝아지게 하려는 것이 하늘, 신의 뜻이게 된다는 말이다. 이리 말한 임매실헌(윤지당)은 기철학(氣哲學) 공부를 했다고 한다. 나는 그것을 공부해 본 적이 없다. 그러나 우리 동학에서 모심(侍)이란 것은, "<안으로 신령이 있고 밖으로 기화가 있음>이다."

밖으로 기에 상처가 심한 사람들, 특히 여성일수록 안으로 신령(神靈)이 불편하여 그 신령은 한을 품으니 그 신령은 눈물을 흘리면서도 기화(氣化)에 검은 그늘을 드리우게 된다. 이러니 여인을 위해 여인 스스로가 또 여인에 대해서 또 여인의 마음에 대해서 일체 모든 일에서, 살해의 문제에 처해서까지도, 우리는, 특히 남정네들은 모시고 모시고 또 모셔야 하는 것이다.

이후 海月은 문막을 떠난 뒤에도 매실헌, 즉 임윤지당의 불행했던 삶과 그 삶 속에서도 사뭇 올곧게, 해맑게 공부를 게을리 하지 않으며, 우리나라 최초로 여인 문제를 유학의 기철학에서 간구히 밝히려 한 그 간절함을 늘 칭송했다고 한다. 기이한 일은 그 윤지당의 무덤과 호저의 해월이 숨어 있던 원진녀 생가 자리 오두막사이의 거리가 5리 정도밖에 안되었다는 점이다.

98)

8월 10일 세 번째,

장소는 불분명하다. 蠱는 없다. 손천민도 없다. '민'도 없다. 海月과 彬杉和尙(빈삼화상) 이외에 奇世椿, 印正言, 金以民, 乃紅과 6人이 약속한 뒤 온종일 주문, 모심, 향아설위, 선기도, 합장을 일관한다. 텅 빈 마음으로 <화엄개벽모심>을 실천한 것이다. 어둑어둑한 저녁에야 간단히 국수를 삶아 요기하고 헤어진 것으로 기억되고 있다. 장소는 후

일에 양평 어딘가로 추측된다. 1896년 초일 것이다.

그러나 이 날의 모임은 참으로 중요하다. 담론이 없는 것, 결정도 없는 것. 텅 빈 것. 마치 동학 주문의 핵심인 천(天)이 아무 해명 없는 공(空)으로, 화엄주불인 비로자나불(毘盧遮那佛)의 대침묵을 드러냄. 水王會운동 전체에서 水王史를 중심으로 한 신화엄개벽, 화엄역의 미래개벽모심에서 근거가 되는 현람성(玄覽性)의 체험적 근거를 느끼는 것.

모든 판단의 근원을 제시한 것이다. 그렇게 보는 것이 옳다.

99)

8월 11일 네 번째, 여주 인근이다.

가경면 반두리 벌판의 외진 농가란 설이 많다. 여러 사람이 모여 경제, 토지, 농민과 여성들의 가난과 힘든 노역에 대한 다양한, 그럼에도 매우 혁신적인 의논이 있었다. 여주에 묘사가 있는 조선 중기의 한백겸(韓百謙)의 기전제(箕田制)의 장단점 이야기로부터 시작되었다. 중국 고대의 기전제(箕田制)와 기자(箕子) 동래(東來) 이후의 정전제(井田制) 비교, 공전(公田)과 사전(私田)에 대한 노역의 분담과 토지수확의 배분관계, 그리고 중일과 동북방 아시아 고대시장의 팔상시(八湘市)와 만 여년 이래 아시아 신시(神市), 천시(天市), 천고시(天高市) 등의 호혜, 교환, 획기적 재분배 경제의 근본에 작용하였던 <여율(呂律)>의 원리에 대해서, 그리고 고조선 전후한 시기의 단군과 왕검의 이원집정제(二元執政制)와 단군이 단골로서 획기성을, 왕검이 임금으로서 재분배(再分配)를 전문적으로 담당, 분권(分權)하였으며, 단골이 여성 사무(史誣)로서 신권(神權)을, 임금이 남성 왕통(王統)으로서 왕권을 이분(二分)했었음을 이야기하였다.

이러한 古代的인 아시아의 신령한 시장(海月은 이 전통을 선천 5만 년 전부터 있었던 비단 깔린 길바닥과 장바닥으로, 시골 '5일장'에 그대로 남아있는 훌륭한 전통으로 들어 올렸고, 갑오년 남도일대의 폐정 개혁 당시에는 수많은 지역에서 거의 옛 神市에 흡사한 장터가 일어섰음을 기억해냈다)을 다시 개벽할 것을 말했다. 그리고 그것이 이제 다가오는 새로운 시절에는 도리어 중국적인 명, 청대의 거상들의 독점적 시장에 대해 혁신의 힘을 행사해야 함을 강조한다.

한백겸의 묘소(부평)를 참배한 것 같지는 않다. 그러나 심지어 정다산(丁茶山)의 기전론(箕田論), 정전론(井田論)까지 나와 여러 가지 비교가 있었던 것은 상당히 깊은 논의였던 것으로 보이고, 일반 농민들의 계나 품앗이, 두레의 평가와 화순 운주사(雲住寺) 입구의 중장터에서 시도되었던 <동진불염 리생상도(同塵不染 利生常道)> (화엄경 二宗大科)의 선(禪)적 실천인 <入廛垂手(입전수수, 장에는 들어가되 욕심은 버릴것), (주로 모악산 수왕사의 당시 주지였던 乃紅의 주장)가 당취(黨聚)에 의해 부분적으로 시도되었던 것이 밝혀지고 있다. 이것은 소급하여 사상난전(私商亂廛)의 합법화인 신해통공(辛亥通共)까지 비교된다.

본격적인 경제 논의였는데 전하는 바로는 이 논의의 전승은 이후 水王會의 비밀 확산과 조직적 민중 운동 과정에서, 특히 1920년 이후의 공생운동(共生運動)의 확산 과정에서 三南 일대에 일반화되었고 이는 초기 소작쟁의나 부두파업, 공산주의 노동운동이나 기타 권익 운동의 형태로 연결되었다.

100)

여기에 대한 기억과 자취, 그 증거, 그 드러남이나 증언 등을 이제부터 가능한 한 샅샅이 찾아내야 할 것이다. 분명한 것은 3·1 운동 이후의 농민, 노동자 빈민 등과 여성 등의 일반적 경제 개혁 운동은 철저히 비밀리에 조직되고 연합된 水王會-부분적으로 백정 등의 형평사(衡平社) 포함의 작업이었다는 사실이다. 외세의 강점과 그에 종사, 복무하는 조직 운동가, 지식인들의 거의 의도적인 역사 선별 기능 때문에 水王會는 일방적으로 무시, 왜곡, 짓밟혀 왔으며, 그 기억은 묻혀왔다.

이것이 드러나야 한다. 특히 경제적 혁명과 개벽 논리는 끊임없이 계속되면서 외래적인 진보 사상과 연관을 만든다. 이 부분이 모두 밝혀져야 한다. 천도교와 南學밭(남도 일대), 그리고 당취 쪽의 조직 운동의 기억이 모두 살아나야 할 것이다. 우리 역사의 큰 숙제다. 그리고 이 논의의 시작이 바로 여주 가경면 회의에서의 기전제(箕田制) 논의라고 전해진다.

맨 먼저 천도교 청우당과 소작쟁의 관련 논의나 남조선 화엄 개벽 운동의 공생운동 기억들부터 찾아나가야 할 것이다. 1920년 9월 9일 지리산 천왕봉에서 있었던 한국 최초의 주체적인 공산주의 조직 논의 (사실은 共生主義) 진주목사(평북 오산 출신)에서의 신상식(申相湜) 또는 우범(별명)의 주도로 진주 형평사의 김단야, 박헌영과 전라도 쪽 水王會의 군산 부두 노동 운동 쪽의 천이병과 남학 정역파의 奇世椿의 5人 모임은 매우 중요하다. 이에 관련된 기록이나 기억, 증언은 여하히 발굴할 것인가? (코민테론 지시의 한국 공산당 조직은 분명 서울의 1924년이다.)

이 시간 차이는 우리 역사에서 무엇을 의미하는가?

놓쳐서는 안될 가장 중요한 초점은 '산 위에 물이 있음(山上之有水—水雲)'의 신시(神市)전통과 단골여성 신통(神統)의 획기적 재분배 기능 개입 사례다 海月이 비단 깔린 장바닥이라 부른 동학적인 신시 5일장 부활에서의 여성 주부와 여성 상인들의 가격 다양성, 협의 가격, 이른바 <탈상품화에 의한 재상품화(이용은 아직 없었으나)>기능에 대한 약간이지만 논의가 분명히 있었다는 사실이다. (金以民의 기억-천이병의 기억-南學 및 천도교 경제 운동 속에 침전된 여러 기억 등 안에 분명 남아있었을 것임-또는 그 영향으로 전라도권에 형성된 것이 분명한 원불교의 <공생운동>) 방언 공사, 신용조합 따위 등. (박용덕의 자료를 참고할 것.)

그 안에 그 흔적이 많이 남아있다. 여기에 대한 본격적인 연구와 탐색도 있어야 한다. 水王會와 水王史의 가장 핵심적 민중 생활 개벽의 구체적 요체가 된다.

101)

다섯 째, 利川 권역 안에 지금은 사라졌으나, 마을 이름이 '불구내'(佛炬內, 不耈 등 여러가지 표기-그러나 본디는 글자 그대로 볼감, 불함(不咸)이나 팔관(八關)과의 연관으로 화엄적 성격이 짙음)란 곳이 있었다. 이 '불구내'에서 海月과 빈삼, 내홍, 기세춘과 김이민 등 5, 6 人이 모여 닷새 동안 집중적으로 '여성문제(어린이 포함)' 즉, 水王會의 기본 문제를 논의한 사실이 어쩌면 일곱 가지 안건 중 가장 중요할 것이다. 지금 그곳이 어딘지 찾아내는 작업이 반드시 있어야 할 것이다. 장소의 중요성이라는 것 또한 이제 명심해야 할 시점이다. 이른바 <처소회향(處所回向)>, 목포의 下塘과 산알 모란꽃, 己位親政, 흰 그늘 문화의 관계처럼의 문제 영역이다.

'불구내' 논의의 水王會 이야기다.

여성은 수 천 년 전부터 말할 수 없는 억압을 당해왔고 자기 본래의 인성(人性)까지 상실했다. 이것을 문명이란 말 하나로 합리화 할 수는 없다. 후천 개벽이란 5만 년 전의 진정한 신인합일의 상태를 다시 회복하는 것이다. 예부터 전해오는 이야기와 우리의 체험으로 봐서도 옛 5만 년 전이라면 엄마와 여성이 어린이와 함께 인간의 본디 타고난 순정과 따뜻함, 너그러움과 부드러움을 다 갖추었고 또 발휘했던 시절이었던 것 같다. 그것을 되살려야 한다. 그것이 후천개벽이다. 그리고 그 개벽이 진정한 대화엄이고 대해탈, 중생 해방이 된다. 그렇다면 그것이 문명이 아니냐? 문명 이전으로 돌아가는 것이냐?

그렇지 않다. 후천은 선천을 때려 부시는 것이 아니다. 후천에 중심과 척도를 세우되, 그것에 입각해서 그것을 세우는 과정에서 선천을 헤쳐, 재평가, 재창조해야 하는 것이 선후천 이중 개벽이다. 水雲은 '등명, 주사(燈明 柱似)'의 옥중시에서 그것을 명시했고 인의예지(仁義禮智)와 수심정기(守心正氣)의 부적에서 분명히 제시했다 여성과 어린이(쓸쓸한 노인, 대중)가 중심이로되 남성과 장년의 일꾼들이 도와야 하는 것이다.

포오함육(包五含六)은 여성과 어린이에게만 해당되는 개벽의 비유가 아니다. 그것은 남성, 장년, 전문집단과 여성, 어린이, 대중 사이에서도 적용되는 개벽의 비유다. 남자가 여자를 일어서도록 도와야 한다. 그래야 반대로 여자가 큰 남자, 큰 부처님, 큰 한울님으로서의 여자이면서도 남자고, 남자이면서도 여자인 화엄세상의 <미륵불>이 온다. 水王會는 이제부터 남자가 어찌하는가에 달렸다. (彬彬和尙의 열변) 묘덕원만신(妙德圓滿神)이나 마야부인에게 배울 필요가 있다.

102)

여섯 번째, 모악산 수왕사의 주지 내홍(乃紅) 스님의 화엄경 입법계품 문수(文殊)사리의 동자소(童子所) 이야기가 따른다. 선재동자에게 주는 남유(南游)지침 속의 여러 교훈들이다. 내홍의 말투는 훈장처럼 토막토막이니 다음 일곱이다.

첫째, 아이들은 일곱 단계로 철이 든다.

가. 애비 정자가 에미 난자 안에 들어갈 때 오억 개 중에서 그 중 한 개가 들어가 정착한다 하니 얼마나 철(지혜, 선택도가 높은)이 높은 것이냐.

나. 어미 뱃속에서 열달을 크는데 어미 회음혈 안에 있는 부처님의 천지지혜를 다 얻어듣고 나온다. 태교다 태교(胎敎). 그때 수생장(受生藏, 생명 씨앗)과 受生自右燈(날 때 부터 자유로운 부처 성품)을 함께 배워가지고 나온다. 아이들은 그래서 날때부터 부처님이다. 가르친답시고 때려서는 안 된다. 제 속에 있는 부처님, 한울님을 깨어나도록 모셔야지! (이때 海月이 큰 소리로 껄껄 웃으며 무릎을 쳤다.) 아이를 치는 것 한울님을 치는 것이란 海月선생 말씀이 백번 옳을 것이다. 아니 천번 만번 옳다. 지금이 바로 그 때다. 애들 욕할 일이 아니다.

다. 입이다. 밥 먹는 것이 가장 중요한 교육이요 철드는 과정이다.
밥이 화엄개벽의 첫 모심이다. 묘덕원만신이 부처님께 수생장(受生藏, 생명 씨앗)과 수생자재등(受生自在燈) 빌 때에 처음 굿이 밥 공양 아니었는가! (이때 海月선생이 큰소리로 '좋다!'를 연발하며 무릎을 쳤다) 아하! 海月선생의 '밥 한 그릇이 만 사지(萬事知)'가 꼭 같은 것이었지! 그렇다. 그래서 향아설위(向我設位)가 바로 화엄경이지!

맞아요, 맞아! 또 입에서 말을 하는 것이니까 밥과 말은 들어가고 나아가는 출입이고 호흡이고 우주와 생명의 교환이다! 묘덕원만신에서 밥공양 이후에 부처님 배꼽으로부터, 수생장 수생자재등이 방광(放光)하는 것은 곧 수생장은 밥이고 수생자재등은 말이다! 때밥과 말을 잘 연결시켜줘야 하지.

라. 똥구멍. 똥 싸는 것만 똥구멍 철이 아니고 똥구멍에서 목숨 샘물이 열리는 것이요, 방귀가 매우 독한 물건이지만 방귀 안에 있는 독 속에 약이 있어요. 이건 유명한 의사나 아는 일이지. 여하튼, 똥구멍에 탈항이나 피 쏟아지는 것, 가장 나빠! 이것 막는게 옛 부디 '삼동(三洞)'이라 해시 동모(洞毛), 동막(洞幕), 동초(洞草)라 했소. 이것이 모든, 큰 약이라!

마. 잠지, 아니면 보지(주변을 둘러봤으나 여성이 없자 희죽 웃고는 큰소리로 '보지'라고 소리치고 또 희쭉 웃었다고 한다-金以民 기억) 건강이 가장 중요해요, 이 건강이 곧 생명이고 철인데 이것 잘해야 한울님, 부처님 되고 화엄개벽, 원만 일원상 개벽 하지요. 우리가 현람애월민(玄覽涯月民)이라고 우리 자신을 부르는데, 이 말이 사실은 우리가 이제 올 화엄개벽세상 처음 모시는 처음 잠지, 처음 보지란 뜻이지요. 왜냐하면 잠지, 보지, 배꼽건강 챙기는 철드는 일이 가장 중요한 약이나 처방이나 우리 水王禪(수왕선, 법신선)에서 안개 같은 기운이 일어나 그것을 보호하도록

하는 수련이니 애월(涯月), 안개, 불두덩 아지랑이, 첫물, 중물등 하얀 월경(月經)을 흔들어 많이 흐르게 하는 것 따위인데 이것은 진짜 의사가 와서 설명해야 된다오. 나는 그이상은 몰라요. 그러나 이것 이렇게 하면서 철이 들어야 제대로 된개벽인간, 화엄인간, 미륵이 돼요. 왜냐하면 거기서 후천 화엄개벽실천의 진짜 모심의 주동력이 나오는 거니까요! 중도 마찬가지요. 중도 그것 있으면서 그것 (억누르지 않고) 중용으로 부드럽게 지혜의 보현행(普賢行)으로 들어 올려야 하는 거니까!

바. 아랫배, 단단해야하고 배불러야 하고, 이것 모르는 사람 없지요. 위장 튼튼해야 하고 뱃심 좋아야 세상개벽 밀고가지요.

사. 머리 좋아야 하고, 맑아야 하고, 항상 하늘로 우주로 백회 통해서 열려있어야 하고, 그럼에도 자기중심 단단하고 또 텅 비어 있어야 하고, 그건 그만 말해도 되겠지요.

이렇게 일곱 가지인데 이 일곱 가지가 나중엔 세상 철들게 하는 개벽과정도 일곱 가지라고생각합니다. 이제부터 어린이 철들게 하는 <일곱 과정>과 세상 철들게 하는 <일곱 과정>을 겹치는 <두 일곱>을 연구해 보도록 합시다. (海月과 빈삼이 동시에 무릎을 크게 치며 크게 웃었다. "그것 좋다!" 외치면서!)

103)

과연 <두 일곱>은 그 뒤 어찌 되었나? 그 뒤 75년간의 개벽사, 회음학(會陰學)에서 연구, 실천, 발전, 논의가 되었는가? 이것이 일곱 번째다. 이후시기로 넘어가는 과정에 관한 기록이다. 원주 호저(好楮) 고산(古山)에 와서 두 번째 모임이다.

이 같은 水王會의 현람애월민(玄覽涯月民)의 포오함육(包五含六) 즉 묘연용변 부동본 본심봄 만왕만래 태양앙명 인중천지일 일종무종일(妙衍用変 不動本 本心本 万往万來 太陽昂明 人中天地一 一終無終一)의 천부(天符) 水王史를 완성하는 데에 있어서 무엇이 가장 중요한가를 짧게 논의했다. 3월 하순인데 다섯 사람(海月, 빈삼, 김이민, 인정언, 갑년)이 저녁 어스름에 모여 한밤중 길을 떠났다. 세 가지다.

玄覽涯月民의 세 가지 수련

첫째, 수왕선(水王禪) 수련에서 이제까지 강령주문 (民)과 본 주문 21字만 아니라 (故)뒤에 붙는 18字까지 합해서 31字 공부를 하자는 것이다. 金以民의 제안이다. 명명기덕 념념불망(明明基德 念念不忘)이다.

왜냐하면 (故)이후는 수운선생 말씀 중에 매우 중요한 <명명기덕 각각명 동동학미 념념동(明明基德 各各明 同同學味 念念同)>에서 '各明'(각각 개체적 행동)과 '念同'(생각을 같이함)의 안팎 관계와 화엄(華嚴)에서 가장 중요한 이이동(異而同)의 원리요, 수생장(受生藏, 중생)과 수생자재등(受生自在燈, 부처)의 융합이다. 그 다음의 지화지기 지어지성(至化至氣 至於至聖)은 그야말로 화엄개벽이며 화엄역의 실현이고 월인천강(月印千江)과 일미진중함시방(一微塵中含十方)이며 중생개벽과 대해탈의 동시실현이기 때문이다. 그리고 무엇보다도 '故' 뒤에 붙는 18字는 철저한 몸과 생활, 우주생명학적 생계이니 민초들의 실생활 실천의 모심이다.

둘째, 水王은 밥에서 그 권력이 선다. 여성의 밥 관리와 부엌일은 점차 그 의미를 강화하고 향아설위(向我設位)와 공양이 실제 화엄개벽에서 핵심적 모심 실천이요 선중선(禪中禪)임을 자꾸만 강조해서 그 일의 중요성과 함께 '아낙'의 주체성을 강화하자!

셋째, 놀이, 문화, 굿, 춤, 노래 (예컨대 탈굿, 판소리, 민요, 정가, 짜배기, 범패, 사당패의 품바춤, 그림 등등 민예(民藝) 일반과 윷 등을 통해서 어린이의 현람성(玄覽性)을 키우고 그 현람성 자체가 부처님의 타고난 품성 자체요 전달소통 이며 자기 가르침(自在淵源, 중생해방)이며 포오함육(包五含六)에서 16일 애기달의 (六氣개벽)포태, 출산, 개벽적 자기양육의 길이 된다.

이것이 곧 현람애월민의 화엄개벽모심의 가장 초미한 실천적 선수행(禪修行)-묘덕원만신의 수생장(受生藏,)과 수생자재등(受生自在燈) 모심수련의 굿이다라는 귀결이 있었고, 일동 모두 찬성이었다. 아마도 海月 처형 이후 실천의 첫 발자욱은 바로 이 金以民의 현람애월민 3대 수련부터인 것 같다. 이후 이 초점 중심으로 기억을 재구성할 것이다.

104)

海月은 1898년 음 4월5일, 水雲 득도일(得道日)제사 (11시)지낸 직후 서울서 온 송경인(宋景仁) 외 40명의 포졸들에 의해 체포되어 갑년(甲年, 海月 수발들던 여자 동학당)과 함께 섬강과 남한강의 물길을 타고 배(뗏목?)로 서울의 좌포청(지금의 단성사 바로 뒤편)에 수감된다. 뒤 6월4일 좌포청 내에서 교수형으로 처형된다.

이후의 水王史다. 甲年이는 사흘 동안 좌포청 입구의 골방에 잡혀 있다가 풀려난다. 여자는 물길로 남한강을 오는 동안 海月 보는 앞에서 포졸들에게 돌아가며 두 번이나 겁간을 당하면서 정신이 이상해졌다. 수감돼 있는 동안 밤낮 비명을 지르거나 헛소리를 하다가 풀려난 뒤 거리를 헤매며 걸식을 한 것 같다. 행방불명되었다. 갑년에겐 갑오리(甲午里) 집에 남기고 온 딸이 하나 있다. 자주 그 애 생각하며 운 것으로 보인다. 그 딸은 어찌 됐을까? 갑오리(甲午里)는 지금의 광격리다.

海月의 처형 직전 "할 말 없느냐?"에 대한 최후진술은 단 한마디다.
"甲年이가 갑옷을 입는 때(甲年)가 바로 올해다."
"갑년이가 누구냐?"
"모든 아낙들이다."

海月은 이 말로서 입을 닫았다 한다. 생각건대, 海月의 전투적 水王史는 이때부터일 것이다. 이해, 1898년은 어떤 해인가? 이때부터의 민중사(또는 민중사 속의 여성사, 水王史)를 토막토막이라도 기록들에서 들춰 보기로 한다.

105)

이제 사료에서부터 水王史 찾아내기 시작이다.

아마도 여럿이 손대야 할 것이다. 이제부터다. 내가 알기로는 이해, 1898년은 중국의 서태후가 영국에 선전포고를 선언한 해다. 甲年 아닌가. 金以民의 기억이다. 海月은 유언에 따라(이천 주막에서의 말씀) 이천군, 여주강(驪州江)이 환히 보이는 주놋거리 산 위에 묻혔다. 원적산 천덕봉이다. 그 직후 초여름(아마도 7월초?) 奇世椿, 印正言과 함께 金以民은 어느 날 양수, 두물머리 주막 뒷방에서 만나 海月선생의 水王史 계승 이야기를 하다가 우선 '弐가 이(李)다.'라는 말씀의 뜻을 새긴다. 기위친정(己位親政)이요 후천개벽이니 그 弐를 기려야 함을 합의한다.

蝨가 잡혀서 그야말로 蝨처럼 피를 뿜고 죽은 양평 장터를 돌고 나서 蝨의 고향(?)인 전라도 무주로 간다. 金以民은 처음 蝨를 海月선생의 앵산 피신처에 수발하도록 주선한 사람으로서 蝨의 동학당 입도에도 간여한 사람이다. 蝨의 간략한 개인사 정리가 필요하다고 생각한 것이다. 그리고 무주는 奇世椿, 印正言의 남학-정역의 활동 근거지인 진안(鎭安)-장수(長水) 세력권이다. 합의 이후 셋은 이튿날 무주의 구천동 입구 근처의 비인(지금은 지명이 다를 것이다)이라는 작은 마을에서 무주이씨 집성촌을 찾는다. 무주이씨 집성촌의 이해인(李海仁, 촌장)의 말이다. 의외의 이야기가 세 가지나 나온다.

첫째, "그애 이름은 '수인(水仁)'이라오. 수인이의 부모는 일찍 죽었소. 갑인 년이던가 호열자 때지, 그 뒤로 친척집을 돌며 얹혀 지내다 동학입도 소문 뒤 사라졌는데 그 애가 얼굴도 고운데다 성정이 아주 곧고 맑아 친척들 귀염을 받았지. 혼인 이야기도 서너 번 있었는데 본인이 마다했어. 특별히 기억나는 건 그 애가 가금(家禽)을 그리도 귀여워하고 보살핀 거지. 또 참새 같은 짐승을 끔찍히 위해 새들이 늘 그 애 곁에 와 머물고 해서 동네 사람들이 그 애를 '새아기'라고 했다."

둘째, "그 애가 돈에 무서웠어. 몇 푼 안 되는 돈이라도 생기면 아끼고 아껴서 꼭 계(契)에 들어서 불리고 또 불린 돈은 꼬불쳐서 한 푼도 안 쓰고 꽁꽁 몸 안에 감췄다는 이야기는 친척들이 다 알아. 나쁘게 보질 않았어. 욕심 때문이 아니라 살림 사는 자질 이야기로 생각했지. 그건 모두들 기억해. 노랭이라고들 하지 않고 새암이라고 했지. 돈을 샘물처럼 맑게 간직한다는 뜻 아닐까?"

셋째, "그 애 유명한 게 똑 세 가지야. 동학주문을 시도 때도 없이 외위서 유명하고 나무하러 가서는 나무를 칼이나 도끼를 써서 꺾지 않고 뿌리 채 캐서 가져와. 나무가 아파한다는 거지. 세 번째는 밥을 한 알이라도 안 흘리고 먹던 밥을 절대로 버리지 않고 꼭꼭 챙겨 먹든가 아니면 잘 싸서 간직했다. 다음 끼니에 먹든가, 하도 열심이라 모두 서운해 했지. 어디가든 잘 살거라고 했지, 말이 났으니 말이지만 무주 이씨는 전주 이씨야. 왕통이라는거지, 전주 이씨인데 중간에(아마도 정조 말이던가) 반정(反政)사건에 관련돼 관의 문책을 받고, 그 조상이 스스로 물러나서 이곳 구천동에 들어와 또 스스로 무주이씨로 개성(改姓)하고 자숙한 것이 시작이지. 그러니 사실은 전주 이씨인 셈이지."

海仁씨의 태도는 매우 근엄했고 숙연했다는 기억이다. 海仁과 水仁등 왜 仁이 이름에 많으냐니까 돌림은 아니고 일종의 취향일 것이다 라고 답변했다고 한다. 다만 족전(族傳)에는 '물에서 큰 빛이 난다'는 전설이 있고, '불을 가까이 해야 집안이 일어난다.'는 어른들 내림말도 있었다고 한다. 그 물이 女性을 뜻한다는 이야기는 없었다.

요컨대 李水仁은 곧고 해맑은 살림꾼이었다는 이야기다. 그리고 왕통으로서의 기질이 엄한 편이었음을 말해준다. 신분 때문이라기보다 반정사건이라는 정치적 입지 때문에 불행을 자초한 것으로 봐야한다는 것이고 水王史의 시작에서는 이런 우발적 수왕운(水王運)이 적잖을 것이라는 기세춘과 인정언의 해석도 곁들였으며 진안 장수 쪽의 남학(南學)밭에도 이 같은 흐름은 사실 많을 것이라는 이야기도 곁들였다고 한다. 그 이후 南學밭은 도리어 수많은 李水仁의 밭임이 증명된다. 그만큼 水王史는 도리어 왕통 운운의 흐름(그것은 상징적 메타포)보다도 신분과 노동형태와 문화에서 더 강하게 드러나고 있다.

106)

1898년 9월 중순.

수원장터에서 만난 金以民과 백두산의 揆, 그리고 奇世椿 3人은 水王會의 재기를 다짐하고, 우선 그즈음 연락이 잘 안되는 금강산의 彬杉和尙(빈삼화상)과의 연락을 시도하고자 의논한다. 세 사람은 그날 오후 길을 떠나 이틀, 사흘 뒤쯤인 9월 하순경 금강산 당취 소굴로 알려진 밀엄사(철원방향)에 도착한다. 마침 彬杉和尙(빈삼화상)은 북방 여행 중이어서 세 사람은 그곳에서 나흘가량 기다린다. 그뒤 彬杉和尙(빈삼화상)을 만나 세 사람은 다음과 같은 중요한 결의사항을 마련한 것으로 전해진다.

① 남조선에 水王會의 기지를 설정하는 게 좋다. 전주 모악산의 수왕사(주지 乃紅)가 좋다.
② 남조선의 水王會로 우선 여성(그러나 포섭이 쉽지 않다.) 노력은 하지만, 보다 남성 쪽에서 주역 리괘(離卦)의 축빈우(畜牝牛)를 감당할 리대인(離大人) 지망을 찾아야한다. 그것은 우선 동학과 남학, 당취의 삼방면이다.
③ 水王會는 갑오이후 도피하거나 위장 또는 은신중인 동학당 간부 중에서 찾는 게 좋다. 화엄개벽의 불교와 개벽정역과 동학, 삼자 융합 및 여성주채의 어린이 양육과 밥(向我設位) 그리고 개벽의 지향을 중심으로 靖世開闢(조용한 평화적 화엄개벽의 모심수련)을 합의, 실천한다.
④ 단, 그것은 어떤 종단형태의 종교적 결사형식을 취하지 않고 생활을 위한 계나 품앗이, 또는 당시 유행하기 시작한 개화(開化)

적인 장사모임으로 지향할 것이다.

⑤ 초기 활동 지구는 내륙보다 항구나 선착지 등이 더 유력하고 내륙도 전통 양반세력이 강한 농촌은 피하는 것이 좋다. 전라도가 좋고 충청도는 가급적 피할 것이며 경상도도 해변 가까운 곳이거나 지리산 등이 좋고 경기도와 강원도 북방, 그리고 황해도 평안도 등의 해안이 좋다. 이것은 당시 서세(西勢, 西學) 또는 일본, 중국 등의 서양물품 장사꾼 왕래가 활발하여 개화분위기가 고조되어 있는 곳이 좋다는 판단으로 이점은 앞으로 중요한 탐구 목표가 될 것이다.

즉, 화엄개벽모심의 여성주체의 水王史가 서세동점의 개화 분위기를 반대가 아닌, 도리어 활용하는 관점은 분명 역사적으로 개벽과 새 세계관(global-동아시아적 八卦 중심주의의 이탈가능성)의 등장이다.

⑥ 가능한 한 해안, 노시, 장터의 여성 삯꾼이나 좌판장수, 음식점 아줌마, 일꾼, 주부품앗이꾼들을 대상으로 초기적 접근이나 생활적(契 이해관계에 따른 거래모임, 互惠) 이해관계를 시도 할 것이 논의 된다. 가정주부 중심은 피하는 것이 좋다는 의견이 지배적이다. 아마도 이후 아시아, 태평양 근현대 100년 사의 개벽관, 복승과 확충(複勝과 擴充), 축적순환(모심)관의 등장일 것이다.

⑦ 어린애들의 놀이, 윷판, 나무하기, 또는 탈판이나 춤판, 노래판, 이야기판, 절에서 하는 범패 등을 활용해서 어린애들을 교화하는 문제가 상당히 길게, 심각하게 논의 되었다고 한다. 일단 이 모든 논의의 구체화 시작은 모악산 수왕사에서 乃紅의 관할 하

에 시작 하기로 합의한다.

⑧ 1898년 11월 하순 金以民은 영광 법성포 칠산 바다 쪽 주아실에 은신중인 6촌 동생뻘(김제 봉서리의 金仁培 대두령의 4촌 동생-광양전투에서 처형된 金仁培) 되는 金永培에게 1차, 그 뒤 2차에 걸쳐 - 그 중 한번은 乃紅과 함께, 또 한번은 군산 사람 千二柄과 함께 - 주아실 미류나무 밑 오두막에 찾아온다. - 金永培는 이곳에서 7년간 은신한다. 金以民은 이때 '화엄개벽에 의한 靖世(정세)'로 선을 설득한 것으로 전해진다. 金永培의 아들 玉三(나의 祖父)의 진술이 그 아들인 孟模(맹모)氏의 기억을 통해 전달되었다.

水王史의 가장 직접적 기억의 소급의 뿌리는 바로 주아실에 金以民이 3회에 걸쳐 방문, 金永培를 만나 화엄개벽모심과 여성주체의 水王會 이야기를 한데서 발단한다.

107)
金永培 살해 동학당과 도붓장수 2인조 주범에 간접적으로 간여한 것으로 보이는 '주아실 댁'이란 이름의 주아실 주막의 주인 여자(한때 金玉三의 情人)가 金玉三의 목포행에 따라 오겠다고 바닷가를 길게 쫓아온 것과 목포의 연동집에 여러 번 찾아온(나도 본적이 있고, 金孟模는 잘 안다.) 매우 고운 여인, 그러나 金玉三은 냉정한 것으로 알려져 있다. 그 이유는 아마도 金永培 피살사건의 근원과 관계있는 듯하다. 지금은 더 이상 알 길이 없다. 주아실에서 조금 나오면 영광 법성포. 예날 법성시장의 유명한 굴비장수 '김맷돌 댁'의 뒷채에 숨은 남

편 <吳某가리(이름이 그렇다.)>, 본명 오성택(吳成澤)씨가 현지에서 유일하게 주아실 金永培 은거지를 출입한 비밀 동학당에 당취 내림이다. 그는 또한 독서가로서 제자백가를 통독한 선비지만 서출(庶出)이다. 마누라(김맷돌 댁)에게 기식(寄食)하면서 평생을 은밀히 水王會를 조직한다. 金以民씨의 친지요 늘 전주 모악산 수왕사의 乃紅 스님과 통유했다. 사실 '강토봉재'에서의 金永培氏의 피살을 발견, 金玉三씨에게 알리고 범인의 느낌을 대강 고지한 것도 그이다.

오성택씨(吳成澤氏)의 후손이 지금도 법성포에 살고 있다고 한다. 아마도 찾으면 찾을 수도 있을 것 같다. 오성택씨의 부친과 조부역시 김제군출신으로 金永培, 金仁培, 金以民과 상시소통, 사실 金永培氏가 주아실로 숨어든 것도 그 이전에 이미 법성에 내려와 동학과 당취를 섞으려고 애쓰던 오성택씨의 연고로 인한 것이다. 오성택씨는 金永培氏 사후 金玉三氏를 광주로 인도했고, 金玉三氏는 光州에서 이후 천주교에 입도, 日本의 '후쿠오카(福岡)'로 가서 '비싱기술'을 배워온다. 광주와 법성사이를 오가면서 살았는데 그 무렵 태어난 것이 김맹덕(金孟德, 나의 伯父), 金孟模(나의 父親)氏다. 주아실네와의 관계도 지속되었던 것 같다. 한편 金玉三氏는 그 이전에 동학당 두령(고부 군산의 이씨)의 외동딸 (후일의) 김군산과 혼인하여 뒷날 목포로 이주한다. 나의 祖母(곰보할매)다. 바로 이 오성택씨가 뒷날 불갑산(佛甲山)에 산간 거점을 만들어 거기서 水王會 계열 좌익군사 부분을 조직·훈련시켰으며 이것이 나중에 군산 부두 노동운동의 기수였던 水王會(1920년 9월9일 지리산 천왕봉 5인 공생, 한국최초의 공생주의 조직-우범(진주목사 신상식)·김단야·박헌영·기세춘·천이병 5人의 천이병과 함께 7인→17인→63인→270인으로 확장되어 후일 한때는

780인 선으로까지 늘어가는 불갑콤뮨(불갑산의 당시 유일한 항일게릴라조직 남학밭 당취굴이란 별명도 있었다)을 조직하게 된다.

 오성택은 당시 오모가리(전주 강가의 유명한 음식이름 오모가리탕-대중성의 상징)가 그의 조직 명칭이요 암호다. 그러나 남로당(박헌영)의 시작과는 다르다. (나중에는 합당한다.) 오성택은 해방직후 목포 시당(남로당)조직에도 간여하며 노일섭(이후 통혁당, 임자도 사건 관련자 任某들도 연관됨)과 접선하게 된다. (김맹모 포함) 이 그룹의 별칭이 '뒷개네'다. 뒷개(목포변두리 해안)의 부두 술집에 자주 모였던 탓이다. 뒷개네가 사실상 목포, 무안, 해남, 안좌, 강진, 진도, 완도를 총괄하는 이른바 <오목당(오모가리파)>이다. 목포는 일제 말, 해방 초 남한전역에서 매우 중요한 도시다. 군산과 함께 남한에서 생산된 쌀과 목화 기타 여러 가지 농산물과 생필품, 원자재들이 싼값으로 집하되어 일본의 중소 장삿꾼들에 의해 일본으로 수출되는 곳이었기 때문이고 한편 전남 해안과 이른바 남학밭, 동학혁명, 당취 소굴과 이후 '남의 모스크바'나 화엄개벽(강증산, 원불교)의 활동지로, 그리고 문화, 예술의 화려한 근거지로 꽃피던 곳이기 때문이다.

 이후 남로당과 몽양 여운형계 등의 진보세력이 크게 활동한 곳이기도 해서다. 이 목포에서 水王會는 세 갈래의 활동패턴을 가지고 진행된다.

108)

 물론 목포의 수많은 상인들과 지식인 일반의 활동성향은 다 아는 바이고 그 중 조금 비판적, 진보적인 성향들을 말한다. 첫째는 오성택 등의 '뒷개 오모가리패'의 지하조직이고, 둘째는 목포중심가였던 오거리의 한 시계방 주인 周氏(그 뒤로도 그의 본명은 알려지지 않았고 6·25 뒤 실종됐다)와 목포시장안의 큰 포목장수였던 맹덕어멈(나이가 많은 제주 출신의 큰 어멈으로써 마당발)이 주를 이룬 장사치 중심의(그 중 불총대의 좌판장수나 私商들의 소조직들이 많았다.) '물떼'라는 이름의 부두장사꾼들, 하역인부들, 지게꾼들, 술집가게주인들이 많다.

셋째는 대성동 일대의 '옛고개'라는 사진관 주인 呂小仙(여소선, 여자이름을 쓰는 기이한 남자-일본에서 사진술과 함께 그림도 배워왔다고 한다.)이란 사람을 둘러싼 소학교 선생들, 중학교 선생들, 군소 예술가들, 멋쟁이들 중심의 水王이 있었다. 그들은 물놀이, 뱃놀이, 인근 다도해 기행으로 유명하다.

이 세 그룹은 공식적 접촉은 없었으나 개별적, 사안별, 행사위주의 접촉은 잦았고 개인적 친분이 두터운 사람들도 있었다고 한다. 이들 중 '오모가리'와 '어소선' 쪽이 남로딩으로 집결되었고 周氏와 맹덕어멈 쪽 상인들은 도리어 우파나 중도파로 흐른 것 같다. 이들 사이의 논쟁은 많았으나 혹심한 파쟁이나 피해 사실은 없다. 엄밀히 말해서 水王會의 기본흐름이 사실상 중간에 개입돼 있었다고 보는 것이 옳다. 그리고 맹덕어멈 주변에 수많은 여성들의 중간개입이 많았다. 어멈의 활동력, 영향력이 절대적이었다. 별명이 뺑덕이지만 사실은 제주여자(正祖 때의 해녀출신 갑부) 김만덕으로 더 잘 알려져 있다.

맹덕어멈은 6·25 뒤에도 여전히 목포시장에서 포목장수를 오래 했던 것으로 알려져 있고 다섯 개 이상의 큰 계를 이끈 '오야붕'이었다. 그 계의 성격을 연구하는 것이 水王史의 다음과제가 된다. 계의 이름은 두 개는 희미하나 세 개는 뚜렷하다.

① 유선(儒仙)모임
② 뒷똥새 마름
③ 이음코

이름이 모두 괴이해서 사연이 있을 듯하다. 아이들 가난과 직결된다 하고, 알 수 있는 데까지 찾아내야겠으나 나머지는 후일 목포의 시장 주변 노인들로부터 수소문 할 수밖에 없을 것이다. (나의 목포시 항구 문화특강 '다섯척의 배'를 참고 할 것)

日帝 초기 영광군(마을은 알 수 없으나)에 조운(曺雲)이라는 멋장이 시조, 민요 시인이 살았다. 그는 한때 유명한 소설가 박화성(朴花城)과도 동거한 것으로 소문이 나 있었다. 이 조운이 곧 '오모가리' 오성택의 水王會 직계후배로 인정된다. 훗날 남로당 성립 뒤에도 그곳에도 직·간접적 관계가 있으나 분명한 것은 그가 결코 공산주의자는 아니었다는 점이다.

그럼에도 해방 뒤에는 월북해서 살았으니 기이하고 기이하다. 일제 말에는 <佛甲콤뮨>과 해방 뒤엔 목포의 우파 문인들 사이에서도 활동이 많았으며 광주 등 인근 전라도 일대에 문명(文名)이 자자하다.

조운은 시나 시조와 행적을 위해 이후 빈칸을 네 개나 다섯 개쯤 남겨야할 사람이다. 그만큼 미스테리가 많고 인근 전라도의 진취적 지식인층에 널리 알려진 인물이어서 그 조직적 적층이나 사상, 활동 폭에 관해 끄트머리 되는 사연, 인간관계들이 새롭게 드러날 가능성이 많다. 특히 영광의 전통 유학이나 불갑산의 불교와의 독특한 인연은 중요하고 水王會 관련한 그의 사상, 견해를 밝히는 것이 이제부터의 큰 과제일 것이다.

109)
그의 약력에 다음 사항이 있다.

- 1919년 영광 독립만세 시위에 참가하여 만주로 피신하였가 체포되어 옥고를 치렀다.1922년 시조 동호인회인 추인회(秋蚓會) 결성. 일제강점기 사회계몽운동 전개.
- 1926년 프롤레타리아 문학운동에 대항하여 가람 이병기 등과 함께 국민문학운동에 참여.
- 1937년 영광 삐라사건으로 투옥되어 1939년에 출옥.
- 1948년에 가족과 함께 월북.
- 1988년 월북문인 해금조치이후 문학사적 위치가 조명됨.
- 1990년 조운문학전집, 2000년 7월 조운 시조집, 2000년 9월 시비 제막식(영광).
- 자신이 庶出임을 부끄러워 안했으면서도 20전 까지 한문을 수학했으며, 일본 시, 서구 시 탐독, 목포 상업고등학교 출신, 시조를 전문으로 한다.
- 19세에 1918년 결혼한 김공주(딸 둘 낳은 뒤 합의이혼), 1929년 당시 영광보통학교교사 노성풍과 결혼(아들 셋 낳음), 이 김공주, 노성풍은 어떤 여자였고 그 활동, 사상, 아이들과의 관계는 어떠했는가는 이제부터의 가장 중요한 연구대상이다.

우선 이상의 6개항에서 볼 때, 조운은 그야 말고 모순에 가득 찬 '흰 그늘'의 시인이다. 당대의 시대적 분위기와 전라도의 지역적 조건, 좌우 갈등과 신분적 문제 등을 생각할 때 매우 독특한 시인이다. 조운의 삶과 水王會의 관계를 찾으려 하는 것은 이런 점에서도 매우 중요한 여러 의미를 함축하고 있다.

또 그의 시조를 통해서 당시의 전통적 水王사상 배경의 민족적, 민중적, 진취적 기풍이 어떻게 나타나는가를 살피는 것 또한 매우 의미가 있겠고 그의 고향인 영광의 역사적 조건 또한 그러하다. 또 그의 두 부인, 다섯 어린이 연구는 매우 중요하다.

이제 이 문제들에 하나하나 접근해 보기로 한다.

110)

서해 최학송(曙海 崔鶴松)은 조운의 매제다.

그 사연은 지금 알 길이 없으나 기이한 것이다. 왜냐하면 최서해는 좌파 프롤레타리아 문인이나 코민테른과는 인연이 전무함에도 당시 가장 강력한 경향문학가요 프롤레타리아 출신의 비 좌파 문인이기 때문이다. 그리고 남쪽 출신이 아닌 그야말로 북쪽 함경도와 간도 출신이다. 이것은 결코 간단한 일이 아니다. 영광의 조운과 간도의 서해가 좌익이 아님 에도 철저한 민족, 민중운동의 선진적 문인, 지식인, 활동가요 선구자임은 보통 일이 아니다.

더욱이 서해는 기생잡지인 <장한(長恨)>의 편집인이었고 이와 연관해서 조운의 두 부인의 활동이 심상치 않으며 아이들 또한 예사롭지 않다. 더욱이 조운의 어머니와 세 사람의 누님 또한 그렇다. 또한 셋째누님 <영정>과 그 매부<위계후>가 이런 점에서 범상치 않으며 가족 전체의 어떤 일관된 정신이 보이고, 영광민족운동의 본거지가 <명륜각>이라는 향교라는 사실은 동양학에 배경한 독특하고 치열한 민족, 민중운동을 금세 떠올리게 한다.

특히 1936년 불갑산 등반 가족사진의 내력은 참으로 궁금한 것이다. 36년 이후 <불갑콤뮨>이 나타나기 때문이고 거기엔 조운과 오성택 등이 모두 관련이 있기 때문이다. 어찌된 것인가? 그 산행사진에 부인과 또 한 여인이 있다. 단순한 관광사진 같지는 않다. 불갑산 연실봉(蓮實峰)이면 가장 고지에 있는 주봉으로써 그 직후부터 항일 무장게릴라의 주 활동무대이기 때문이다. 그들은 현지답사 차 산행한 것 아닌가!

대체로 이 같은 각도에서 자료를 찾거나 예측해보고 2011년에도 추적할 것이며 오성택, 曙海, 중국이나 목포 그리고 항일 진보적 유학이나 불교관련 특히 여성들과 아이들 취향을 집중적으로 파 들어가야 할 것이다. 水王會 이름이 나오지 않더라도(안 나오는 것이 자연이다.) 사정은 똑같을 것이다. 왜냐하면 전라도의 계의 일반적 전제는 <묵(黙)>이니 구성, 일시, 목적 등이 일체 함구령이다. 계의 비밀성은 오랜 민중사적 진통을 갖는 것이고 그것이 살 지켜졌다는 영광 인근이야말로 水王史의 온상일 가능성이 도리어 큰 것이다. 이것은 중요하다. 외래상인 조직운동 운운은 신출내기 서푼짜리 사회과학자들이나 떠드는 소리에 불과한 것이다.

아날 학파(페르낭 브로델) 이후 유럽경제학은 산업혁명 같은 경제적 비약에서 그 밑에 몇 십 년이고 지속된 콩종튀르(conjoncture) 즉 시간이라는 이름의 <축적순환>을 조건으로 지적한다. 그때 비약의 성질, 내용, 방향, 관행과 구조가 결정된다고 본다. 불교의 적집법(積集法)이나 상속법(相續法), 차제법(次第法)의 연쇄구조도 똑같다. 그렇다면 역사의 일정한 배력(背力)과 연결되어서 영광의 축적(모심, 콩종튀르, 향아설위, 무승당해탈, 공양, 발원과정과 계 등의 축적순환, 환류경험)은 어디서부터 찾을 것인가?

　전라도와 영광의 깊은 <한(恨)>이 조운을 비롯한 오성택 등 여러 사람, 특히 항일민중운동기지인 <명륜당>의 모티프라면 그 恨(축적)은 어디서부터인가?

　물론 마한과 백제, 특히 백제망국부터 일 것이다. 이 백제이후의 한(恨)에 관한 의식부터 더듬어 보자. 그리고 그것과 향아설위와 수왕사는?

　조운의 시조에는 어떤 표현이 있는 것인가? 지금의 이 공부는 아직 사실 확인, 증거확보이전의 더듬어 찾기요 준비단계일 뿐이다. 따라서 예상이나 짐작 등은 2011년 이후 확인여행 과정 등에서 사실비교가 있을 것이다.(이 여행은 이루어지지 못했다.)

111)

　먼저 한(恨), 적집법(積集法)이나 상속법(相續法), 차제법(次第法) 등 불법(佛法), 계(契) 또는 품앗이, 명륜당의 저항적 유학사상, 마한 이래의 백제문화(별장 → 새벽 신시장)등이 어떻게 水王史에 연결되는 것인가?

　　　　　　　　　　　　　　　　　- 서남(西南) 벽제, 일반적 배경

　백제이후 궁복(弓福) 장보고활동의 水王史-중국 산동성 적산 기지의 법화원(法華院)과-의 법화경과 '弓'과의 관계→ 弓弓-궁예(弓裔)와 궁전(弓全, 고주몽)과의 관계 그리고 정감록의 兩弓(利在弓弓)과의 관계, 임진란 당시 이여송이 묘향산 진몰지(珍沒池)에 파묻은 중조선 273명의 궁궁파노인(弓弓派老人)들의 문제 또는 격암유록 속의

水王史, 풍수와 개벽론의 水王史관련. 그리고 동학의 弓弓의 水王史 인도 古수행법에서의 <弓>의 의미와 水王史.

조운을 통해서 西南方(마한, 백제유지)의 水王史의 정신, 역사적 뿌리를 잡을 수 있을 것인가? 가장 중요한 것은 '弓'과 여성, 어리이, 민초 중생의 연관, 혼돈사상, 려(呂) 또는 팔려(八呂)와의 관계.

더욱이 조운은 한자를 공부한 밑바닥, 개똥쇠다. 율려(律呂)와 여율(呂律)의 관계는 어찌 나타나고 있는가? 그의 시조에서, 그리고 궁(弓)은 또 어떻게 나타나는가?

조운의 시조로부터 시작한다.

112)
시조에서,
恨, 弓, 呂(呂律), 呂律과 律呂.
(한학을 제대로 공부한 망한 백제와 밑바닥 전라도의 쌍놈이 조운임을 유의하라!)

여성성, 이른바 현빈성(玄牝性), 달, 물(장보고 관련) 법화경과의 관계 등을 찾아 水王史의 문화, 예술, 미학적 상상력의 배경을 먼저 찾고 이후에 그에 관련된 사상, 활동의 족적과 인간관계, 직접적인 여성관계를 찾을 것. 즉, 2011년경 영광 쪽에 집중할 것.

주의할 것은 이것이다. 해방 전 박헌영의 남로당조차 꿈도 못 꾸던(그때 박헌영과 남로당은 숨어서 지리산에 무기공장 세울 꿈이나 꾸고 있었다.) 영광 불갑산(佛甲山)의 항일 게릴라본부(해방 1년 전), 이른바 〈佛甲〉을 조직한 것은 그곳 출신 공산주의자(그 역시 水王會다.) 오성택이 아니라 의외에도 바로 조운(이것은 목포 시당 당성 심사위원장)이었고 광주사범 출신으로 불갑콤뮨에서 게릴라활동을 한 노일섭 씨의 확인이었다. 이점은 매우 많은 문제점을 안고 있다. 아닌가?
 재미나는 그의 시조가 여기 있다.

"사람이 몇 年이나 닦아야
 물이 되며 몇 劫이나 轉化해야
 금강의 물이 되나!
 금강의 물이 되나!

 샘도 강(江)도 바다도 말고 옥류(玉流) 수렴(水簾)
 진주담(眞珠潭)과 만폭동(萬瀑洞) 다 고만 두고
 구름 비 눈과 서리 비로봉 새벽 안개 풀끝에 이슬 되어
 구슬구슬 맺혔다가 연주팔담(連珠八潭) 함께 흘러
 구룡연(九龍淵) 천척절애(千尺絶崖)에 한번 굴러 보느냐."

— 구룡폭포전문

또 있다.

"매화(梅花) 늙은 등걸

성글고 거친 가지
꽃도 드문 드문
여기 하나
저기 둘씩

허울 다 털어버리고 남을 것만 남은 듯."

― 古梅전문

'물'과 '꽃'이다. 둘 다 水王의 전형적 이미지다. 꽃에 대한 상상력이 고매(古梅)형인 것은 흔하다. 그러나 물과 같은 것. 특히 첫 행과 같이 전화윤생(轉化輪生)과 끝없는 수행(修行)의 결과가 <물>이라는 종교적(불교적) 이미지네이션은 특이하고 고귀하다. 또 그만큼 水王史적 그늘이 짙다. 이 시조를 깊이 추적해야한다.(물론 미학 중심으로 하되 생애와 시상시를 곁들어야 할 것이니.)

이 물은 금강산기행이지만, 금강산이므로 더욱 문제가 있다. 시는 상상의 산물이고 상상자체이며 상상을 자극하는 일이다. 언뜻 물은 水王의 동학, 장보고, 弓, 恨, 여성사, 회음, 북극과 금강산의 恨많은 당취사를 연상시킨다. 이것은 보통일이 아닌 것이다. 마치 금강산, 쌍계사 당취비구로 유명한 범패 '어산(魚山)' 명인 <수장(水長)> 스님이 떠오른다. <비운파(非雲婆)>도 떠오른다. 水長의 名詩 <흰그늘>도 떠오른다. 보통일이 아니다. 율격 또한 정형이 아니다. 마치 <사설시조>나 <허튼시조>요, <산조율(散調律)>이다.

조운의 水王史는 바로 이 시조부터 시작한다. 접근방법의 대파격이 있어야 할 것이다. 김범부(金凡父)의 이른바 <4징론(四徵論)>을 잊지 말라! 조운의 시조 분석 중심의 水王史 접근은 매우길어질 것이니 뒤의 여백으로 밀어놓는다.

정양(鄭洋)의 산문집 '백수광부의 꿈'(작가, 2009년대)에 이런 이야기가 있다. 우리시대의 길라잡이라는 리영희 교수는 한 인터뷰에서 미국을 거머리에 비유한다.

우리 민족의 멱에 깊숙이 빨대를 꼽고 피가 다 마를 때까지 절대로 떨어지지 않을 거라는 것이다. 앞으로 이십년쯤 후 미국에 대적할 지구상의 유일한 나라가 중국일 텐데, 그 중미전쟁이 한반도를 제물 삼아 치러질 것이라는 예단도 곁들여 있다. 우리를 장악하고 있는 흑백논리가 애들 장난 아니듯, 리 교수의 예측도 결코 장난 같지는 않다. 그러나 그 견해가 제발 어긋나기를 바란다. 가짜 김일성 교육이 사라지듯, 이 나라에서 흑백논리도 주둔군도 함께 사라질 날을 기다린다.

이 글을 읽고 섬뜩한 사람은 아직 조운과 水王史를 모르는 사람이다. 그러니 리영희 따위가 어찌 알랴! 조운의 시조가 바로 정양의 이 책에 실려 있는데도 말이다. 그런데 조운과 水王史는 전라도 김제사람인 작가 자신도 모르고 있으니 우리역사가 얼마나 짓밟힌 것인가! 이 책의 도입부에 '백수광부(白首狂夫)의 꿈'이 있다. 민족의 옛 민요 공무도하가(公無渡河歌)이야기다.

미친 남편더러 강을 건너지 말라는, 건너다 빠져죽는 것을 슬퍼한 한 여인의 노래다. 민족의 문화와 역사를 여기에 비유한 것이다. 바로 이 공무도하가와 신라 수로부인 헌화가에서 민족문화사의 중요한 메타포를 찾으려 한다. 나는 분명 이 두 가지를 우리가 찾는 水王史의 큰 샘물로 본다. 그리고 조운사상과 시 예술의 첫 샘물자리, 모심의 흰그늘이라는 오대산 서대 우통수로 본다. 서대 우통수는 오대산 화엄성지의 물이 신지중해인 서해로 흘러드는 첫 자리다.

정양이 리영희의 그 '열문벽(列文壁)'-눈에 보이는 것 밖에는 못 읽는 얕은 선비를 두고 비꼰 맹자의 비유-를 지겨워한 까닭이 바로 이 두 개의 메타포 안의 아직 그 자신은 새겨내지 못한 깊은 화엄개벽적인 샘물, 그 水王史와 그것을 실천한 조운의 공무도하가에 있음을 무언가 막연히는 느낀 것 같다.

그러나 이 책은 내게 거의 우연히 흘러든 것이다. 조운 시조집과 함께 보낸 이는 알고 있었을까? 알고 있었다면 굉장한 일이다. 어떻든 리영희의 미국 거머리론과 중국 구세주론이 엉터리론인것을 깨닫기 시작한 것이니까 말이다.

조운이 속한, 그럼에도 그 스스로 백수광부가 되었던, 또한 그럼에도 수로부인에게 꽃을 바쳤던 신라 늙은이처럼 조운이 水王의 길을들어 올렸던 사건이 이제 역사에 숨은 우통수의 화엄샘물이 신지중해로 흘러들어가 진정한 화엄역의 화엄개벽을 모시는 역사였음을.

그리하여 이제 후천개벽의 시대에 참다운 세계와 인류와 중생구원, 우주 새 길을 여는 <성배의민족-루돌프 슈타이너, 다까하시 이와오, 鶴見俊輔, 그리고 주역 계사전 십익(十翼) 속의 공자와 정역의 김일부(金一夫)와 함께 물론 水雲, 海月 두 분의 예언)>임을 조금은 눈치 채고 있기 때문이다.

113)

남학(南學)밭 이야기.

진안 장수 무주 임실. 두 사람이 떠오른다. 갑오년 (1894년) 남학 수령인 김광화(金光華)가 처형된 뒤 진안의 수만 명의 남학당의 거취에 관련된 중요한 두 사람이다. 한사람은 연담(蓮潭) 이운규(李雲圭, 金一夫에게 正易을 가르쳐준 사람)의 아들 이용신(李龍信)이고 다른 사람은 김항배(金恒培)다. 그 밖에 김용배(金庸培)와 권순채(權珣采)가 있으나 이른바 남학밭으로 알려진 비밀 개벽조직(龍華개벽, 또는 미륵개벽, 五方佛敎로 통용된 화엄개벽의 훗날 水王會로 이행된 비밀조직의 실질적 주도자는 이용신과 김항배다. 이른바 저 유명한 남학밭이라는 남도 일대의 오랜 민중비밀조직은 갑오년(1894년) 진안에서 5만 봉기를 기획하다 피체된 김광화 등이 처형된 뒤 바로 이 두 사람에 의해 진행되었고 김용배와 권순채에 의해서는 종교집단의 형태로 드러난 것으로 보인다. 이른바 금강불교(金剛佛敎)다.

1894년(갑오년) 진안 대불리(大佛里) 벌판에 5만 여명의 남학당이 집결하여 동학혁명처럼 봉기하려다 직전에 천연(연기) 하여 관군의 토벌에 직면하게된 것은 전적으로 김용배와 권순채 등 수양파(修養派)의 지지부진한 논의과정 때문이다. 거기에 연담(蓮潭)의 장자인 이용래의 길게 빼는 담론 때문이다. 격정적인 김광화가 역정을 내었으나 이를 철저히 지지한 이용신(蓮潭의 次子)과 김용배 등등이 있어 그 뒤로 김광화 체포, 처형 뒤, 오히려 저항적 비밀조직으로 발전, 이른바 비밀 남학조직인 남학밭을 펼치는 계기가 된다.

그러나 이른바 유생 출신의 점잖派(파)들이 금강불교와 같은 합법화 종교수양으로 나아간다. 뒷날 유명한 일화가 있다.

'운장산(雲藏山)에 두 개의 봉우리가 솟았으니 죽창을 든 미륵화상과 빗자루를 든 공자귀신이다. 사람들이 미륵 쪽에만 올라가니 공자쪽 봉우리가 나중엔 평지가 돼 버렸다. 제가 들고 있던 빗자루로 저희들 자신을 쓸어버려서다.'

진안, 장수, 임실, 무주에서 서해안 쪽과 남쪽으로 남학밭이 확산하는데엔 <영가무도(詠歌舞蹈)>라는 '품바춤', '씨구춤'이 앞선 역할을 하는데 바로 이 '공중부양춤'(이른바 '산알춤')은 병든 사람, 심약한 사람을 고친다고 소문이 났고, 그 춤을 추는 사람들은 서로 계(契)를 묻었으니 그 계가 곧 남학밭의 중요한 밭이 된다. 이 계를 일러 <별꽃(光華)>이라고 불렀다. 뒷날 佛甲콤뮨을 <별꽃>이라고 부른 근원이다.

佛甲콤뮨에서는 늘 영가무도를 춤추곤 하였으니, 남도일대에 품바춤, 씨구춤이 유행한 한 배경이기도 하고, 이 근처의 민간 조선의술(朝鮮医術)이 왕성해지는 배경이기도 하나.(蓮潭의 테마인 <영동천심월(影動天心月)>이 그 의술의 아랫도리쪽 산알論의 기초이다.) 중요한 것은 이용신과 김항배를 추적할 일이다.

114)

김광화가 죽은 뒤로 교권 전수에 분쟁이 생겼다.

김용배가 등장, 금강불교를 내걸고 내내 합법으로 나아갔으나, 그 뒤 일제말기에 대탄압으로 시들었다. 그러나 초기 교권에서 탈락한 김항배와 이용신등은 광화불교(光華佛敎)라 내걸고 도리어 지하조직(地下組織)으로 나아가 여러 가지 형태의 저항을 시도한다. 바로 이것이 남학밭의 중심을 형성하게 된다. 광복 이후에는 광화교(光華

教), 광화연합회(光華聯合會), 금강불교(金剛佛敎), 칠성불교(七星佛敎) 등이 연명했으나 이에 관련을 가지면서도 남학밭 비밀조직은 도리어 지하에 여성운동이나 좌익 동조활동, 그리고 청소년 교양조직 등으로, 또는 노인과 장애자, 소외자를 중심으로 한 인권운동으로 각 개약진한다.

이용신과 김항배의 경우, 중요한 점은 그들이 끝끝내 김광화 안에서 연담(蓮潭)의 개벽사상과 김일부, 김항(金恒)의 <기위친정(己位親政)> 등을 <그늘(影)> 즉 <영동천심월(影動天心月>의 신념추구를 이어받아 유생 등 선비중심의 합법종단 스타일과는 다른 아녀자, 소년, 노인, 장애자, 밑바닥 <그늘(影)>들의 <빛(天心月)>으로 <들어올리는(動)> 이른바 <光華>운동을 지속하려 했던 점이다. 이 점을 눈을 크게 뜨고 명심, 명심, 또 명심해야 한다.

그래서 광화불교, 광화를 통한 미륵불교 즉 <화엄개벽>을 의도했다는 점이다. 그래서 이들은 훗날 奇世椿, 印正言 등을 통해 水王會에 연결되며, 또한 군산의 천이병이나 영광의 오성택 등에 연계되어 사회주의 지하조직(분명히 구별해야 될 것은 코민테른 지시를 받거나 동경 유학생 흐름의 지식인 공산주의와는 전혀 다른, 그럼에도 농민 소작쟁의나 부두노동자 파업, 소상인 분규 등 행동에서는 협조하는 <떨어졌다 붙었다>를 거듭한다는 점이다.)을 만들었다는 점이다.

그러나 이 조직의 가장 중요한 사상적 배경은 서양적 유물변증법(이것은 지식인 전유물)이 아니라 화엄불교, 미륵불교, 칠성님, 또는 남학·정역·동학 등의 개벽사상이었다는 점이다. <밑바닥이 한울님>이라는 신념이 그들을 파업이나 쟁의로 이끌었다고 봐야한다는 것이다. 또 佛甲콤뮨 따위 항일유격전 근거지 창설도 역시 민족적 자활의 길이 먼저지 세계 공산화 따위가 아닌 것이다. 이 점을 또 명심해야 한다.

바로 이런 변별점이 주어지고 나서 해방이전부터 6·25를 지나 새마을운동까지 자조, 자립운동으로 75년 간 지속된 남학밭의 지하성(地下性)이 해명되어야 할 것이다. 이점이 간과된다면 새 시대 화엄개벽은 그 모심의 성격을 완전 상실하게 된다.

즉, <정성(모심)>과 <母性>, <살림>의 성격 <음개벽(陰開闢)>의 여성성인 <수왕정신(水王精神)>을 잃게 된다는 것이다. 이점이 가장 중요한 척도가 되어야 한다. 최근 박근혜 정부에서 다시 머리를 드는 새마을운동의 <나눔>, <봉사>, <협동>과 어떻게 다른가? 당대적 시대정신으로서의 민족, 민중성 보다 水王이라는 다가오고 있는 후천화엄시대의 참다운 <모심의 개벽> 즉 <흰그늘>의 성격이 가장 중요한데 이점에서 '남학밭'의 줄기찬 지구력의 근원적 에너지가 밝혀져야 한다는 것이다. 묘연(妙衍), 달, 그늘의 <어싱싱>이 그것이다. 예컨대 이용신의 부인인 박용래(朴容來)와 김항배의 부인인 이영적(李英寂)의 숨은 그러나 맹렬한 활동력, 조직력, 실천력과 그 모성적 배려의 힘을 연구하고 들어올려야 해명되고 앞으로의 의미와방향성이 세워질 수 있다는 것이다. 모심의 콩종튀르(conjoncture)적인 <축적순환의 장기지속>이라는 水王정신을 잊지 말라!

남학밭과 이용신, 김원배 주도성의 의미는 그 부인들의 지하조직활동(契 포함)에 초점을 두고 이제부터 찾아가야 한다. (2011년 이후의 본격 개벽적 추진의 방향성). 이용신, 박용래와 김항배, 이영적 부부의 가족사를 들어 올릴 수 있을 것인가? 그렇게 어렵지 않다. 그 이유는 그들이 드러내놓고 저항을 하지 않았다는 점이다. 광화불교(光

華佛敎)라는 합법적 소규모의 시골종단을 앞에 세운 뒤에 중요하게는 밑에 숨어서 이른바 남학밭 지하조직을 운영해 왔다는 점 때문에 그 가족사와 지역계보를 찾기는 어렵지 않다. 요컨대 가장 중요하게는 계, 소쿠리(포괄적 봉사), 품앗이(시간제 노동으로 협동하는 노동방식)이다.

115)

이용신이 일찍 죽었으나. 박용래와 그 자식들 세 사람, 長子 이용태(李容泰) 이하의 가족사는 지금도 진안 일대에서 찾을 수 있고 재구성할 수 있다. 김항배, 이영적의 경우도 그 자손인 김기준(金起準), 김오성(金吾星) 등을 추적하면 쉽게 재구성될 것이다. 그들은 호적과 종단사(光華佛敎계열) 등과 향토사에 명확히 취급되고 있다. 문제는 그런 합법성 배후에 어떤 지하활동이 있는가를 찾는 각도다. 그것을 찾기 위해 첫째, 가족사 중에 직계 이외(직계는 자손의 안전한 보존을 위해 지하활동에서 배제, 보호한 전통이 있다)의 방계나 조금 먼 친인척, 친구, 친지 등을 찾아야 한다. 그 관계의 추출에 각도를 집중해야 한다. 또 거리가 떨어져 있는 마을들과의 관계 또한 중요하다. 그리고 특히 박용래, 이영적의 여성연관, 친인척과 계(契)꾼들, 친구들 속의 여성인맥을 들춰내는 일은 아마도 사활적이다. 특히 〈契〉의 추적은 중요하다. 계를 통해서 여성지하운동 〈水王〉이 발전했을 것이기 때문이다. 따라서 〈남학밭의 水王史〉는 곧 남학의 의 계(契)역사일 수 있다. 또 이 계는 곧 오일장(五日場)의 역사요 품앗이의 역사이며 그 조직이겠다. 이것은 진안이나 장수, 임실 등만이 아니라 전라남도 경상 등 남도 전체와 중조선 혹은 황해도나 강원·함경까지도 소급할 수 있다.

따라서 남학밭 등의 水王史는 당취사(역시 계에 토대를 둠)와 동학 등의 여성정치조직의 역사이자 동시에 계를 통한 오일장, 품앗이, 두레 등 경제생산조직과 직결된다. 이것이 곧 정치, 경제, 문화와 사상사, 여성과 어린이(유소년 운동과 유희 및 서당 등이 연결됨)의 전체운동이 하나로 연결되어 도리어 실질적 총체성을 획득할 수 있을 것이고 하나를 찾으면 하나를 통해서 곧 여러 연관을 얻을 수 있는 이점이 있다.

水王史는 그래서 바로 물의 상관성 같은 것이 된다. 모두가 하나로 통합된다는 점이다. (바로 이점이 나중에 공산주의 조직의 뿌리가 되기도 한다. 그래서 이 지역을 '남의 모스크바'니 '남조선 본부'니 하는 기이한 명칭들이 나타나고 장기적인 평야게릴라까지 가능케 한 근거가 된 것이다. 나아가 일본이나 중국, 해방 전후해서 미국에서까지도 한국 이민동포들의 지하망, 여성망의 뿌리로 확산한다.)

1894년 진안 내불리(大佛里)에서 봉기한 심광화가 제보되어 나주에서에서 처형된 뒤 이용신, 김항배와 그 부인들인 박용래, 이영적에 의해 계(契) 등을 토대로 지하조직 <남학밭>이 시작되었다고 했다. 그 뒤 海月은 이천 앵산에서 彬杉和尙(빈삼화상)과 함께 水王會를 시작하여 중조선 일대에서 움직일 때 남조선 일대에서는 어떤 일들이 일어나는가? 물론 동학은 孫天民이 죽고 법통이 孫秉熙에게로 넘어가 孫秉熙가 원산에서 도일(渡日), 기타 조직은 전국적으로 지하화하여 이은(二隱) 상태로 들어간다.

이때에 이에 연계하여 당취, 남학정역계, 백두산계, 증산파 등은 어떤 움직임을 보이는가? 이 움직임을 추적하기 위해, 각기의 歷史와 행장, 증언, 전설, 사초(史草), 사지(寺誌), 향토사와 족보 등이 동원되어야 한다. 이것은 실제에 있어, 기획으로는 오는 2011년 여름부터 시작될 <水王史기행>에서 구체적으로 다룰 예정이다. (그러나 이 기행은 不發이었다.)

하지만 그 이전에 가능한 어떤 길목이나 증거(역사, 역사바깥 등 일체 또는 四徵論 등에 의한 재구성)들을 추려서 좌표설정을 할 필요가 있다. 앞으로라도 어떤 방향과 방법으로 이 일을 추진할 것인지를 더듬어 가보자. 이에 더듬을 방법의 일환으로 다음 기록들을 제보한다.

116)
조운 시조 관련
우선 제목에 물과 관련된 작품들부터
(다음은 꽃, 달, 그늘 등)

1. 노도(怒濤)

돌 틈에 솟은 샘물
山골이 갑갑해라

千里 万里길을 밤낮없이
울어와선

바다도
갑갑해라고
이리 노해 하노니.

아마도 모든 水王史에서 시조양식의 표현 안에서는 이 시조 이상의 거세찬 수왕운(水王運)의 표현은 없을 것이다. '천리 만리를 달려온 줄기찬 산알 水王運', '산도 바다도 갑갑해서 분노해 솟구친다.' 이 이상의 水王運이 있을 터인가? 조운은 水王을 물로만 본 시인이 아니다. 그가 본 水王은 무엇일까?

물, 달, 그늘, 생명, 여성, 엄마, 삶, 현람(玄覽)과 현빈(玄牝), 빈우(牝牛)와 애월(涯月)과 민초(民草) 모두일 것이다. 아니라는 증거가 별로 없다.

그의 메타포, 특히 한시의 정형적 메타포 체계에서의 '물'은 분명한 것이다. 현대시처럼 제멋대로가 아니다. 그렇다면 이 사상, 이 일제 식민지와 동란기의 저 밑바닥, 백제망국과 동학당, 남학당, 당취사의 영광의 이 한 준수한 시조시인의 사상사는 엄청난 것이다. 이 시 한 줄로서도 그러한데 그의 역사는 또 어떠한 것인가?

2. 산사폭우(山寺暴雨)

우리는 水王會가 여성을 중심으로 한 화엄개벽모심의 길이라고 했다. 화엄불교와 동학개벽의 실천적 모심의 산속의 은익이 '산사(山寺)'라고 보고 역사의 가부장폭압(家父長暴壓) 아래 노출된 채 분노한 여성성, 陰의 시대를 '暴雨'라 본다면, 그래서 그 분노한 비가 숨은 화엄개벽인 산사(山寺)를 비판한다면 어찌해야 할까? 바로 이것이 水王史의 현장이 아닐까? (日帝初期의 한반도)

골골이 이는 바람
나무들 뽑아 내던지고

峰마다 퍼붓는 비
바위를 들어 굴리는데
절간의 저녁 종소리
여늬 땐 양 우느냐.

물, 비는 반드시 바람을 동반한다. 바람은 우주의 개벽적 지원이다. 이 바람이 나무를 뽑아내 던진다. 산봉우리를 내리치는 비(물), 바위(남성성)를 들어 던진다. 세계 대세와 자연의 개벽적 전환은 대전환을 보이는데 (현재와 같은 개벽기) 그런데 절간(불교, 화엄불교, 선불교)의 저녁 종소리는 여늬 때, 평상의 승평기(昇平期)인 양 울고만 있다.
 이것은 결코 범상치 않은, 격렬한 水王詩다. 즉 여성(玄覽涯·月民)주도의 화엄개벽모심의 시다.

3. 황진이(黃眞伊)

欄干에 기대이어
구름을 바라다가

어른님 내가 되어
疵遊洞 찾아가니
흰 구름
黃眞伊 되어
미나리를 뜯더라.

水王史 중의 水王史인 황진이의 시다. 두 가지가 문제가 된다. 하나는 詩 자체로서의 비유(比)의 해석이고, 둘은 시를 쓴 당시에 흥의 정체 해명이다. 즉 比와 興, 興과 比의 접근인데 둘 다 지금으로서는 어렵다.

또 하나 문득(아니 섬뜩) 다가오는 것이 있다. 이만큼 黃眞伊 詩의 興(당대적인 曺雲 자신의 水王史적인 실천적 기분, 변혁적·개벽적 울분)도 이치적 접근으로서의 比도 어렵다면, 그럼에도 水王史 중의 水王史인 황진이 시라면 이 시야말로 아마도 최후에 새겨야 할 시일 것이라는 생각이다. 미루어 둔다.

117)
서해(曙海)야
분려(芬麗)야
 분려(芬麗)의 부전(訃電)을 받으니 먼저 간 서해(曙海)가 너 생각한다.

  曙海야

무릎우에 너를 눕히고
피식는걸 굽어볼 때

그때 나는
마지막으로 무엇을 원했던고
부디나

누이와 바꾸어 죽어다오
가다오.

누이가 죽어지고
曙海 네가 살았으면
주검은 설어워도
삶은 섧지 안하려든

이 설움 또 저 설움에
어쩔 줄을 몰랐어.

이를 두고 가는 죽음이야
너뿐이랴.

늙으신 어버이와
젊은 안해
어린 아이

네 살에 나도 아빠를 잃었다.
큰 설움은 아니어.

하고 싶은 이야기를
다해보지 못한 설움
千古에 남고 말을

뼈 맞히는 恨일지니,
한마디
더 했더라면
어떤 얘기였을꼬.

水王史의 '현람애월민(玄覽涯月民)' 정방중(精方中)에서 보면 4연-5연과 7연-8연은 서로 부딪친다. 이것은 또 어찌 해명해야할 것인가? 당대의 어떤 한계인가? (시연이 세 군데나 괄호선 안에 묶인 것은 또 무엇인가?) 아니면 우리가 보다 깊은 해명을 못하고 뜬 한계 안에 지금까지도 잠겨있는 바로 그 까닭인가?

<남녀부부>, <늙은노인, 아내와 아이>, 이 문제는 水王史의 체질적 문제 제기 영역이다. 이는 언제, 어떤 도움으로 해명될 것인가? 앞으로 돌출적인 어떤 해석의 큰 계기가 오기를 기다린다.

118)

분려(芬麗)야

너는 비오던 날
會寧 千里를 떠났겄다.

> 난 널 보낼제
> '웃 누이나 못되더냐?'

'차라리 죽어가는 길이라면'

하고 울었더니라.
간지
겨우 三年
더 못 붙일 뉘(世上)이더냐.

白이놈이 국문이나 붙이어 볼줄알아

내 葉書 읽게 될 때까지나
못 기다릴 네더냐.

(백이는 서해의 큰 아들)

살갑다. 이 살가움이 사실은 水王史의 보물이요 남조선 정서, 여성성, 한국시의 보석이다. 이른바 '아니다, 그렇다 (不然其然)' 정서다. 이 '불연기연'은 水王史의 상식이다. 왜 상식이며(드러남과 숨음, 습과 反, 등등) 어째서 흔히 쓰이는 여성성과 아해성과 민중성의 시적 상식이 되었는가. 한번 뚜렷이 밝히는 기회가 있어야 한다. 살가움이야말로 흰그늘이요 모심이요 弓弓이며 恨의 실체다.

이하는 '가을비', '女書를 받고', '어머니 얼굴'은 대표적이고 전형적인, 그리고 첨예한 '水王詩' (이후 이 계열의 甌詩를 바로 水王詩라고 부르겠다.)

119)
가을 비

어머니 생각
뜰에 芭蕉있어 빗소리도 굵으리다
내가 이리 그리울 제 어버이야 좀하시랴
어머니 어머니 머리 내가 세게 하다니

안해에게

새로 바른 窓을 닫고 수수들을 까는 저녁
요 빗소리를 鐵窓에서 또 듣다니
언제나 등잔불 돋우면서 이런 이약 할까요.

딸에게

올 날을 이르라니 닐짜가 어디 있니
너도 많이 컸으리라 날랑은 생각말고
송편에 돔부랑 두어 할머니께 드려라.

  긴 말이 필요 없다. 어머니, 아내, 딸이라는 여성三代에 걸친 남성가부장의 적절한 감성이 곱게 펼쳐진다. 중요한 것은 여기 여성우대의 제스처도, 시조란 율격이 가진 허례(虛禮)에의 억매임 따위가 일체 없다는 점이다. 왜일까? 조운의 인품과 능력과 사상으로 보아 그런 것을 이미 넘어섰다는 증거다.
  시는 이런 경우 거짓말을 못한다. 행간(行間), 언어의 선택 빛깔, 울림, 흐름과 공(空)의 텍스트 개입, 행갈이의 속도 등에서 여지없이 그

심층의식의 그늘이 드러나는 법이다. 이 시조에 흰 그늘은 온유한 Schatten, 온화한 Religio, 즉 백암(白暗)이 아닌 백암(白闇)이다. 그래서 근원의 소리(모성, 달, 물, 그늘, 八呂)가 문(四律이라는 새로운)을 열고 하아얗게 배어나온다. 그래서 그림자가 아닌, 그리고 눈부심이 아닌 '흰 그늘'인 것이다. 아마도 조운의 水王史요 수왕 미학 사상일 것이다. 아닐까?

더욱이 어머니, 아내, 딸 三代에 걸친 수왕운(水王韻)이 水王運의 현람(玄覽)과 현빈(玄牝)의 융화에 드디어 조용히 도달한다. 바로 이것, 수왕운(水王韻)이 水王運의 두 큰 주인(包五숨六의 그 두 개의 달)인 玄覽(애기)과 玄牝(아내) 사이의 개벽적 이행의 융화(妙衍)가 참으로 조용한 아름다움으로 드러난다. 결코 쉽지 않은 일이다. 더욱이 그 험한 감옥에서 말이다. 쾌재를 부를 수밖에 없다. 두고두고 연구해야할 일이다. 과연 조운의 시는 실천으로도 (그 자신이 아니더라도) 나타난 것일까?

오성택이 아닌 그 스스로 그 어려운 일제 마지막 시기에 1년 동안 공산당(南勞黨)아닌 水王會의 항일게릴라전을 조직한 것. 여러 여인들 사이의 참으로 부드러운 사랑의 주인공이었으며, 해방직후 공산주의자가 아님에도 민족통일을 위해 북한에 올라가 살다가 죽어간 바로 그 화엄개벽의 水王史적 실천 말이다. 그것은 사실이 아닌가? 그것은 자기 딸에 대한 사랑과 다른 것, 모순된 것이었던가?

120)

女書를 받고

너도 밤마다
꿈에
나를 본다하니

오고
가는 길에
만날 법도 하거 마는

둘이 다 바쁜 마음에
서로 몰라보는가

바람아 부지마라
눈보라 치지마라

어여쁜 우리 딸의
어리고 연한 꿈이

날 찾아
이 밤을 타고 二百里를
온다.

  그야말고 현람시(玄覽詩)다. 노자(老子)의 '현람(玄覽)'에는 반드시 붙는 조건구(條件句)가 있다. '척제(滌除)'다. '만가지 띠끌을 다 쓸어 냄'이다. 이 시에 그런 목적의식의 드러남은 없다. 다만 그 기능이 미학적으로 수행된다. 더욱이 이 경우 한글시조의 정형적이면서도 변형적 근대 산조(散調)가 유학적 도리가 아닌 '팔려(八呂)'와 '현람 현빈(玄覽·玄牝)'이라는 개벽적 본청(本淸)을 안에 품고 '허튼 율려' 즉, <呂律(調陽律陰)>을 진행하고 있다. 기막히다. 이런 시, 이런 시조를 예전 고금 동서양에서 구경한 적이 있을까? 조운시조는 이제부터 크게 본격 연구돼야 한다.

121)
어머니 얼굴

주름진 어머니 얼굴
매보다 아픈 생각

밤도
낮도 길고
하고도 하한 날에

그래도 이 생각 아니면
어이 보냈을 거나

나왔다. 水王會의 구체적 감수성의 정체가 모습을 드러낸 것이다. 무엇인가? 항일투쟁으로 인한 시커먼 감옥 안에서 오직 의지하는 빽은 하아얀 어머니 얼굴이다. 더 이상 할 말 있는가? 일반적인 모정에의 그리움과는 크게 다르다. 마지막 연 '그래도(이것이 중요하다! 不

然 부분이기 때문이고 그늘 부분이다.) 이 생각 아니면 어이 보냈을 거나 ('어이'에 주목할 것!)'

 나는 이 한편으로 이제 홀연히 水王會 80년의 지하운동의 실체와 조운의 실천적 투쟁과 미학적 고뇌의 일치를 확실히 알게 된다. 틀림없다. 이제는 확인과 탐구, 그리고 창조적·개벽적 계승, 즉 <출신(出新)>만이 남았다. 시란 이렇게 위대한 것이다. 딴 말이 필요 없다.이제 참으로 새 날이 가깝다!

122)
古阜 斗升山

斗升山 이언마는 녹두집이 그어덴고
뒤염진 늙은이 대답을 하지 않고
고개를 베트소롬하고 묻는 나만 보누나

솔잎 댓잎 푸릇푸릇 봄철만 여기고서
일나서 敗했다고 설거운 노래마라
오늘은 백만농군이 죄다 奉準이로다.

 水王會의 기본 줄기는 동학이요 會의 조직자는 海月 최시형이다. 그리고 海月은 갑오혁명 이 실패한 그 다음해 1895년 음력 4월5일 숨어있던 경기도 이천군 설성면 수산1리(옛날 앵산동)에서 캄캄한 밤에 9인회를 모아 水王사상을 논의한다. 고부 두승산은 전봉준을 앞세운 동학당이 처음 봉기한 곳이고 인근이 녹두의 집이다. 여기서 중요한 하이라이트는 맨 마지막 줄 '오늘은 백만농군이 죄다 봉준이로 다!'에 있다.

水王會는 이미 남도근처에서 농꾼들 속에, 밑바닥들 속에서 지하조직일망정 그 개벽의 대의는 이미 대중화되어버린 점이다. 녹두집을 찾아갔으니 갑오 뒤 한참 뒷 세월일터인데 이런 구절이 공공연히 표현됨은 조운의 사상적 흐름이 남조선 일반의 현람애월민(玄覽涯月民)의 포오함육(包五숨六) 개벽으로 그 水王의 뼈대가 선 것이라 볼 수 있다.

시는 사상과 연관될 때, 어떤 詩語나 詩語의 '셰만틱 미닝'에서 그것이 드러나지 않고 전체적 시상(詩想)에서 드러내는 법이다. 어느 한 곳 지적할 일이 아니라 조운의 사상은 이 시 전체에서 불쑥 일어서고 있어 속일 수가 없고 의심할 수도 없다. 이미 한 세월이 흐른 뒤의 시이니 더욱 그러하다.

123)
다음 네 편의 시조 또는 자유시에서 조운의 수왕회사상, 화엄개벽모심의 길의 가장 뼈대가 되는 네 가지 신조를 그대로 발견한다. 더 이상 조운의 시를 통한 사상탐색은 필요 없을 것 같다. 남은 것은 그의 행적이요 영향일 것이고 앞으로의 水王사상, 화엄개벽모심의 길에서의 씨앗의 영향력, 꽃과 별로서의 힘일 터이다. 네 편의 시는 다음이다. 시문을 복사 안 한다.

조운 시조집 P.172 -173

P.176 - 177

나의 별

별은 산알의 우주적 표현이다. 개벽의 상징이자 목표이기도 하니 아무리 불쌍한 사람이라도 별 하나는 다 가졌다는 것은 한울, 부처의 사리. 즉 산알이다. '자기 별을 찾아 따라 간다'는 결의는 곧 水王會의 자기고백 이외에 아무것도 아니다.

이 몸은 밑바닥 의식, 즉 正易대로는 기위친정(己位親政)이니 大荒落立 자의식이다. 여성, 어린이, 쓸쓸한 대중 즉 <현람애월민(玄覽涯月民)> 의식이니 예수의 <네페쉬 하야 (저주 받은자-산상수훈)>의 이 몸은 '병든 몸, 부질없는 몸' '개미가 이 몸에 곳간을 질 때까지', '빌기나 하리라' 水王會 의식 그대로다. 正易의 <기위친정(己位親政)>이며 海月의 말 '밑바닥이 한울님'이고 부처의 '중생이 부처님'의 확실한 자의식이다.

눈물과 비

물, 달, 그늘, 恨, 슬픔, 고통, 눈물, 비, 이 모든 것이 水王의 이미지요, 기위(己位)와 달과 현빈(玄牝)의 이미지다. 여성과 어린이와 바닥 민초의 이미지요 정감이고 탄식이니 흰그늘의 바로 그 <그늘>이다. 그러나 우주적인 것임에 주목해야 한다.

'비는 하나님의 눈물, 눈물은 마음의 빗방울.'
그야말로 영동천심월(影動天心月)이요, 음개벽(陰開闢)이고 사람이 곧 한울님이다.
왜 그다지도

'별과 꽃'이 튀어 나왔다. 시적이미지, 수행과정의 상징으로서 별은 우주, 꽃은 생명이니 <우주생명학>이다. 별은 산알이고 꽃은 모란꽃이다. 별은 확충(擴充-화엄)이고 꽃은 복승(複勝-개벽)이다.

그런데 별과 꽃을 조운은, 아아! 참으로 신이(神異)하게도 <눈물>로 귀일(複勝-드러난 이원법의 숨은 차원의 계시적 출현) 시킨다. 눈물이 곧 축적이고 모심이니 복승(개벽) 확충(화엄)의 시작이고 귀결이다. 그리고 눈물은 '여성'의 대귀향이니 음개벽과 수왕시대의 체다.

더 이상 曺雲의 水王사상을 따질 필요는 이제 없다. 나머지 시편은 이 몇 편을 중심에 놓고 다양(다양할수록 좋다)하게 평가 하는 것이 좋을 듯하다.

124)

심층확인, 조사 필요한 女人生活관련 자료
16年 심층조사 시급하다.

1. 모친 광산김씨(소실).	1900 生
2. 김공주(金公珠)와 결혼.	1918
3. 長女 왕형(王馨) 낳음.	1919
4. 次女 나나(那那) 낳음.	1922
5. 자유예원(自由藝苑) 발간(주로 여성문예).	1922
6. '婦人'지 (개벽 社 간행) 관련.	1922
추인회(秋蚓會) 창립(여성 관련 깊음).	1922
7. 박화성(朴花城) 관련.	1925
8. 누이 조분례(시에 나옴)와 최서해(崔曙海) 결혼 관계.	1927

9. 이병기 초청

　영광의 문학도와 부녀들 대상 7월 31일 까지 5일간 강습회.

　　　　　　　　　　　　　　　　　　　　　　　　1927

10. 이병기와 부안 변산 돌며 매창(梅窓)의 묘 방문.

　(가람의 日記 抄 참고)　　　　　　　　　　　　1927

11. 노성풍(盧成豊)과 재혼.　　　　　　　　　　　1928

12. 장남 홍재(泓載) 낳음.　　　　　　　　　　　　1929

13. 3남 명재(溟載) 낳음.　　　　　　　　　　　　1933

14. 영광에서

　<무용의 밤> 개최.

　<고전 음악의 밤> 개최.　　　　　　　　　　　1934

15. 9월 15일 영광체육단 사건 투옥.

16. 조선 식량 영단 (조선 식량공사 전신)

　영광 출장소 서무 세상　　　　　　　　　　　　1941

125)

수소문 통로

1. 정양(鄭洋) 등을 통해서
2. 지역 소문을 통해서
3. 향토사를 통해서
4. 가족사, 족보 등을 통해서

기타 사건 종류들

1. 2011년 수왕회 조사여행 구상.

2. 정치사건관련 件들.
3. 만주망명, 시베리아 방랑, 최서해관련 인간관계 등
4. 국내투옥사건, 사상적 방향 표현 건들 (조서, 조사내용들).
5. 문화 운동들.
6. 부인, 어린이, 노인 등 소외인사들 운동 관련.
7. 종교 관련(明倫堂과 佛甲山).

126)

水王會

9인 멤버의 개별적 추적 사안들 蠹는 이미 기초 자료 나왔음(현재 재 확인 필요).

① 彬杉(빈삼)和尙 관련 금강산 당취 관련.
(아마도 모악산 대원사 옆 수왕사 사지(寺誌)와
    ⓐ 주지 乃紅스님 관련 수소문, 金北大 김익두.
    ⓑ 김익두교수의 직접조사 필요.
    ⓒ 원종당(圓種堂) 나름의 수소문 필요.
    ⓓ 기타, 원주 구룡사 관련.
      오대산 월정사 관련.
      지리산, 모악산 관련 등
② 孫天民 관련. (천도교 기록이나 기억에서)
③ 金以民 관련. (천도교 기록, 기억, 기타에서 매우 중요한)
④ 李世椿, 印正言 (南學, 正易派로부터,
   - 金익두 교수 조사. (주로 '남학밭')

- 宋在國 교수 조사. (주로 正易 쪽, 충남대 이정호, 유남상 교수 인근 소식)
  - 일반역사학자 정보 청취 필요.
  - 충청, 전북, 전남 향토사 증언.
  - 남학, 정역 잔존자 증언.
⑤ 白頭山 道人 '민'에 대한 보충 자료.

민 이전부터 남조선에 왕래길이 있었을 것이다. 백 살 먹은 의사 장병두의 스승 임학(林學)의 장수 임실 무장, 활동은 역사적 축적과 그 사상사적 연관이 있었을 것이다. 이것을 찾아야 한다. 왜냐하면 이 루트의 성격은 逆으로 남쪽으로부터 북쪽으로의 옮겨감의 반증이 된다. 하나의 상설적 사상루트의 발견이다. - 장병두 옹의 증언을 듣도록 양해 얻어야 한다. 정부관계자의 선처가 요청된다. 매우 중요하다.

외에 9인회와 직간접으로 연관되어 1895년부터 이후까지 활동한, 확인된 사람들에 관한 기초 조사와 확인, 명단.

① 千二柄(群山) - 奇世椿, 金以民
② 오성택(영광) - 金以民, 千二柄
③ 甲年(원주 호저 갑오리 - 지금의 광격리
④ 신상식(진주, 호는 우범, 평북출신 목사)
⑤ 김단야(형평사)
⑥ 박헌영(형평사)

127)
外에

① 경상도 수왕회조사 요구됨.
　　경상도 여성사(좌익, 기독교 등 우익 관련)
② 특히 지리산 인근 진주, 통영, 하동, 고성 등
③ 형평사 집중-남로당 연관 관계 포함.
④ 김단야, 박헌영, <우범>(신상식 진주목사)
⑤ 경주, 수운·해월계 철저 조사.
　　(천도교 역사 자료 이외에 독립적으로!)
⑥ 경남, 경북, 상주.
⑦ 충청남북도의 수왕회 흔적 조사.

128)
外에

① 천도교 여성사 (부인 운동사)
　　수운 시대
　　海月시대
　　의암시대와 그 이후,
② 기독교 女性운동사 상세히.
③ 당취 이후 불교 비구니와 여성 운동사.
④ 좌파 여성 운동사.
⑤ 부르주아 시민 여성 운동사.

독립운동 여성사.
⑥ 유교 계열의 여성 운동사.
⑦ 이후의 페미니즘.
⑧ 여성관련 사상사 일반.
⑨ 어린이 운동사.
⑩ 小波(방정환)에서 촛불까지의 일체의 현람사(玄覽史).
⑪ 동아시아 전통의 현람사 (玄覽史, 玄牝 연관 속에서).
⑫ 빈민사, 천민사, 소외민중사.
⑬ 노인사, 노인복지 운동사.
⑭ 동아시아(유럽, 이슬람 기타와 비교하면서)
전통과 근대의 '현람애월민사(玄覽涯月民史)' 대략 기술 필요.
(水王史에 보조적으로!)
⑮ 인류사 전체 (기존 종교, 샤머니즘, 공동체 역사들)에서의 현람애월민사(玄覽涯月民史)의 진형(典型)들 추적 (약간이라노 좋음) 문학, 전설, 예술, 상상력 일반, 과학, 예언, 비결 등 일체에서의 玄覽涯月民 문제 언급 사안 등 수집.

2. 스탠포드 大學校 특강

'간태합덕(艮兌合德),
한국의 산과 미국의 물은 서로 손을 잡아야 한다.'

정역(正易)에 의하면 한국의 '산(艮)'과 미국의 '물(兌)'은 이미 태어날 때부터 운명적으로 서로 함께 손을 잡았다. 이른바 간태합덕(艮兌合德)의 산은 두런두런하는 바위들의 수근거림이고 물은 소근소근하는 물방울들의 속삼임이다.

왜 이와 같은 비유법이 적용되는 것인가? 어째서 예전과 같은 군사적·경제적·종교적 대비법이 적용되지 않는 것인가? 물론 이 같은 대비법은 지금에도 역시 여전 불변이다. 그런데도 왜 다른 종류의 비유법인가? 북한 김정은 집단의 핵폭탄 출현 때문인가? 남한 박근혜 정권의 집권 때문인가? 미국 뉴욕 증권시장의 대파동 때문인가? 아니면 아메리카 전역에 번지고있는 이상기후 때문인가?

아니다. 둘 다 아니다.

하나는 미국의 수많은 마트와 몰에서 여성소비력의 기본 동력으로 '쾌(快)·불쾌(不快)'의 취미판단이 절대화되고 있고, 아메리카 대륙 도처에서 높은 산을 '태백(太白-tebec)'이라 부르거나 이미 고향을 열여섯 개의 검은 바다(Yelionssoria Aura-Be·캄차카 옛말의 十六黑海)라고 불러온 옛 인디안 언어 습관이 드러나고 있기 때문이다.

그리고 다른 하나는 한국의 강원도 원주에서 '아우라지'라는 '대융합'을 뜻하는 한국전통의 '네오 르네상스'가 움직이고 그 전통 안에 이미 아메리카와 러시아, 중국, 한국, 일본, 캄차카 등의 옛 노래와 춤의 숨은 미학인 '시김(醱酵)'이 모두 드러나고 있으며, 또한 한반도의 남쪽 큰 항구인 부산과 목포 두 곳 융합으로 4월에는 '태평양으로 나아가는 장보고(張保古)의 길을 열자'라는 해양경제 심포지움이 열리기 때문이다. 장보고는 옛 신라 때 경제인으로 그의 태평양 활동 안에는 이미 산(대륙)과 물(대양)사이의 '해륙사관(海陸史觀)'에 의한 '융합(融合)필드(Field)경제이론의 싹'이 살아 용솟음치고 있기 때문이다.

그리고 한국의 신임대통령 박근혜씨의 대통령취임사는 바로 그와 같은 '한국전통문화와 세계경제의 대융합'을 거듭 강조하고 있고 오바마 미국 현 대통령은 동아시아에로의 접근을 거듭거듭 강조하고 있다. 싸이의 말춤은 두 대통령의 취임식에서도 함께 선을 보인 새 시대의 〈허벌춤(Rock)〉인 까닭이다. 도대체 무슨 까닭인가? 그것이 무엇이란 말인가?

내가 누구에게든 하는 말이 이것이다. 우리나라 한국이 무엇이냐? 백범 김구선생이 해방직후 귀국해서 하신 첫마디가-'우리나라에 필요한 첫째 힘은 문화력이다!'라고 했다.

지금 전 세계가 요청하는 힘은 무엇인가? 문화력이다. 우주석 생명으로서의 문화. 우리나라에 그것이 있는가? 있다. 다만 그것이 현대적이고 세계적인 힘으로 생명화하고 우주화하는 길은 미국을 통해서다. 그래서 '간태합덕'은 현대 인류의 숨은 소망이다.'

나는 이제 와 새삼스럽게 다음과 같은 '밀링턴 베데필드(millington WedeField, 1825-1930)'의 예언을 떠올린다.

아메리카라는 이 쓸쓸한 호수가 온종일 기다리는 한 산 그림자가 있다. 그 그림자가 물에 내릴 때, 아! 기억하는가? 보랏빛 영해(靈海)의 사무다리니(Ssamudarinii, 멕시코·인디언전설속의 바다왕국)가 길고 긴 천국의 춤을 시작한다는 것을!

'사무다리니'는 아인슈타인의 마지막 남긴 말, '인류의 미래의 대양 속에서 솟아날 새 우주'가 아닐까!

기억하라!

9천 년에 걸친 '몽골리안 루트'의 건널목 베에링 해협에 남은 기이한 한 노래를! '이까이까루 데우무 와이스미 코낭카투이(새야, 새야! 네가 가는 곳은 어디냐? 내가 발 담그고 있는 이 큰 바다 밑 저 새파란 새 하늘 아니냐!)' 이것은 무엇인가?

이것은 스티븐 호킹의 예언 '어느 날 인류는 바다로 갈 것이다. 그 바다의 맨 밑에서 전혀 새로운 우주의 한 길을 발견하고야 말 것이다.' 이것 아닌가? 이 꿈같은 이야기는 한반도, 새로운 '동(東)로텔담'이라는 부산의 가덕도 앞바다의 숨은 전설이기도 하다.

그 미친 가덕도 앞바다에 빠져죽은 고(故) 박경리 선생의 소설 주인공 '용옥'의 가슴에서 죽은 아기 대신 튀어나온 흰 십자가의 정체는 과연 무엇일까? 나는 이제 비로소 '대방광불화엄경(大方廣佛華嚴經)'의 최종 종착지의 이름, 자행동녀(恣行童女)의 사자당(師子幢)의 노력에 의해 도달하게 되는 비로자나(毘盧遮那)의 화엄장전(華嚴藏殿)의 그 고귀한 이름이 다름 아닌 '바다 얼굴' 임을 이해하게 된다.

해인(海印)!

그렇다.

나는 이 자리에서 한 가지 명심을 내 삶에 내리고 있음을 지금 말씀드리는 바이다. 나는 내가 서 있는 미국을 내 조국 조선, 즉 한국의 철저한, 그리고 항구적인 형제나라로 믿고 생각할 것이라는 점이다. 왜 내가 이렇게까지 말하는 것일까? 세계 3차대전의 위험이 무르익고 있는 까닭이며 그 전쟁은 동아시아·태평양에 서 불붙을 가능성이 농후하기 때문이다. 어째서 그러한가?

　북한의 핵공갈 때문이다. 자세히 말하자. 그러나 그보다 더 중요한 것은 한국, 즉 남한의 새로운 문명창조의 동기유발성 때문이다. 그 가능성에 대고 북한이 전쟁도발의 모험을 저지른다면 그때 세계대전은 시작된다.

　20년 전 유럽의 유명한 영지주의자 '루돌프 슈타이너'는 분명히 말했다.

　"인류역사에서 대 문명전환의 시기가 오면 작고 이름 없는 한 가난한 민족이 나타나 새 시대의 징후를 예시한다. 이른바 <성배(聖杯)의 민족>이다. 로마시대 후기에 그 민족은 <이스라엘>이었다. 오늘 그보다 더 큰 문명변동 앞에 인류는 서 있다. 그 민족은 어디에 와 있는가? 극동이다."

　그의 제자인 일본인 다까하시 이와오(高橋巖)는 말한다.

　"그 민족은 바로 한민족이다. 한국은 이제 바로 그 성배(聖杯)를 제시하기 시작한다."

　'네오 르네상스 <아우라지>'와 '장보고의 태평양 해양경제의 시도'가 그것이다. 박근혜 대통령은 '문화와 창조경제의 융합'을 강조하고 있다. 여기에 북한은 핵공갈을 매일 상습화하고 있다. <아우라지>가 무엇인가? <장보고>가 누구인가? 그것은 우리나라 민요 <아리랑>의 뿌리말이다.

　"함께 손잡고 더불어 살자"는 '융합'을 뜻하는 말이다. 그 <아우라지>가 어떻게 '네오 르네상스'의 표제가 될 수 있는가? <아우라지>는 한국의 강원도 '정선 아리랑'의 고향이고 충청도 '메나리'를 타고 북도와 함께 남도 민요, '판소리'와 무가(巫歌), '육자배기'와 게송

(詣頌), 나아가 탈춤에 까지 널리 퍼진 근원적 <힐링(Healing)>의 근원이고 <흰 그늘>의 원천인 <시김새>의 시작이다. 그것은 '벤야민(Benjamin)'의 초월성의 미학(美學), <아우라(Aura)>의 아득한 기원(origin)인 것이다.

다시 말한다! <아우라지>는 아득한 <아우라>의 근본인 것이다. 내가 이렇게까지 말하는 미학과 사상사적 근원에, 우주 생명학의 진정한 탐색과 실천을 위한 피나는 한국지식인들의 노력이 있음을 알아주기 바란다.

화엄불교와 유교 영남학(嶺南學), 동학과 정역(正易), 그리고 신·구 기독교의 여러 선지자들을 통해 이미 지난 몇세기에 걸쳐 추구된 조선의 참다운 평화의 사상이 바로 <아우라지>, 즉 통섭(統攝)과 융합(融合)과 절제(節制)의 철학이었으니 그 가장 흔한 민중적 자기표현이 바로 민요 <아리랑 아리랑 아라리요>였다. 그리고 삶에 있어서 가장 구체적 표현인 시장(市場)에서의 <오일장(五日場)>인 이른바 <비단 깔린 장바닥> 또는 '기쁨과 슬픔의 한 울타리(喜悲離)'를 뜻하는 '신시(神市)', 경제학에서라면 카알 폴라니(Karl Polanyi)의 호혜·교환·획기적 재분배의 '해륙(海陸)경제적 융합필드(Field)' 영역인 천년 전 '장보고(張保皐)'의 <태평양 시장>이 바로 생활에 있어서의 <아우라지>인 것이다.

내가 오늘 이 지점에서 뚜렷이 강조해서 못박고 싶은 것은 다음이다. 이 <아우라지>, <장보고>의 이야기가 수줍은 조선사람 입에서 '네오르네상스'와 '태평양 시장경제'로까지 나오는 그 이유다. 그것은 바로 지금 이 시간이 바야흐로 '달의 시대'요, '물의 시대'이며 '여성과 애기들의 시대'요, '그늘과 따뜻한 힐링의 시대'라는 것이다.

나는 이 수천 년 지구사(地球史)의 종말(終末)이 눈앞에 와 있다는 기독교의 예언을 받아드린다. 그런데 왜 하필 수 천 년에 불과한 것인가? 기독교과학은 그 종말관(終末觀)의 기점(起點)을 예수 탄생으로부터 계산하기 때문이다. 이른바 <네페쉬 하야사관(史觀)>이다. 나는 그래서 그것을 전적으로 받아드린다. 내가 믿는 <묘연 화엄개벽 모심 (妙衍 華嚴開闢-侍)>에서 가장 우두머리 되는 <묘연>은 바로 <네페쉬 하야> 중의 삼 천 년 '네페쉬 트리(저주받은 회음(會陰))' 즉 여성의 숨은 <아우라>인 것이다.

그러므로 '개벽'은 바로 나의 '종말'이요, '대화엄세계'의 시작이며 강원도 정선의 아홉구비 물 골짜기 <아우라지>, 한국 민중문화의 숨은 근원인 <힐링>의 푸른 약초 <시김새>의 구성(九聲)진 미학(美學) '구미(九味)'인 것이다.

그것은 '9×9=81'의 사상인 조선최고의 경전 81자(字)의 천부경(天符經)인 것이고 또한 나아가 그것을 대우주적 종말실현의 개벽실천으로 <모심>인 것이다. 모심.

이것은 나의 신앙인 '화엄동학(華嚴東學)'이고 또한 여러분이 잘 아시는 '예수의 길'인 것이다. 내가 이제 누구에게든 터놓고 말하는 것이 있다. 이것이다.

나는 커다랗게 이 땅의 비밀을 말할 것이다. 그것은 다름 아닌 동학의 주문(呪文)이자 정감록(鄭鑑錄)의 비밀인 '궁궁(弓弓)'이 바로 한반도의 <간(艮)>이라는 산의 '궁'과 미대륙의 <태(兌)>라는 물의 '궁'이 만나 <태극(太極)>이라는 <우주생명학>의 핵심인 '한'에 도달하는 바로 그 비밀을 이제 크고 큰 소리로 말할 것이다. 나에게 누가 와서 왜 그러냐고 질문한다면 이렇게 쉽게 대답할 것이다.

"여기 이런 표식(標識)이 새겨져있다. '아리랑'의 발음이 시김의 서러움으로 울리기 시작한 여곡(女哭)과 소탄(召呑) 골짜기를 제 안에 안고 있는 미탄(迷灘) 흐름의 끝자리에 지극히 서러운 마을 '한탄(恨嘆-Grief Outcry)'이 기울어 있고 그 바로 앞에는 어허라! 강원도 산천 전 영역에서도 가장 아름답고 장엄한 마을 '방림(芳林-Beautiful Wood)'이 빛나고 있기 때문이다. 그런데 바로 '미탄'과 '한탄'의 '역(易-Iching)'은 산, 즉 〈간(艮)〉이고 바로 그 '방림'의 '역'은 물, 즉 〈태(兌)〉다. 바로, 그렇다. 바로 이것은 동양 최고의 역괘(易卦)인 주역(周易)의 〈산택통기(山澤通氣)〉의 괘(卦)-이른바 동양 최고최대의 사회경제인 〈신시(神市)〉, 영어로 그 'God City'는 요즈음 말로 하면 〈호혜·교환·획기적 재분배〉의 이른바 〈호혜시장〉이요 문화적 용어로 압축하면 〈아우라〉의 그 〈아우라지〉가 되는 것이다. 그 이상 내가 무슨 말을 더 할 것인가?"

나는 일본 제국주의, 군국주의 부활을 바라보고 있다. 그러나 그 계기가 되었던 대지진과 원전(原電) 직전에 카알 폴라니의 대전환 중의 〈신시(神市)〉를 일본 여성들의 자기 부활 문화운동인 〈욘사마〉로부터 비롯된 〈료조(龍女)〉와 레끼조(歷女), 그리고 이어서 일본 재래시장 〈아메 요코의 700만 붐〉에 도달했던 〈따뜻한 자본주의〉, 〈착한 경제〉가 결국은 〈아우라지〉와 〈장보고 해양 시장〉의 여성성(女性性)의 분출이었음을 결코 잊지 않는다.

한국의 박근혜 대통령은 남성인가? 여성이다. 한국 이외에 일본에는 여자가 없는가? 있다. 또 있다. 미국에는 '힐러리'라는 여성이 드높은 기대 속에 서있다. 그 여성은 바로 이같은 '아우라지'와 '장보고 해양시장'의 〈신령한 시장〉과 아무 관계도 없는 사람인가? 19년 내리 미국 국민 여론의 최고인기는 어디서 비롯된 것인가? 그저 '페미니즘'이나 '젠더투쟁'의 시대가 아니다. '뤼스 이리가라이'의 '겟세마네 테마'인 〈싸크라리온(Sacralion)〉은 헛소리에 불과한가? 지난 50년 동안 지하에서 성장한 이슬람의 비밀 묘연(妙衍)운동 〈아크발라이 쇼크니 아바(어둠위에 참빛을!)〉가 〈쎄벨리온〉의 동네 장터운동으로, 다시 아! 저 〈쟈스민 민주운동〉으로 번지며 결국은 15세 파키스탄 말랄랄 소녀의 궐기와 유럽의 토플리스, FEMEM으로 변하고 중국내륙의 민주시위로 까지 확산된 것을 잊어버려도 좋은 것인가?

오늘의 민주주의 혁명, 종말, 개벽, 그리고 대화엄은 〈아우라지〉 없이 가능한가? 〈아우라지〉가 다만 융합일 뿐인가? 아니다. 그것은 여성 회음에 수천년 만에 돌아오기 시작한 이른바 당(唐)나라 시절의 저 유명한 〈천응혈(天應穴)〉 또는 〈아시혈(我是穴)〉이란 이름의 기이한 '여성 회음뇌(女性會陰腦)'의 우주 생명적 에네르기다. 그것이 '통섭'일 뿐인가? 아니다. 그렇다면 그것이 무엇인가? 나는 이제 이 특강의 결론을 내야할 시간에 이르렀다. '괴테'는 바보가 아니다.

여성이 우리를 구한다가 파우스트만의 말인가? 북한의 핵 공갈은 계기다. 그 계기를 활용해서 이제 바로 태평양을 사이에 두고 한·미간에 '동·서양 융합'의 새로운 문명의 역사를 창조해 보자! 싫은가?

女性開闢의 時代
여성이 '개벽'이라고 부를 수밖에 없는 대전환을 이루어야 할 시대다. 지난 삼천년간의 모권제 억압이 지양되는 때가 바로 지금부터다.

증산은 이를 일러 '음개벽'이라고 불렀다. 이른바 이 시대의 시작, 그 '첫 이마'를 다음 일곱가지로 지적할 수 있다.

① 여성이 전 세계적 신시경제의 핵심인 '획기적 재분배-카알 폴라니(Karl Polanyi)'의 초점 '획기성'을 감당한다. (옛 시절의 신성공동체에서 '史巫', 또는 '神宮'을 맡았던 여성의 기능이 부활하는 것이다. 이것은 조선 神市에서의 '단군'의 역할이고, '뤼스 이리가라이'가 강조하는 이른바 Bojjoluar, 신성체의 '역사적 재림'이다.)

② 현대 이후 여성의 사회적 역할은 <먹이고 입히고 기르는 것>이다. (조선에서는 天符經의 妙衍이고 서양에서는 '이리가라이'가 최근 강조하는 바 예수의 겟쎄마네 테마인 '싸크라리온(Sacralion)'이다.) 이것이 곧 여성의 '聖性'이다. (물론 그것은 전 사회적 확산을 통해서다. 예컨대 일반화된 外食에 대한 여성의 생명정치적 통제와 환경감시 따위.)

③ 여성정치력의 확대·강화는 현대 공산주의로선(네그리 하트)의 '자율적 혁명'의 최종 목표보다 훨씬 더 우월하다. 그 효과와 선전이 지금 필요하다.

④ 이미 지난 반년간의 '1% 대 99% 자본주의 금융악마 퇴거 전쟁'의 세계 경제학의 결론은 '경제학(Economy, 유럽경제과학)은 끝났다'와 '유물론과 변증법 없는 맑스 엥겔스 수업'이다. 이것은 도리어 일본인 맑시스트로서 말년에 도리어 동양 신시의 중국 정착제도(井田

法, 八湘市)를 강조한 '가와가미 하지메(河上肇)'의 주장을 그대로 닮아간다. 일본 여성 경제학자 '高藤修正'의 고대 일본 여신 연구인 '오니와 다다에'에는 1천여년 전 일본사회의 여신(오니)에 의한 '생명친화적 삶'의 보고가 나타나는데 이것은 모두 고대 신시(神市)에서의 이른바 '신관(神官)'의 작용이 강조된 것이다.

⑤ 이른바 '공부론(共富論)'이라는 '시진핑'의 저술의 배경 역시 '가와가미 하지메'와 똑같은 '정전법'따위 신시체제의 그림자다. 그렇다면 '신시(神市)'는 무엇인가? 1만 4천 년 전 곤륜산 밑 파미르 고원에 있었던 마고성(麻姑城)의 여성 단독지배 시대(이리가라이 주장과 같은)의 사회경제체제로 '팔려사율(八呂四律)'이 그 원리다. (내가 지금 지적하는 일곱 가지는 그 八呂의 여덟 가지 여성성에서 당시의 천조시(天照市)에서의 여강(女降), 즉, 지도자 여성의 하늘에서의 내림이라는 '단성생시구조'가 빠진 것이다.

⑥ 여성은 이제 세계만이 아니라 전 우주의 대변자요, 지도자다. 그 역할은 이제부터의 큰 '우주화엄세계'(우주적 물질 사이의 수많은 상호교섭시대)의 그 화엄성(華嚴性)을 제대로 모실 수 있는(예수의 섬김과 같은) 타고난 능력을 말한다.

⑦ 가까이 내년(2013년)과 그 다음 해 (2014년)에 예상되는 큰 자연재해(우주 변동)와 아기들의 이상한 질병(우주 생명학적 문제)에 대응할 능력이 남성에게는 없다. 여성은 그 일을 해냄으로써 그로부터 시작되는(2015년부터) 대화엄세계(하느님나라)의 창조자가 된다.

이것은 이미 우리나라의 예언된 바 있는 바로 그 생명 세계요, 종말적 사태이며 이른바 자행동녀(恣行童女)의 사자당(師子幢) 사태이다.

이것이 '無勝幢解脫'이라는 화엄 세계요, 향아설위(向我設位)라는 하느님 나라의 시작이다. 우리나라에서 처음 시작되는 개벽이고 그것은 여성이 이끈다. 남성은? 보조적 역할 이외에도 이제부터 그 창조적 일이 모색되어야 한다. 그것을 '첫 이마' 즉, 初眉라고 부른다.

이 변혁과정에서 매우 중요한 것이 '文化'다. 그 '문화'는 K-POP등으로 예감되는 다섯 민족, 다섯 나라의 '세계적 네오 르네상스'로부터 온다. 그리고 이어 중앙아시아와 유럽의 유라시아 실크로드의 현대적 대신시(大神市)로부터 온다. 여성적 세계경제는 오는 3월 초 부산-목포 상공회의소 협동의 심포지움 '태평양에 장보고의 길을 열자'로부터 다가올 것이다.

우리가 시작이다. 다름 아닌 바로 이 일이 '개벽'이라고 부르는 여성들의 세계대전환 운동의 첫 시작이다.

壬辰 2012년
12월 10일 아침 원주에서

3. LA 동포들 앞에서의 열여섯 가지 이야기

LA 동포들 앞에서의 열여섯 가지 이야기

1) 나는 오늘 스탠포드 대학 특강을 계기로 해서 LA에 살고 있는 대한민국 동포들 앞에서 오랜만의 예절로 이야기를 드리고자 합니다.

2) 2013년 癸巳, 뱀띠 해는 세계 3차대전이 동아시아·태평양에서 터질 것으로 예언된 해다. 아는가? 각오하고 있는가?

3) 그 전쟁은 여러분의 조국 '조선'의 북단인 북한과 민족의 역사적 원수인 일본을 기점으로 터질 가능성이 농후하다. 아니라고 말할 자신이 있는가?

4) 그런데 이 사실은 어찌될 것인가? 대한민국에 15세기 이탈리아 피렌체에서 일어난 르네상스에 이은 '네오 르네상스'가 일어나고 있고, 또 목포와 부산에서 이미 천 년 전에 서남해안과 일본, 중국, 동남아를 휩쓸었던 '장보고의 독특한 태평양 해양경제 운동'이 현대 경제로 다시 일어나고 있다. 어찌할 것인가?

5) 그리고 현 대통령 박근혜씨는 취임사에서 거듭거듭 '한류의 전통문화와 창조경제의 대융합으로 민족의 미래를 결정하겠다.'고 강조하고 있다. 이것은 또 어찌할 것인가?

6) 나는 스탠포드대학 특강에서 이러한 문화의 르네상스와 이러한 해양경제의 세계화를 아메리카와 유럽과 온 세계에 확산시킴으로 인

류 역사에서 전혀 새로운 동·서양 융합의 문명사를 창조하자고 강조한바 있다. 이것은 또 어찌할 것인가?

7) 북한은 남한으로부터의 여러 형태의 인민 구휼을 위한 자금들을 끌어들여 이미 자신은 이른바 300만을 굶어죽도록 방치하고 그 자금으로 핵폭탄을 만들어 매일같이 남한과 미국을 협박, 공갈하며 전쟁선포를 일삼고 있다. 이것은 또 어찌할 것인가?

8) 또 있다. 일본은 대지진과 원전사태를 빌미로 하여 마치 한반도 침략 직전과 똑같은 제국주의, 군국주의, 철저한 여성멸시와 조선놈 때려 죽이자는 구호로 무장한 뒤 독도를 저희 땅이라고, 또 '센카쿠'를 저희 땅이라고 강변, 강점하려 하고 있다. 이것은 어찌할 것인가?

9) 나는 바로 이와 같은 북한과 일본의 낡아빠진, 무식한, 몰염치한 망상증(妄想症)인 '에토라이다니오(Etolai danio, 쟈크 라캉의 未爆發神經痛)'이 유럽과 미국과 중국과 러시아의 당면한 경제후퇴로 인한 세계평화 망각상태를 틈타서 동아시아 태평양에 이전의 두 번과는 비교도 안되는 더럽고 끔찍한 대파괴를 일으키려 한다고 단언하는 바이다. 아니라고 말할 자신이 있는가?

10) 나는 이미 세 차례나 LA를 다녀간 적이 있다. 많은 동포들과의 이야기를 이곳 LA에서 나눈 경험이 있다. 그 때마다 내가 강조했던 것은 바로 다름 아닌 '간태합덕(艮兌合德)'이라는 명제를 앞세운 정역(正易)의 '한·미 융합에 의한 세계 평화'였다. 아무도 내말에 귀기

울이지 않았다.이번에도 그리할 것인가?

11) 나는 다음과 같은 다섯 가지, 반드시 지켜야 할 조건을 제기 하겠다. 이것은 바로 평화와 사랑으로 열린 길이다. 강박이라고 오해하지 말아 달라. 내가 그런 짓 할 사람인가?

12) 미국 모든 도시의 마트와 몰, 그리고 백화점에서 여성소비력의 중심동력으로 등장하고 있는 '쾌·불쾌의 취미 판단' 경향을 한국의 '문화와 창조 경제의 융합'의 실천으로 인식하고 남녀, 안팎, 한·미 차이 없이 역점을 두어 달라.

13) 나아가 그것을 칸트(Kant)의 '판단력 비판'과 신라 시대 스님 원효(元曉)의 '판비량론(判批量論)'의 융합원용으로 인식, 활용해주기 바란다.

14) 북한의 핵공갈은 김관진 국방장관의 단호함이, 일본의 침략근성은 '나호도리노 호까이호까' 운명에 의지할 것이며 대지진 이후 '욘사마'에 이은 '묘조(龍女)', '레끼조(歷女)', '아메요코' 운동에서의 수백만 일본 여성들의 용약 분투를 짓밟은 일본의 더러운 '다다에(男神)들의 폭력은 '커피 파티'와 '힐러리'의 부드러운 위대함을 극복하시기 바란다.

15) 나는 이 과정의 시작과 전개과정에서 LA동포 여러분의 '간태합덕의 아우라지(아리랑·아라리요) 문화와 장보고 신시(神市)경제에

로의 정역(正易)의 위대함'이 현실로 이루어지기를 바라고 또 바란다. 그것은 한국의 '산'과 미국의 '물'이 만나는 전 인류와 중생의 살 길, '신문명역사'의 창조, 동·서양의 탁월한 결합이기 때문이다.

  16) 여러분은 여러분 자신의 이 실천과정이 다름 아닌 전 세계적 아픔이요, 모순이며, 19세기 초(初) 한반도의 가장 위험한 고통이었던 러시아와 아메리카 사이의 <양백지간(兩白之間)-두 흰빛 사이의 모순)>을 아름다운 융합으로, 더욱이 중국과 미국의 화해와 악수를 당연히 세계 평화의 길로 열어 보이게 될 것이다.

4.

特別寄稿

김지하 시인 특별 기고

우리는 이제 한국, 일본, 중국, 러시아, 미국 이 다섯 나라를 이끌어 엮어 내는 세계적 신(新)르네상스 운동을 결단하지 않으면 안 된다. 15세기 이탈리아 피렌체 베네치아 중심의 유럽 르네상스가 오늘의 근대문명을 결정했다. 이제 한반도 안에서 절박하고도 급박하게 새로운 세계 문화의 기본 틀이 만들어질 것이 요구되고 있다. 이 땅에서 우주생명과 맞닿아 있는 문화가 창출되는 것이 요구되고 있다. 이것이 네오(신) 르네상스이다.

"그게 가능한 일일까?"라는 질문은 거두라. 이미 그것은 우리의 숙명이요, 세계 전 인류의 운명이다. 민족 문화의 부활과 네오 르네상스의 시작 없이는 참다운 민족통일도 있을 수 없다. 우리가 세계에 전할 문화와 가치의 첫 번째는 '시김'(판소리의 멋과 맛을 느끼게 해주는 것으로 소리를 추어올렸다, 꺾어 내렸다, 궁글렸다, 뒤집었다 하면서 다양한 변화를 부여하는 일종의 발성기법-편집자)이다. 세계는 지금 '시김'을 요구하고 있다. '시김'은 우리 민족문화의 원형(原形)이다. 왜 '시김'이 가치 있는가? '발표'이기 때문이다.

무엇이 '발표'인가? 삶의 비극성과 고단함을 삶에 대한 총체적 긍정-신명으로 뒤바꿔 내는 것이 바로 발표요, '시김'이다. '시김'은 '한'에서 출발에서 '신명'으로 귀결된다. 한류에는 바로 '시김'의 흔적이 담겨 있다. 그래서 한류가 글로벌 차원의 호소력을 가진다. 이제 '시김'의 흔적이 아니라 본체를 살려 네오 르네상스까지 밀고 나가야 한다.

우리는 오랫동안 '시김'을 억제하고 살았다. 중국의 압력, 조선시대의 경직, 일제의 억압 때문이었다. 그들은 백성의 '신명'이 그만큼 무서웠던 것이다. 그래서 신명 위에 한(恨)의 그늘이 짙게 드리우기 시작한 것이다.

그런데 10년 전 2002년 월드컵 당시 젊은이들이 '붉은 악마'를 통해서 그 신명을 살려 뜀뛰기 시작했고 '한'까지 흔들며 춤추기 시작했다. '신명'이 '한'을 데리고 놀기 시작한 것이다. 이것이 '시김'이 아니고 무엇인가? 한류에는 '시김'이 배어 있다.

이웃 나라 일본에서 '욘사마'가, 동남아에서 '한류'가 불 밝혀졌다. 케이팝이 퍼지고 마침내 '말춤'이 떠오른 것은 모두 '시김'의 요소가 들어 있기 때문이다.

문명의 격변, 우주적 이상 변동, 세계적 괴변 현상, 사람들에게 나타나는 완전히 새로운 심리 유형-이 모든 것은 '시김'을 요구하고 있다. 삶의 비극성과 고단함을 발효시켜 그 한가운데로부터 삶에 대한 총체적 긍정을 솟아나게 하는 지혜-'시김'의 지혜가 요구되고 있다. 오직 '시김'을 통해서만 삶은 운녕으로 승화될 수 있다. 운명으로 고양된 삶-이것이 바로 내가 말해 온 '흰 그늘'이다. 우리 온 민족이 지금 시김을 구한다. 온 인류가 시김을 기다린다. 온 중생이 지금 시김을 기다린다.

유럽 현대의 영지주의자 루돌프 슈타이너는 이렇게 말했다.

"인류 문명의 대변동기에는, 가난하지만 영롱한 작은 민족, 이른바 '성배(聖杯)의 민족'이 나타나서, 다가오는 시대에 인간이 어떻게 살아야 하는가를 체험적으로, 문화적으로 가르쳐 주곤 한다. 로마문명기에 그 민족은 '이스라엘'이었다. 그러나 그 로마시대보다 더 근원적인 대전환기인 현대, 오늘 그 민족은 어디에 있는가? 나는 그 민족이 극동에 있다는 것밖에 모른다."

슈타이너의 일본인 제자인 다카하시 이와오(高橋巖)는 그 민족이 일본이라 착각하고 애쓰다가 좌절하고 결국은 그것이 바로 한민족이라고 깨달은 사람이다. 나는 바로 그 일본인을 통해서 슈타이너의 영적인 통찰을 알게 되었다. 한국인이 세계에 전해야 하는 문화와 지혜는 '시김'에서 시작한다.

시김은 논리가 아니다. 시김은 논리, 논의 자체가 무너졌을 때 일어나는 불같은 분발이거나, 배고픔이거나 아니면 번쩍하는 번갯불이다. 이 민족의 시김은 누구나 다 아는 남도소리, 판소리, 탈춤, 육자배기, 무가, 허드렛소리와 불교 및 무속 문화를 중심으로 한다. 그러나 그 근원은 강원도의 정선 아우라지로부터 시작된다.

정선아리랑은 시김새의 첫 뿌리에 속한다. 그것은 '넉넉한 월봉(月峰)의 그믐달 밤과 날카로운 초미(初眉)와 눈부신 해돋이'의 동서 결합이다. 그것이 춘향가의 '쑥대머리'다. 판소리 사이사이 끼어드는 '이완'의 '시르라기(쓰레기)'춤, 또는 '허벌춤'이 곧 싸이의 '말춤'이다. 한갓 심심풀이 '허벌춤'이 '말춤'이 되어 세계적 호소력을 가진다. 하물며 본격적인 '시김'의 축제, 불감(不感)과 다물(多勿)의 예술제가 쏟아진다면? 전 세계에 엄청난 영향을 끼친다.

우리의 남도 시김새는 그 주역이 단연 여성이다. 우리사회에서 '여성의 시대'가 한 걸음 나아가면 이는 세계적 차원에서 충격파를 만들어낸다. 우선 일본에 충격이 전해진다. 일본 철학계의 중핵이라 할 교토대의 쓰루미 준스케(鶴見俊輔)는 내게 다음과 같이 말했다.

"일본의 진정한 해방은 여성의 문화혁명이다. 일본 여성이 문화적으로 주체를 자각할 때 일본은 해방된다. 본 여성은 한국문화가 자기의 숨은 주체임을 깨달을 때 일어선다. 곧 그날이 올 것이다. 천 년 전 일본 교토 왕실에는 백제의 문화 전통을 죽음으로 지킨 여성들이 있었고, 15세기에는 가톨릭을 죽음으로 지킨 여성들이 있었고, 19세기 말에는 사회주의를 지킨 여성들이 있었다. 이 모든 것이 여성이 주체가 되기 위한 몸부림이었다."

그 뒤, '욘사마'가 왔고 뒤이어 '됴조(龍女)' '레키조(歷女)'가 왔고 이어서 수백 만 주부들의 '아메 요코'라는 시장의 대변혁이 왔다. 그때 악랄한 일본 극우파 이시하라 신타로는 "여편네들이 설치니 천벌을 받을 것이다"라고 했다.

과연 대지진과 원전사고가 왔다.

그 여성들이 사라졌다. 완전히 사라졌을까? 나는 한반도에서 여성 문화 권력이 일어서는 날, 그날 곧이어 일본 여성이, 그리고 곧이어 미국의 커피 파티, 즉 '힐러리 그룹'이 일어서리라고, 그리하여 새 세계가 오리라고 믿는다. 이것이 무엇인가? 남성 지배 사회가 들이닥쳤던 것은 대략 3,000년 전쯤 된다. 이제 여성은 3,000년의 굴레를 벗고 자신을 되찾기 시작했다. 이것이야말로 3,000년 그늘 속에서 솟아오르는 흰 섬광, 즉 '흰 그늘' 아닌가! 바로 '시김새' 아닌가! 그래서 여성은 '시김'의 예술가이다. '시김'은 여성을 통해 한 걸음 더 탄탄해진다. 여성이 주류 문화, 주류 사회를 주도하는 날, '시김'을 원형으로 삼은 한류 역시 더 탄탄해진다.

이 한류의 소식이 북한에 전해진다면? 전 세계를 열광시킨 말춤의 소식이 북한에 퍼진다면? 한류가 북한 전체 인구를 먹여 살릴 수 있는 새로운 '부(富)의 원천'이라는 소식이 퍼진다면? 평안도, 함경도의, 그리고 금강산 깊이깊이 가라앉아 있는, 그러나 한번 떠오르면 좀체 꺼지지 않을 마치 아우라지의 불멸의 시김새들이 되살아나기 시작하지 않을까?

　우리 문화의 원형 '시김'은 한반도 안에만 존재하는 것이 아니다. 나는 러시아의 동남부 '이르쿠츠크' 황야에서 '샤먼 마하'라는 늙은이를 만난 적 있다. 자리를 뜨려고 일어서니까 그가 한마디 던진다.

"스구리 스구리 오야히야니 스구리스구."

　그래, 발해시대 이후부터 전해지는 연해주 가요라고 한다. 무슨 뜻일까? 뜻은 알 도리가 없다. 그러나 그 리듬에서 나는 금방 1930년대 후반에서 40년대 초반까지 스탈린에 의해 삶의 터전이던 연해주와 블라디보스토크에서 뿌리 뽑혀 화물차에 짐짝처럼 실려 중앙아시아 황야에 내버려졌던 30만의 '조선 유민'을 떠올렸다. 블라디보스토크와 연해주, 이곳은 발해의 땅이었다.

　중국은 발해가 저희 역사라고 주장하고 나아가, 우리 시조할머니인 '웅녀(熊女)'까지도 저희 조상이라고 싱안링(興安嶺)에 동상을 세워 놓고 초등학생들에게 참배를 시키고 있다. 그러나 중화패권주의의 극성 한가운데에서 만주, 바이칼, 동남시베리아, 600만 주민들로부터 무엇인가 떠오를 것이다. 신화, 전설, 이야기, 노래, 시 들! 이제 우리는 그것을 찾으러 가야 한다.

　러시아와 중국은 근대문명을 제대로 소화하지 못하고 전체주의로 치달렸었다. 그들의 정신과 영혼을 복원하는 힐링 파워는, 바로 러시아 동부, 중국의 동북부에 잠들어 있는 옛 한국인들의 신화, 전설, 이야기, 노래, 시에 깃들어 있지 않을까? 이제 우리 젊은이들은 이것들을 찾아서 되살리러 가야 하지 않는가?

어찌 시베리아, 만주, 연해주 뿐인가? 오호츠크 바다 건너 캄차카로 간다. 사모아 발랑카의 분출수는 한없이 뜨겁다. 그런데 오호츠크는 그만큼이나 차갑다. 이것이 커다란 우주변동의 시작이다. 여름엔 시원하고 겨울은 따뜻한 유리(琉璃) 세계의 조짐이다. 그래서 캄차카는 우리의 신화에 아주 가깝다. 가깝다. 무엇이? '장승굿'을 '빔차'에서 봤다. 똑같다. 장승 위치에서부터 무당너스레까지 너무나 똑같아서 지루할 지경이다. 나는 페트로파블롭스카야 역사박물관으로 가서 그곳 소장인 러시아 고고학자 비에라 박사를 만났다. 그로부터 이 말을 들었다.

"캄차카 신화는 9,000년의 역사를 가진다. 약 7,000개가 있다. 그 중에 현재 채취 가능한 것만 2,500개다. 중요한 것은 이 신화들의 근본은 당신들 한국인이다. 캄차카 신화는 아직까지 유럽의 그 어떤 신화학자도 채집한 적이 없다.

또한 캄차카 신화는 중앙아시아의 그것과는 전혀 다르다. 신화에서 가장 중요한 것은 그 신화가 담고 있는 우주적 미스터리이다. 캄차카 신화는 숨어 있는 미스터리도 다르다. 캄차카 신화는, 지금은 베링 해에 잠긴 몽골리언 루트의 상호 소통 민요다. 베링 해가 점점 넓어지면서, 아시아와 아메리카를 이어 주던 통로인 몽골리언 루트가 약 6,000년 전에 완전히 끊기기 전까지는 양쪽 사람들이 서로 오가며 살았을 것이다. 그래서 캄차카 신화에는 아시아와 아메리카 사이의 상호 소통, 즉 공명(共鳴)이 들어 있다."

그는 내게 이런 옛 신화 한 토막을 들려주었다.

"이카이 이카이 데에무 와이스미 코낭카투이.

새야, 새야 네가 가는 곳이 어디니?

내가 발 담그고 있는 이 큰 바다 밑의 저 새파란 새 하늘 아니야?"

어디선가 들어 봤다. 그렇다. 바다 밑에 새파란 새 하늘이 존재한다라는 신화는 이 땅에도 있다. 부산 가덕도 앞바다는 미친 바다라는 별명으로 불린다. 그 바다 밑에 새파란 새 하늘이 있다는 전설을 나는 부산에 갈 때마다 듣는다.

이렇듯 옛 한국인들의 발자취는 바이칼에서 동남시베리아 연해주, 만주, 한반도, 일본, 캄차카에 이른다. 그리고 몽골리언 루트를 따라 아메리카로 넘어간다. 곳곳에 흩어져 있는 옛 한국인의 문화 원형을 찾아 부활시키는 작업은 당연히 아메리카 원주민들의 문화 원형 부활에까지 이르게 된다. 인디언의 문화 원형이 부활된다면, 미국 사회 전체에, 우리와 영혼의 차원에서 통할 수 있는 새롭고 중요한 문화적 유전자가 추가된다.

그렇다. 우리의 '네오 르네상스'의 목적은 바로 '한국이 교차로가 되어 중국, 러시아, 일본, 미국을 이끌고 엮어 내는 문화와 가치를 만드는 것'이다. 이는 곧 한류로 하여금 새로운 '우주생명의 이치'에 도달하도록 만드는 것이기도 하다.

그것이 바로 이 문명 격변기에 요구되는 흰 그늘이고 '시김'이다. 이는 곧 문명 격변기에 겪을 수밖에 없는 삶의 고단함과 애달픔에 대한 '힐링' 아닌가!

5. 講演 — 다섯 척의 배

瑞氣圈 해양 시대를 향하여

　목포대 교수인 김선태 시인으로부터 이 초청 강연의 부탁을 받았다. 이상한 느낌이 들었다. 본디 내 나이 열세 살에 쫓겨나다시피 떠나야 했던 고향 목포가 나를 불렀기 때문이다. 쫓겨는 났지만 평생을 짙은, 짙은 그리움으로 항상 머리를 향하고 누워 잠들었던 곳이기 때문이다.

　최근 두 차례나 이어서 목포와 목포 인근인 강진 등에 들를 기회가 있었다. 목포에 들른 것은 최근 나의 新華嚴經 공부 중 十廻向品의 현대적 해석 과정에서 處所廻向, 즉 불교적 생태학을 다루면서 내가 태어나 자란 목포의 '연동 뻘바탕 下塘'의 이른바 '一簇破三關' 穴處를 직접 검토하기 위해서였고, 금년 4월 23일 강진에 들른 것은 '영랑시문학상' 올해의 수상자로 결정되어 상을 받기 위해서였다. 더욱이 작년 10월의 목포 행과 금년 4월의 강진 행은 긴밀한 연관성을 갖고 있다. 따라서 강연을 이 연관성으로부터 시작하는 것이 매우 의미심장하다고 생각한다.

　왜?

　'下塘'의 '一簇破三關'이란 무엇인가부터 이야기해야 하겠다. 풍수학자 崔昌祚에 따르면, 한반도의 밑바닥인 전라남도 木浦, 그 밑바닥 중에서도 밑바닥인 연동(지금의 산정동)의 뻘바탕, 그 속에서도 시커먼 웅덩이요, 더러운 밑바닥인 바로 그 '下塘'의 儒·佛·仙 三關을 함께 돌파, 융합하는 하나의 화살(一簇)이라는 뜻이다. 下塘이 목포 儒達山, 무안 僧達山, 해남 仙達山의 정중앙에 위치한 穴處中의 穴處인 會陰 자리이기 때문이다. 단순한 風水가 아니다. 華嚴的 지혜로 볼 때 매우 의미가 깊은 處所廻向이다. 이것은 나의 '後天華嚴開闢 모심의 길'과 그 易學的 드러남인 '己位親政(밑바닥이 임금 자리로 되돌아옴)'에서 어쩌면 토지사상사적으로 關鍵通일 수도 있기 때문이다. 그래서 나는 혼자서 몰래 그 下塘을 찾아갔던 것이다. 그러나 거기에 下塘은 없었다. 거기에는 바다에서 분수가 솟는 '평화광장'과 '문화예술의 거리', 그리고 가까이에는 '전남도청'의 눈부신 광채들만 가득했다.

하지만 그때 그 거리 한복판에 홀로 서 있던 나의 뇌리에 강렬하게 떠오른 것은 단 두 마디였다. 40년 전에 숙청당해 사라진 북한의 經絡學者 金鳳漢의 '산알'과 40여 년 전에 발표하여 큰 인기를 끌었던 바로 그 연동 뻘바탕 인근 출신의 소설가 千勝世 선배의 단편 소설 <화당리(花塘里) 숫례>가 그것이다.

왜 그랬을까?

왜 '산알'이 바로 '花塘里 숫례'이고, 왜 '花塘里 숫례'가 곧 '산알'로 다가온 것일까? 이에 대한 세 가지 사상사적 배경이 한꺼번에 떠올랐다. 法華經의 "從地湧出品"의 여러 곳, 아래로부터 올라온, 땅에서 솟아나와 각각 허공으로 치솟아 올라, 땅에서 솟아올라 모든 보살이, 대보살 마하살들이 땅에서 솟아올라와, 홀연히 땅에서 솟아올라온 그 인연, 이 보살 대중이 삼천 대천 세계의 사방에서 땅으로부터 솟아올라와 허공에 머물러 있음을 보고…… 등등이 그것이다.

이것은 사실상 華嚴經 이전 최대의 경전인 法華經의 그 가득한 '祥瑞'의 기초가 되는 '見寶塔品'의 구조 원리인 '湧出' 때문인 것이다. 하늘로부터의 '下降'이 아니라 땅 밑으로부터의 '湧出'이 저 無碍한 佛光이고 '瑞氣'의 정체이기 때문이라는 바로 그 이야기다.

다음은 華嚴經이다. 入法界品에서 석가세존이 세상에 나오기 꼭

100년 전에 황폐한 룸비니 동산에서 큰 무당 好德圓滿神의 '受生굿'이 열린다. 공양을 받은 우주 부처의 배꼽으로부터 放光이 시작되는데, 이것이 다름 아닌 생명의 씨앗인 '受生藏'과 그 생명의 영적 광채인 '受生自在燈'이다. 놀라운 것은 황폐한 룸비니 동산을 파랗게 소생시키고 꽃이 피고 새가 날며 물이 흐르게 하는 바로 이 씨앗들 속에 毘盧遮那佛의 三千大千世界의 긴긴 영겁의 온갖 모습이 다 함께 살아 생동한다는 점이다. 역시 머리나 이마가 아닌 '배꼽'으로부터다. 그리고는 꼭 100년이 지나 가비라城에서 인류와 우주의 빛 석가세존이 탄생한다. 이것이 우연인가?

세 번째는 1885년에 공표한 충청도 連山 사람 金一夫의 正易에 나타난 후천개벽의 구체적 실례로써 "己位親政" 즉, "밑바닥이 임금 자리에 돌아옴."이다. 周나라 성립 당시인 2,900년 전 서남북쪽의 '己位' 즉 陰干支와 陽干支의 꼭 중간인 '大荒落位'로서 그야말로 지옥에 해당하는 밑바닥으로 기울어진 經度, 지구 자전축과 北方天空의 銀河, 星雲群과 北極星, 北斗七星 등이 개벽을 맞이하여 우주 중심인 北極太陰(빙산지대)의 물의 위치로 복귀할 때 그야말로 밑바닥으로 전락했던 어린이와 여성들이 수천 년만에 직접 민주주의의 정치 중심으로 홀연히 되돌아오는 '十一一言'이라는 사태가 발생한다는 이야기다. (이 자전축의 복귀는 이미 올해 <중앙일보> 3월 3일 자에 3차례나 보도된 NASA의 발표로서 '자전축의 8cm 이동 사실'로 확인되었다.)

이때의 '己位親政'과 '十一一言'은 2008년 4월 29일에서 6월 9일까지의 어린이, 젊은 여성, 쓸쓸한 변두리 사람들의 직접 민주주의적인, 和白의 비폭력적인 '첫 촛불'로 사실화되었다. 이것이 모두가 瑞氣에 가득 찬 後天華嚴開闢 이야기인 것이다. 그리고 그 모심의 주체는 역시 '어린이', '여성', 그리고 '밑바닥의 쓸쓸한 사람들'이다. 그러나 나는 하당 앞거리에 우뚝 서서 내내 생각을 계속했다. 왜 그것은 '산알'이고, 또한 '화당리 솟례'인가를 말이다.

 신종플루가 대 유행일 때다. 타미플루가 내성이 생겨 서구 의학의 항생제에 근원적인 불신이 파동칠 때다. 기이하게도 중국의 한방 의원마저 불신의 대상이 되어 사람들이 발길을 끊을 때다. 그렇다면 한국엔 무엇이 있는가? 일본엔 무엇이 있는가? 도리어 유럽과 미국의 의학자들이 스스로 거대한 전문명사적 열패감에 빠져 동아시아를 바라보기 시작할 때다. 왜 그 즉효약이라는 경락학자 金鳳漢의 바로 그 '산알'이 이 시커먼 밑바닥 목포의 뻘바탕인 '下塘'과 관련하여 떠오르는 것인가?

 그리고 어째서 천승세 선배는 그 시커먼 시궁창 '下塘'을 '꽃 피는 연못'을 뜻하는 '花塘'으로 높이 들어올리고, 부엌데기이자 천덕꾸러기 계집애인 '솟례'를 그 주인공으로까지 上昇시킨 것인가?

 이 '下塘'의 정체는 과연 무엇일까? 儒佛仙은 어찌해서 이 시커먼 개굴창에서 그 찬란한 三結合을 이루는 것일까? 그리하여 華嚴法身禪의 고지인 欽山禪師의 碧巖錄 속의 빛나는 公案인 '一鏃破三關'에까지 연속될 수 있는 것일까? 아아! 나의 의문은 끝이 없었다. 三鶴島를 건너다보는 내 눈에 눈물이 흐르기 시작했다. 그때 나의 존경하는 참 스승 海月 崔時亨 선생(동학 제2대 교주)의 거의 마지막 무렵의 法說 한 마디가 내 귀가 아니라 눈에 서렸다.

 "後天開闢은 실제에 있어서 北極 太陰(빙산지대)의 물의 변동으로부터 시작되고, 그 물의 변동은 여성들 물속의 月經으로부터 시작된다."

라는 말씀이 그것이다.

이것일까? 과연 이것일까? 밑바닥 중의 밑바닥인 木浦 뻘바탕의 下塘, 그 하당에서도 밑바닥인 여자 계집애, 거기에서도 밑바닥인 부엌데기 '숏례'가 '꽃'으로 상승하는 바로 그 문학적 메타포 안에 이 진리가 이미 내포되어 있는 것일까?

그리고는 나는 목포를 떠났다. 떠나면서 목포대 김선태 시인에게 이 사연들을 알렸다. 그렇다면 어디로 떠난 것인가? 과연 어디로? 스웨덴의 스톡홀름이다. 왜? 노벨상 수상 공작하러? 나는 그렇게 살아오지 않았다. 준다면야 거절할 까닭은 없다. 己位親政이요, 개천에서 용 나는 판인데 말이다. 전라도 놈이 무슨 죄라도 지었나? 그러나 수상 공작을 위해 북극까지 갈 만한 마음의 마키아벨리는 스스로 키우지 않았다. 그럼 왜 갔나? 초청 강연 때문이었다. 스톡홀름이 처음으로 번역한 한국 문학 작품이 나의 <五賊>인바, 스톡홀름 대학교 한국학연구소가 '제1회 한국문학 강연회' 초청 연사로 나를 부른 것이다. 강연 주제는 <촛불, 횃불, 숯불-己位親政>에 관하여였다.

산알 그리고 화당리 숏례! 儒佛仙 一簇破三關! 화엄개벽 모심의 길! 그리고 水雲 崔濟愚 선생의 참으로 기이하고도 기이한 豫言詩 <南辰圓滿北河回>

그렇다. 己位親政 後天開闢은 政治인가? 그럴지도 모른다. 그러나 나는 그 점엔 일절 관심 없다. 왜냐하면 그 개벽이 가능하기 위해선 文化부터 시작되어야 하며, 사람의 마음부터 바뀌어야 하기 때문이다.

鄭道令 말인가? 남쪽 바다 속 섬 紫霞島에서 정 도령이라는 자가 '海印(화엄개벽의 상징)'이라는 부적을 몸에 지니고 바다를 건너 북으로 진격하면 李朝를 굴복시킬 수 있다는 헛소문이 있었다. 그 헛소문

을 실천하다가 저만 망한 開泰寺의 김 보살이나, 그에 선동당한 海印寺(주의하라, 해인사다!)의 拙僧 尹飽山이나 모두들 허깨비들이다. 그 밖에도 南道開闢 소문은 쌔고 쌨다.

그런 것이 아니다. 文化가 먼저이고 政治는 나중이다. 이것이 科學, 오늘의 科學이다. 나머지는 없다. 최종적인 새로운 疏通(화당리 솟레 같은)이 새로운 治癒(산알 같은)를 불러올 때, 바로 그때 수운 선생의 시처럼 圓滿을 민심 속에서 일으켜 北河回의 開闢을 귀결시키는 법이다. 疏通 그리고 治癒.

오늘 이 글을 쓰기 시작할 무렵 목포의 김선태 시인에게 전화를 걸었다. 전번에 걸었을 때는 핸드폰의 시그널 뮤직이 내가 좋아하는 뽕짝 "연분홍치마가 봄바람에 휘날리더라."로 시작되는 <봄날은 간다.>였다. 그런데 이번엔 무엇이었을까? 놀라지 말라! "사공의 뱃노래 가물거리며"로 시작되는 저 유명한 이난영의 <목포의 눈물>이었다. 아아, 놀라지 말라! 내가 이 이야기를 끄집어낸 이유는 이 강연이 다 끝날 무렵이면 그 답을 알게 된다.

목포 부두를 걷다가 연분 홍치마와 산제비와 서낭당의 비녀산 아래 하당이 부두의 배 떠나는 선창으로 사공의 뱃노래와 목포의 눈물로까지 옮겨왔다. 이 이동은 목포의 역사와 정신사에서 중요한 것이다. 주의하라! 逆順의 창조적 전개 역시 중요하고 중요하다. 이 사실을 눈을 부릅뜨고 깨달아야 한다. 이난영의 <목포의 눈물>과 함께 이 강연의 주제인 <다섯 척의 배>가 떠나게 되기 때문이다.

그리고 하당에서 선창까지 사이에 작년 10월 9일 무렵 나의 스톡홀름 체험이 있고, 그 체험으로부터 비롯된 나의 시집 산알 모란꽃의 의미만 기이하게 나타나며, 그 산알 속 '다섯 척의 배'의 심각한 현실적 의미(瑞氣圈 海洋時代의 문화)가 드디어 목포를 배경으로 홀연히 나타나기 때문이다. 이에 대한 기록이 또한 나의 최근 시집 '흰 그늘'의 산알 소식과 산알의 '흰 그늘'의 노래이다. 이제 좀 이해가 되었는가?

아까 강연 벽두에서 이 강연 요청을 받았을 때 이상한 느낌이 들었다고 말했다. 왜 그랬을까? 그 이유는 바로 이것 때문이다.

목포의 하당에서 스톡홀름으로, 다시 강진으로 이동하는 과정에서 있었던 한 사건에 대한 이야기를 하고자 한다. 부질없는 이야기가 전혀 아니다. 구체적인 내용까지야 밝히지는 않겠지만, 그 이야기 안에 '다섯 척의 배'라는 산알의 신비가 들어 있기 때문이다. 그리하여 향후 목포의 화엄세계인 후천개벽, 기위친정의 바로 그 '海印', 出世의 부적인 '海印'이라는 '서기권 해양문화'의 눈부신 성취가 산알처럼, 화당리 솟례처럼 우뚝 일어서게 되는 것이다. 어디에서? 물론 木浦에서다. 그러나 목포가 분명히 내 고향이지만 나는 목포만을 위해서 사는 사람은 아니다. 우뚝 일어서서 멀리멀리 나아가리라. 사방에서 우뚝우뚝 일어서면서! 다시 말한다.

나의 모토는 수운의 시 "南辰圓滿北河回"이기 때문이다.

자아 간다!

그러면 <다섯 척의 배>란 무엇인가? 이는 스톡홀름 에스프라나다 호텔 31호실에서 나에게 온 41개의 산알 중 다섯 종류를 뜻한다. 그 산알은 배꼽 아래쪽과 하단전 氣海 사이에 밖(우주 공간)으로 열린 출입 자재의 산알 기능들로서,

① 到船着,
② 皆船首,
③ 再臨船,
④ 早失船,
⑤ 晚學船을 가리킨다.

첫째, '到船着'은 배가 부두에 닿는 일과 사람을 내리는 도착 영역에 속한다. 이는 항구의 생명력, 특히 창조적 생명력이다. 또한 긴 항해 과정을 거친 배를 완전히 치유해 주고, 그 배가 싣고 온 바다 밖의, 바다 속의, 그리고 바다 위의 온갖 우주 생명학적 소식들을 정확히 소통하는 그야말로 "喜悲籬的 瑞氣"의 산알 기능에 해당한다. 배가 가져온 화물이나 상품 등 모든 교환품의 거래를 그야말로 '喜悲籬場的으로 消化'하고, '核酸 기능의 有機化'는 말할 것도 없겠다. 목포의 경우 어느 부분이 거기에 해당하며, 그럴 가능성이 있거나, 그런 능력을 배가시킬 수 있을까? 그 답은 산알이다. 즉, 한 항구 도시의 생명기능의 문제다. 우선은 문학적 표현 영역이 아니라는 점을 명심해야 한다. 그 다음에 문화적 접근을 고려해도 늦지 않다. 내 생각으로는 바다 쪽으로 돌출해 있는 부두가 아니라 남교동 등의 원도심이 이에 해당한다. 왜 그럴까? 이 점에 대해 논의가 있어야 한다. 논의의 초점은 독일 19세기 말엽 브레멘의 항구 기업 전문가로서 그 경험을 책으로 출간한 적이 있는 Vehement Ulla Binjah의 <Segalla Venetia motalla(배네치아 기동선의 위험률)>과 20세기 중엽 영국의 항해가 겸 해양기업가였던 Vincent Jo ugliovo의 <Beyond moody Sunsetsea(멋진 노을바다 저 너머로)>이라는 책을 참고로 하면 이로울 것이다. 그저 참고서일 뿐 결코 교과서일 수는 없다. 교과서는 목포 사람들 스스로 창조해야 한다. 이 두 권의 책은 서로 각도는 다르나 '到船着'이라는 기이하고도 민감한 영역이 왜 부두 같은 전초기지가 아닌 옛 도심, 그것도 일제의 항구 경영의 잔재나 기억이 남아 있는 약간은 보수적인 後備 領域에서 오히려 전문적으로 다루어져야 하는지를 상당히 날카롭게 취급하고 있다. 매우 큰 도움이 될 것이다. 이 두 권의 책 말고 또 있다. 일본의 해양 선박 회사 경영자였던 마루모도 수시로(丸本杭)의 <私の木浦海洋>이 그것이다. 이 책은 경험적 보조 기능은 할 것이다. 특히 남교동이 일제시대 때 무엇을 하는 곳이었는지가 환히 드러날 것이다. 그리고 많이 놀랄 것이다. 목포시가 남교동 등 원도심 부활을 再生 차원으로 추진하겠다면 단순 리모델링이 아니라 새로운 '到船着 브레인 인스티튜트' 접근이어야 한다. 문화적 번영은 그 뒤에 따른다.

둘째, '皆船首'는 산알 모란꽃에 실린 해당 시편에 다름과 같은 구절로 그 뜻이 압축되어 있다.

민요에서는
船首重 보다
船尾重을 더 쳐 준다.

배 앞에 더 무거운 말이 먼저 나옴이고
배 뒤에 더 무거운 일이 나중 터짐이다.

그래야

멋있다고 했다.
그러나
요즘 민요는 다르다.

선덕여왕에서도 미실이와 덕만이가
서로 경쟁한다.
대사 앞쪽이
훨씬 무겁다 둘 다 그런다.

앞으로 가거라
해양시대 물의 시대
바다의 문명은 민요가 아니다.

 이 시는 무엇을 뜻하는가? 이른바 민요 및 민예에서의 船首重力과 船尾重力의 갈등 구조론이다. 그러나 여기서 주의해야 할 것은 船首重力이 말의 무게라면, 船尾重力은 일의 무게라는 차이점이다. 이것은 매우 중요하다.
 이 글은 사실 木浦市 전체를 하나의 배로 또는 배의 부두로 상정하고서 따져나가는 글이다. 따라서 부두는 부두고 살림집은 살림집이고가 아니다. 이 점에 식별력이 있어야 한다. 한 도시를 항구와 그와 결합된 문화양식의 미래적 융합의 창조성에서 보아야 하기 때문이다. 그렇다면 木浦高, 木浦女高, 文泰高, 弘一高, 德仁高 등 목포의 명문 고등학교가 모두 원도심에 밀집되어 있음을 자랑삼아 말할 일이 아닌 것이다. 또 이것을 유리한 교육여건이라고 뻐길 일도 아닐 것이다. 이것은 주택지역과 산업 및 생산지역을 철저히 구분하려는 유럽의 19세기 말(제1차 세계대전 이전의 자본주의 社會 矛盾의 전면적 도시 확충 추세기간, 계급간의 차별이 노골화한 시기, 파시즘과 사회주의 극단론이 정면 대립한 시기의 도시행정면모이다)의 도시관이요, 교육관에 속한다. 지금의 목포는 이것을 요구하는 것인가? 그만큼 축적이 충분한가? 더 앞으로 나아갈 생각은 없는가? 차라리 교육기관, 그것도 사회성에 민감한 세대들이 다니는 고등학교는 원도심이 아닌 조금은 거칠면서도 그 생산적 활기가 날카롭지는 않은(거친 것과 날카로운 것은 전혀 다르다. 목포의 문화가 얼른 보아도 뒤죽박죽인 것은 바로 이같은 문화 내지 생활 심리적 배정이 전혀 계산되지 않고 있는 까닭일 것이다), 그래서 삶의 원천적 전투태세는 자극이 있되, 그렇다고 해서 너무 소란스럽지 않은 지역이 고등교육에는 좋은 것이다. 따라서 '皆船首'에 해당하는 지역이 좋다. 말은 앞서는 게 좋다(교육적 내용이 훨씬 무거운 것). 그러나 실제적인 체험이나 현실적 부담은 다소 날카로운 시점을 지나서 다가오는 일반적 경험권이 교육에 좋다는 말이다. 그렇다면 어디가 그러한 지역인가? 목포역이나 대성동 쪽이다. 그러나 이것은 인문계 고교의 경우다. 실업계 고교의 경우엔 그 반대이다. 이쪽은 말 즉 실업적, 경험적, 실천적 교육 내용이 그 경험보다 훨씬 무겁고 압도적임에 비해 그 구체적 경험은 그만큼 유보되는 것이 좋다. 따라서 '皆船首'의 영역이 다르다. 물론 이것은 젊은이들의 교육의 경우에 한해서이다. 그러나 현재 목포시와 같은 비약 직전의 도시에 사는 젊은이들은 사실상 모두가 이론 혹은 말과 실천 및 일의 준비상태요 대기상태이다. 아까도 실천이 앞서는 경우는 도리어 신도심인 하당·옥암 지구나 남악 신도시가 좋다. 조금 기이할 것이다. 여기에 관한 참고서가 두 권이 있다. 20세기 초 프랑스 교육가 Bernard Breminsaul의 <갓 태어난 도시>와 미국이 2001년 간 <아칸소 유니버시티 프로그램> 전 3권이다. 신생도시와 대학 진학자 그리고 항구와 관련한 신세대 교육의 좋은 참고지침들이 들어 있다. '皆船首'가 목포시의 부흥사업이나 해양 개척 그리고 뛰어난 조선술을 비롯한 관련 경쟁 분야에서 지금 막 전 세계적으로 제기되고 있는 '바다의 시대. 물의 시대'에 남보다 앞서가야 하는 이유, 더욱이 현상황에서만 보아도 서해와 목포 인근은 '新地中海'요, '동롯텔담(East Rotterdam)'이다. '皆船首'는 물어보나 마나일 것이다. 그러나 여기서 '皆船首'는 '산알'의 그것이다. 삶의 문제요, 생명의 문제이다. 직업 이전에 한 도시의 문화, 한 도시의 신세대 교육정책 구조에서 어린이, 여성, 젊은이의 '나아가면서도 여유 있는' 말과 일의 구분과 연관 접근의 상시적 수련은 진정한 의미에서 서기권 해양시대에 있어서 '瑞氣(원만한 용기의 균형)'를 보장하는 참다운 '皆船首'인 것이다. 프랑스 교육가의 <갓 태어난 도시>는 바로 신생 도시의 신세대 문제에 좋은 도움을 주는 책이다. 이 책은 영어로도 번역되어 있다.

셋째, '再臨船'이다. 나의 두 번째 산알 시집 '흰 그늘'의 산알 소식과 산알의 흰 그늘 노래 중에서 348쪽의 중국 생태학자 異憪泓의 쥐 會陰 연구와 인간의 경우, 미국 뇌생리학의 칼-프리브럼의 '홀로그램' 이론 원용에서 배를 포함한 현대 문명사에서의 海洋이 가진 우주생명학적 문제와 그 경제학적 효과 및 문화적 방향성, 인간 계발의 미래 등을 내다보고 그것을 목포시의 경우에 대입시켜보기 바란다. '華嚴腦'라는 시다. 이와 연관하여 목포시는 造船뿐만 아니라 臨船文化와 과학장비 일체를 재검정해야 한다. 향후 전세계가 표방한 해양은 결코 옛날의 그 바다가 아니다. 후천개벽기의 바다요, 우주행성충돌 가능성, 오존층의 이상, 라니뇨·엘리뇨 및 한류·난류의 혼성, 남반구, 북반구의 기후 전도와 함께 태풍, 폭우, 파도, 해일, 지진과 해수 변질 및 도서들의 침강·융기는 다반사가 될 것이다. 造船이나 臨船이 편안하기만 할까? 이와 관련한 현대 과학의 인간 생채 공부는 필수적이다. 박테리아 수준의 전신 뇌세포에 관한 일본과 미국의 최신 뇌 과학연구의 정보 흡수는 빠를수록 좋다. '再臨船'이 그리 쉽지만은 않을 것이다. 더욱이 목포시의 배들은 이제 전세계의 온갖 도시를 다녀야 한다. 아마도 이와 관련하여 나의 두 번째 '산알 시집'은 필수적인 텍스트가 될 것이다. 왜냐하면 이제 '산알'은 모든 도시, 모든 지역의 새로운 생명 가능성이자 변화 가능성, 적응 가능성이기 때문이다.

넷째, '早失船'이다. 이미 앞에서도 말했다시피, 바다의 새로운 시대가 오는 것과 함께 바다의 무서운 위험도 예전과 비할 수 없이 높아진다. 이것을 의심한다면 지금도, 앞으로 다가올 해양시대에도 살아남을 수 없다. 그러므로 준비해야 한다. 무엇을 말인가? 해양 측정과학, 예상과학, 포괄적인 해양 이해의 전폭적 확대, 해저 탐구, 해양 생물에 대한 우주 생명학적 차원의 연구가 수준을 넘지 않으면 목포시의 해양 시대를 지금의 기대처럼 크게 열어갈 수 없다. 그 중에 중국의 사랑앵무새나 쥐, 일본의 메기, 붕어와 같은 생물 지표의 발전이 요구된다. 異憫泓의 쥐 회음 연구의 교훈이다. 나아가 休船制를 시도해보아야 한다. 지금껏 인류는 바다를 우습게 알았다. 그러나 오늘날에도 과연 그럴 수 있을까? 물은 생명이지만 동시에 죽음이다. 해일, 지진만

이 아니다. 블랙홀, 화이트홀은 우주 공간에서만 일어나는 것이 아니다. 그것이 이제 지구 생태계와 혼성된다는 서구과학계의 경고가 잇따르고 있다. 이태리 과학자 에밀리아노 포플러(NASA 소속)의 <혹성과 혹성 사이의 물의 존재에 대한 달의 촉발력>이라는 논문을 연구할 필요가 있다. 그것을 2세기 이전의 독일 과학철학자 라이브니츠의 <3개의 태양에 관한 전문 과학적 상상력>과 비교해 보고 해와 달의 상관 관계, 태양 흑점의 대규모 장기침체와 태양열 일반의 저하(12년째), 그리고 무엇보다도 달에 얼음 6억 톤이 발견된 사실은 혹성 사이 우주 공간의 물의 존재 가능성 지표들인 그린 포플러, 옐로우 보우넛, 블랙 햇지 같은 水性 안개 띠들과 함께 앞으로 모든 물을 비롯한 강, 바다의 거대한 지표 변동, 예상 변동과 관련이 있다고 한다. 어찌할 것인가? 달은 물이다. 달의 대변동을 보면서도 물은 항구적으로 평온할 것으로 생각하는가? 천만의 말씀이다. 아마도 이에 대한 대비를 위해서 木浦大의 역할이 지금보다 엄청나게 키져야 할 것이다. 문화보다 먼저 과학이다. 오늘의 문화 특히 해양문화는 당연히 엄밀 과학, 근본 과학을 문화 자체의 핵심 콘텐츠로 여겨야 한다. 물은 변동 그 자체의 상징이다. 배가 출항하지 않는 날이 있어야 한다. 그것도 일찍감치 투失船이다. 옛 어른들로부터 들은 바에 따르면, 아침바다가 가장 위험하다고 한다. 바다가 똥 싸는 시간(바닷물 자체가 내부적으로 시끄러운 시간)이요, 우주적으로는 고요한 달보다 충격과 요동의 시간인 해 뜨는 시간이어서 그렇다고 한다. 이에 대해 내가 알고 있는 동서양 해양과학 지식(상식이나 전설 수준)은 둘 뿐이다. 하나는 옛 희랍의 음유 시인 쏘비루리아 게메아나의 <미친 바다에서의 일기>이고, 또 하나는 한국의 저 유명한 장보고의 측근으로 알려진 한 이름 없는 선비

(그저 韓良子라고만 되어 있는)의 기록인 <於海於岸經>이다. 둘 다 秘傳이다. 구하려면 해양 전문가들의 깊은 자문을 얻어야 할 것이다. 그러나 힘들 것이다.

다섯째, '晩學船'이다. 詩에서는 늙은이의 孔子 공부 이야기를 했으나, 그것이 아니고 늙은 바다와 오랜 船海經驗과 거친 그 세월을 통과한 바다 나그네의 수필집이나 시집, 경험담, 아니면 바다 위에서 꾼 희한한 꿈들(이들은 이상한 꿈을 많이 꾼다고 함), 이 꿈에 대한 본격적 연구가 아마도 이 강연의 부 주제인 <서기권 해양 시대를 향하여>에 대한 길잡이가 될지도 모르겠다. 오디세이나 일리아드와 함께 또는 白鯨 등과 함께 목포권 문학의 새롭고 빛나는 업적이 여기에서 비롯될지 누가 아는가? 그냥 평범한 어부들마저도 물 위의 배에서는 기이하고도 기이한 꿈을 꾼다고 한다. 못 들었는가? 우주 생명학시대의 심층무의식 공부의 한 요람이 되지 않겠는가? 생각나는 것이 있다. 9천 년 몽골리안 루트의 골목인 베링해를 건너던 몽골리안들의 꿈결 같은 노래가 있다.

"이카이카루 데에무 와이스무이 코낭카투이.
새야 새야,
네가 가는 이 바다의 끝은 어디냐,
내가 숨은 이 깊은 물속의 새 하늘 아니냐!"

이상한 노래다. 바다 속에 새로운 하늘, 새로운 우주 공간이 있다는 이야기다. 참으로 기이한 비전이 아닌가? 마치 아득한 태고에 黑海 속에서 솟아오른 달이 열여섯 바퀴를 돌면서 열여섯 계절을 가져왔던 그 여인의 시대, 그 가브리에세아로 시절의 신화와 비슷하다. 이것은 둘 다 외계 우주의 개입이거나 물로부터 이어지는 새로운 외계 우주에의 통로 이야기인 것이다. 꿈인가? 중요한 것은 캄차카의 페트로파블로브스크 역사 박물관 관장인 비테르 박사의 증언이다. 그에 따르면, 캄차카에는 북방 코리악 族과 남방 이뗄멘 族 사이에 7,000개의 신화가 남아 있다는 전설이 있다고 한다. 현재에도 최소 2,000여 개는 남아 있으리라는 추측이 가능하다. 문제는 이들 신화구조나 상관 관계 등을 볼 때 중앙아시아의 일반형과 전혀 다르다는 점이다. 분명 아시아계 신화들인데도 그 내용에서 아메리카나 알래스카와 안데스, 남극 해안의 신화망이 함께 섞여 들어서 9천 년의 몽골리안 루트가 사실상 의식이나 상상의 세계에서는 철저한 共鳴과 쌍방향 疏通이었다는 사실이다. 이것은 인류의 앞날에 매우 의미심장한 대목이다. 더욱이 양 대륙의 인디언들이 다같이 노래하고 있는 깊은 바다 속의 새로운 하늘, 즉 물을 통해서 외계 우주로 나가는 길이 있다는 확고한 믿음은 소름이 끼치는 종교적 영역이라는 증언이다. 이것은 과연 무엇일까? 나는 이 강연 후반부에서 이 경지의 우주생명학적 상상력을 五復勝에 이은 十五復勝으로 제시할 것이다. 즉 해양 시대의 서기권은 생명 차원만으로는 성립할 수 없다. 그래서 어부의 꿈을 채취·연구하라는 것이다. 그야말로 五復勝의 생명에 이은 十五復勝의 우주적 확장이 뒤따라올 수밖에 없다는 것이다. 그리고 그에 이어 다마스카스대학 수학교수 군더카르데 비힌지의 사라센 우주수학, 빗토리오 횟쓸레의 유럽 우주수학, 漢代 楊德丁의 중국 우주수학, 캄차카, 바이칼을 포함한 우리 민족사상의 원류인 동북방 우주수리의 기초 등을 중심으로 이른바 瑞氣圈의 넓이를 밝혀야 한다. 물론 '물', '水王', '妙衍'이라는 중심 통과절차를 지나서다. 그때에야 비로소 인류는 진정한 疏通과 진정한 治癒의 산알에 도달할 것이다. 목포가 이 작업에 나설 용의는 없는가? 이제부터 전 인류의 참다운 문화는 물과 瑞氣에 의한 것이다. 그것은 진정한 疏通을 추구한다. 그리고 그런 소통만이 참다운 치유의 산알이다. 그때 비로소 해방된 화엄개벽이 일어난다. 그것을 일러 우주복합콘셉터(창조적 발상 지원 시스템)라고 하는데, 이것이 곧 진정한 '산알 문화'인 것이다. 어디 도전해 볼 용기가 있는가? 없는가?

지금까지 나는 '다섯 척의 배'를 그 생태적 양상 중심으로 가름했다. 이 글에서 심층적으로 배에 비교되지 않는 여러 지역들인 하당, 용당동 등등은 서로 복합적 비교 판단이 가능하겠다. 배라는 이름의 전체적인 산알의 비유체계이니 사실 어디에나 접근이 가능하다. 한 산알 안에서의 우주적 통합력이 그 접근의 핵심원리로 된다. 인간생체와 우주와의 통행에서 이 '다섯 척의 배'만큼 중요한 산알은 없다. 명심하자. 목포 해양도시문화의 융성에 대해 어디에서건 그 근본 철학을 새 시대의 메타포인 '생명' 또는 '우주생명'이라고 공언하는 것이 바람직하다는 바로 그 말씀이다. 안 하실 텐가? 싫은가? 곧 2~3년 안에 大病劫의 괴질시대가 닥칠 것이라고 한다. 그때는 바로 생명, 우주 생명, 산알이라는 말이 곧 한울님의 또 하나의 이름이 될 것이다. 그때는 '물'이 바로 최고의 치료제가 된다.

이 '다섯 척의 배'가 전통 仙道의 腰間神仙, 배꼽과 하단전에서 나오는 신선사상, 불교 화엄경의 受生藏, 受生自在燈 또는 舍利 그리고 일반적인 단전호흡이나 기 수련과 요가에서도 일반화된 생명과 우주 사이를 들락날락하는 호흡법 그 자체다. 음악에서도 들숨과 날숨의 長

短音步의 기본 이치이자 散調音樂에서 本淸이라는 기준의 근거가 되기도 한다. 단전학 일반에서는 생명의 기본이라고 주장하는 下丹田 氣海가 곧 우주의 배꼽이니 만물이 탄생하는 곳이기도 하다. 물론 김봉한과 나의 산알복승학에서는 좀 다르다. 하단전 기해가 아닌 더 밑으로 내려간 會陰穴이 바로 거기요 첫 산알의 復勝處(문득 湧出하거나 放光하는 숨은 차원의 입 또는 똥구멍)이다. 만약 목포의 下塘이 회음혈이요, 목포의 부두나 선창이나 중심가가 氣海穴이고 배꼽이라면 어찌해야 할까?

동아시아 전통생명학인 五運六氣論에서는 인체의 산알 중심의 運氣體系를 다음 다섯 가지로 정리한다. 이른바 五復勝이다. 주의할 것은 동아시아에서는 흔히 全宇宙와 세계의 가장 밀집된 단위 생명계를 한 사람의 인체로 집약한다는 점이다. 그렇다면 바로 이같은 '개체적 우주융합의 화엄구조'를 현대 진화론 개념을 적용해서 분권적으로 확대했을 때 오히려 목포라는 한 단위 생명권의 어떤 특징적 오기체계의 대강이 되기도 할 것이다. 바로 이 五復勝 구조를 '다섯 척의 배'에 비교·적용해보시라. 1대 1의 비교가 아닌 다층적·복합적 비교를 시도해 보기 바란다. 왜냐하면 복승이란 매우 역동적인 생성이면서 산알의 생산구조이고 동시에 逆으로는 세포를 생산하면서 도리어 세포로 되돌아가는 擴充的 운동을 하는 매우 다층적 複合體 活動이기 때문이다. 한 도시가 한 지점에서만 그 도시 주민들의 특정 활동이나 도시민적 성격이 한정되는 법은 애당초 없기 때문이다.

五復勝을 인체구조에 준해서 설명해 보자.

6조個의 세포로부터의 煩形跡,

365種의 표층경락으로부터의 深茫跡,
360類의 심층경락(氣穴)로부터의 彫龍跡,
內丹田으로부터의 龜靈跡,
會陰穴로부터의 水王運.

잊지 말라! '~로부터의'라는 조사는 복승활동의 流出性 또는 湧出性을 나타낸다. 이 五復勝에 대한 瑞氣圈 해양 문화적 차원에서의 미학적 표현 양식으로 五文彩가 있다.

煩形跡에 대한 疎開性,
深茫跡에 대한 蒙養性,
彫龍跡에 대한 縹渺性,
龜靈跡에 대한 줄啄性,
水王運에 대한 玄覽性.

이상은 나의 최근 저술인 <喜悲籬와 瑞氣의 미학>에 의한 분류다. 나의 朴景利 文學論인 '흰 그늘'과 華嚴(문학의 문학, 2009년 가을호)을 참고하길 바란다.

數理를 끌어들여보자. '5'가 셋이다. '3×5'는 15이다. 내가 지금껏 이야기해왔던 우주생명학 또는 우주생명미학의 十五復勝이 드디어 나왔다. 서기권 해양 시대, 물 속의 새 하늘까지 상상하는 동북방사상과 아시아, 아메리카, 몽골리안 루트 9천 년에 이은 마야달력의 이른바 '아시아의 지혜를 품은 의미심장한 대침묵(미국의 레스더 브라운의 해석)'이라고 불리는 2012년의 大病劫과 우주 생명의 괴질 및 대

변동까지를 포함한 것이 바로 이것이다. 많은 전문가들은 2012년의 終末의 비극은 바다와 강물과 비와 샘물, 또는 인체 안의 물을 포함한 물만이 藥이라고 한다. 그래서 불교의 어떤 스님들은 인간과 중생 구원의 상징을 옛 정도령 소문의 바로 그 '海印'이라고 부르기도 한다. 그렇다. 우주를 함축하지 않으면 참다운 오늘의 소통이 어렵고, 그 소통이 어려우면 참된 치유가 힘들다고 한다.

十五復勝이다.

1. 水王運=會陰穴
2. 龜靈跡=內丹田
3. 彫龍跡=氣穴
4. 深茫跡=經絡
5. 煩形跡=細胞
6. 形局跡=生物地域(Bio-region)
7. 複形跡=複合形局
8. 靈局跡=文明圈
9. 風水跡=地球丹田(韓日自生風水說)
10. 太陰跡=北極會陰(大氷山地域)
11. 初眉跡=地球山岳氣穴圈(또는 瑞氣圈)
12. 沙雲跡=오존 大氣圈
13. 易史跡=太陽系日月干支圈
14. 黑白跡=블랙홀, 화이트홀, 超新星
15. 無窮跡=外界無限

(달의 새로운 十六轉干支圈이 서서히 들어오게 됨.)

　서기권 해양 시대 혹은 서기권 해양 문화 시대의 시작은 바로 이같이 <다섯 척의 배>와 五復勝과 五文彩의 '瑞氣疏通(五文彩의 최고 외형적 양식이 '疎開性'임을 명심할 것)'의 그 疎通은 실제로 柳宗元의 "疎之欲其通(엉성하게 함은 소통하고자 함)"이나 氣哲學의 "疎散之氣" 또는 本淸을 전제로 조선 영·정조시대 이후의 '散調' 예술 일반과 正易에서 강조하고 있는 麻姑時代, 八呂四律의 부활인 이조 중·후기 민중사회발전과정에서의 이른바, "呂律美學(調陽律陰美學)"의 등장에 토대를 두고 있는바, 바로 이 瑞氣疏通은 우선 喜悲籬社會(喜悲籬場이라 불리는 재래시장인 '五日場'을 현대화한 호혜시장인) '비단 깔린 장바닥' 또는 神市가 목포권 안에 조성되어야 비로소 가능하다. 喜悲籬는 본디 5일장의 또 다른 이름으로서 "기쁨과 슬픔을 넘나드는 울타리" 또는 "기쁨과 슬픔을 함께 보호하는 울타리"라는 의미를 지니고 있다. 손해나 이익, 價格多杯性, 協議價格 등에도 불구하고 우의와 화해를 잃지 않는 따뜻한 자본주의 또는 호혜·교환·획기적 兩分配 사회를 말한다. 이것이 성립했을 때만이 비로소 가능한 것이다. 몇몇 예술가의 전위적 노력으로만 되는 일이 결코 아니다. 따라서 五復勝·五文彩·十五復勝의 서기권 해양 문화는 기본적으로 '다섯 척의 배'에서 시작되는 喜悲籬 經濟社會가 목포시에 들어오느냐에 그 성패가 달려 있는 것이다.

　상식 아닌가? 그렇다면 어떻게 해야 가능할 것인가? 여기에서 우리는 목포시와 남도의 근대사를 근본적으로 다시 돌아볼 필요가 있다. 무엇을 돌아본다는 이야기인가? 한국의 역사에서 코민테른의 지령에 따른 공산주의의 등장은 3·1운동 이후 4~5년 지나면서부터이다. 그러나 3·1운동 직후에 완전히 주체적으로 한반도에 '共生主義'가 등장한 것은 1911년 직후인 1912년 9월 9일 진주목사 申相混(별명 우범)이 智異山에서 共生 모임을 조직하면서부터이다. 이 모임에는 경상도의 '衡平社'와 전라도·경기도 쪽의 '水王會'가 가담하고 있었다. 문제는 '水王會'였다. '水王會'란 처음 들어본 말일 것이다. 그러나 이것은 명명백백한 한국 근대사 75년을 관통하는 주체적인 民衆進步運動이었다. 1894년 갑오동학혁명 실패 직후 경기도 이천군 설성면 수산리 앵산동에 피신해 있던 해월 최시형 선생은 1895년 음력 4월 5일 수운 선생 得度日 제사를 낮 11시에 向壁設位에서 向我設位로 완전히 바꾼 뒤인 그날 밤 앵산 봉우리에서 금강산 党聚 彬杉和尙과 正易·南學 그룹 및 28세의 동학당 여성 '이(鯲)'. 본명 李水仁를 포함한 華嚴經 스타일의 九人會를 조직하고 갑오혁명 실패 후의 대책을 논의했다. 이 자리에서 정식으로 '어린이와 여성과 쓸쓸한 民草들을 주제로 하는(玄覽涯月民) 화엄개벽이 그 노선으로 채택되어 이후 1970년대 새마을운동 때 소멸할 때까지 약 75년간 남조선과 중조선 일대에서 공생주의, 공산주의, 자유주의, 민주주의, 민족주의, 여성 운동, 소년 운동, 학생 운동, 신문화 운동, 소작쟁의, 노동자 파업 등을 비롯한 일체의 民衆自助自立運動을 지하에서 펼쳤다. 일반적으로 이 조직은 '남학밭', '당취굴'로 소문이 났고, 6·25 뒤에는 '南의 모스크바', '남조선 본부' 등으로 알려져 좌익소굴로 오해되기까지 했다.

남한에서 공산당이 조직되기 훨씬 이전인 1901년부터 이미 목포 부두에선 노동자들의 파업이 빈발했다. 일본인들의 보고에 따르면, 배후에 공산당과 같은 정치 조직이 있는 것이 분명하다는 판단이 일반화될 만큼 그 당시로서는 철저한 투쟁이었다고 한다. 이것은 무엇일까? 이후 동학당 金以民 선생이나 영광의 水王會系列의 주체적 공산주의자로서 '오모가리'라는 별명을 가진 吳成澤 선생의 기억에 따르면 이들은 수왕회 직계의 지하그룹이었다. '喜悲離'라는 옛 5일장, 神市 등의 전통이 海月 이후의 지하 운동단체인 수왕회에 포섭되어 근·현대적 노동 운동을 일으킨 것이다.

목포의 사회주의운동 조직에 대한 기억을 더듬어 보자.

① 오모가리 오성택 중심 뒷개 부두 술집의 '뒷개네'가 있다. 이들이 사실상 이후 목포, 무안, 해남, 안좌도, 강진, 진도, 완도를 총괄하는 이른바 '오목당'이다.

② 남교동 등 원도심에서 활동한 오거리 시곗방 주인 周씨(그의 본명은 전혀 알려지지 않았다.)와 목포 시장 안의 큰 포목상 등을 포함한 女子商人들(이들이 중요하다)이 있다. 그러나 이들은 이후 우파나 중도파로 전향한다. 왜 그랬을까? 중요한 것은 이 女商들의 시장이 가진 내륙과의 연접성 때문이었다. 아마도 앞으로 목포시의 진정한 번영도 이 연접성에 달려 있다고 할 수 있다. 또 첨단적 水王運動 역시 이미 초기부터 내륙 중조선과의 긴밀한 조직적 연관 속에서 진행되었다. 수운 최제우의 시 〈南辰圓滿北河回〉의 실현이다. 운동의 발전도 남조선에서 중조선으로의 원만성 찾기 과정이다. 중요한 것은 五台山 화엄성지와의 사상적 고리라는 운명적 철쇄 때문이겠다. 이 점은 앞으로 목포시의 번영에 절대적으로 중요하다. 왜 그런지는 차차 공부해 보면 안다. 해양 시대는 대륙 진출의 전제가 없는 한 절대로 불가능한 것이 우리나라의 운명 즉, 易에서의 '南離北坎'이니 多勿一不咸의

역사다. 발전기 도시 경제의 '해양-내륙 연접성'에 관한 상세한 전문 연구서가 곧 Omoraino Giossi(일본인 이름의 알파벳), <The Mania of Seacontinent Revolution>이다. 참고하라.

③ '물떼'라는 이름의 부두 장사꾼, 부두 하역인부들, 술집·가게 주인들이 있다. 이들이 바로 초기 파업의 주인공들이다. 그러나 이들은 조직적인 오거리의 周씨 그룹을 근원으로 보면 수왕회이다.

④ 대성동에서 '옛 고개'라는 사진관을 운영했던 '呂小仙'(여자 이름을 쓰는 기이한 남자로 일본에서 사진술을 배워왔다. 서양화도 그렸다. 이 사람이 참으로 중요하다. 목포의 진보적 예술운동의 총괄자였고 또한 어린이·여성 운동의 조직자였기 때문이다.)을 중심으로 한 소학교 선생들, 중학교 선생들, 군소 예술가들, 멋쟁이들이 '水王'이라는 이름으로 모여 물놀이, 뱃놀이, 다도해 기행, 사진전, 회화전, 연극운동 등을 펼친 것으로 유명하다.

아까 말한 바와 같이 이들은 뒷날 '오무가리 뒷개네'와 '여소선' 쪽이 코민테른에 의한 남로당으로 집결했고, 周씨와 시장 장사꾼들은 도리어 우파나 중도파로 변했다고 한다. 그렇다면 왜 이 사실이 중요한가? 새 시대 사회운동의 화엄개벽적 再志向 필요성과 과거 운동사의 주체성 확립의 문제 때문이다. 또한 오늘 남도 전체와 목포문화의 己位親政 後天開闢을 위해서도 海月·彬杉·正易·南學 심지어 白頭山派와 姜甑山 그룹까지도 기독교 등과 함께 대승적 연대를 해야 할 신문명사 발달의 다급한 필요성 앞에 봉착해 있기 때문이다. 더욱이 이제 막 새로운 서기권 해양시대를 향하여 발동을 걸고 있는 목포시 문화권의 경우는 더 말할 것도 없다.

그러나 이 모든 것들보다 더 중요한 필요와 이유가 숨어 있다. 그것은 바로 '산알'과 '화당리 솟례'라는 하당 發, 새 정신 생명력이라는 존재이다. 즉, 생명과 어린이 및 여성의 주도에 의한 전 인류 신문명의 요구이기 때문이다. 전 세계 인류 문명사의 이같은 요구가 바로 동아시아·태평양 권에 주어졌고 또 목포에 주어진 것이다. 그것이 바로 喜悲籬와 瑞氣圈, 해양 시대의 창조요, 海印으로 상징되는 '물의 시대' 창조사의 요구인 것이다.

수왕회의 첫 상징은 1895년 海月 밑에 숨어서 수발을 들던 무주 이씨 李水仁, 즉 '이(䖝)'다. 28세의 미모였던 그녀는 첫 화엄개벽 모임의 발언에서 후천개벽을 다음 셋으로 정리한다. '밥', '母性', '여자의 月經'이 그것이다. 이것은 華嚴經에서 석가세존의 어머니 마야부인의 母性·母體를 菩提心, 理, 智, 慈, 悲의 5덕의 형태로 공양과 함께 이론화·과학화함으로써 당대 사회와 역사적 한계 안에서 불가피한 普賢菩薩行의 속된 分別智의 오류를 넘어서려 했던 立法界品의 저 유명한 九人善知識 사례의 반복이기도 하다. 실제로 그날 이후 海月 수왕회는 9인 제한이었다. '이(䖝)'는 그해 가을 양평장터에서 붙잡혀 반항하다가 갈갈이 찢겨서 죽었다. 숨어서 이 사실을 들은 海月은 큰 소리로 '이가 이다(䖝爲李).'라고 소리쳤다고 한다. 이수인은 본디 전주 이씨 왕족으로서 正朝年間反政事件에 연루되어 茂朱 李氏로 改姓한 뒤 구천동으로 피신한 집안 출신이었다. 그야말로 己位親政이었다. 그 뒤 '이'는 水王史의 불변의 상징이 되었다.

그렇다면 이 정신이 목포에서 어떻게 살아나야 하는가? 어떻게 계승되어야 하는가? 바로 이것이 앞으로 목포시 번영의 비전인 서기권 해양 시대의 문화에서 핵심이 된다는 말이다. '물의 시대, 달의 시대, 玄覽과 玄牝의 시대'가 아닌가!

두 가지가 중요하다고 했다. 목포 시장의 여성 장사꾼 중의 왕초가 '맹덕 어멈'이다. 당시 '김만덕'으로, '뺑덕'으로도 불렸던 이 거구의 큰 엄마는 포목상으로 온 동네를 주름잡았다. 그가 이끈 10여 종류의 契 중에서 지금까지 알려져 있으며 기이한 명칭을 지닌 것으로 3개가 있다. '儒仙 모임', '뒷똥새 마름', '이음코'가 그것이다. 이들 셋은 돈 모으는 일 이외에도 그 활동 내역이 모두가 독특했는데, 이 중 '마름' 과 '이음코'가 유독 가난하거나 부모 없는 아이들의 먹을 것, 입을 것 과 공부 및 양육을 비밀리에(이 점이 중요하다.) 책임졌다는 것이다.

또 있다. '呂小仙'의 '片'이라는 지원모임과 '妙衍塔'이라는 아이들과 여성들의 생활·생명을 돕는 지휘탑이다. 이들은 지금도 선생들, 예술 가들, 멋쟁이들 사이에서 아주 멋진 운동으로 기억되고 있으며, 특히 '妙衍塔'은 그 기관지를 두 번이나 펴냈다고 한다. '妙衍'은 天符經의 핵심 개념으로 '여성(女)과 어린이(少)의 미묘한 생명·생활개선운동 (衍)'의 뜻을 지니고 있어 나의 미래의 '華嚴場에 대한 오묘한 推衍法' 이 되기도 한다. 그 추연의 척도는 '여성·어린이·산알'이니 바로 천승 세 선배의 하당 發 산알 아닌가! '화당리 숫례'가 다름 아닌 유불선 동 시 관통의 一簇破三關인 그 산알 그것이 아니겠는가!

기이한 사건은 계속된다. '呂小仙'의 '片'과 '妙衍塔'은 어린 아이들 에게 레크리에이션 형식으로 임성과 일로 쪽의 걸뱅이 각설이 춤인 '품바 품바'를 가르쳤다.

지독할 정도의 '산알춤'이니 건강에 썩 좋다. 지금 '갯돌'의 손재오가 '품바춤'을 민중연희로 부활시키고 있다. 주목할 필요가 있다. 장바닥 의 사당패 춤이기도 하다. '喜悲䌤춤'이라고도 불렸던 바, 강증산이 ' 후천시대의 律呂'라고 격찬하며 "이 말 듣고 웃는 놈은 그 자리에서

즉사한다."고 말한 바로 그 춤이다. '산알' 자체였으니, 그야말로 '喜悲籬와 瑞氣의 美學' 아니겠는가!

현대가 바로 '女性의 시대'임은 누구나 안다. 누구나 알고 있지만, 누구나 고개를 외로 꼬고 있다. 여성을 외면하면 목포의 위대한 발전은 기약할 수가 없다. 폴 크루그먼의 저술이 아니더라도 현대경제, 특히 바다를 끼고 있는 목포와 같은 도시의 첨단 경제력의 핵심은 다름 아닌 월러스틴의 이른바 '환경 비용'을 정부의 세세한 간섭 없이도 조정 가능케 하는 힘이다. 다시 말해 일상적인 여성들의 시장 소비 판단력에 의한 소비패턴의 날카로운 변화로 모든 도시 발전 생산시스템의 일반패턴을 바꾸는 여성들의 '喜悲籬場'의 힘뿐인 것이다. 이것이 玄牝性이다.

또 하나 동서양 현대 미학의 가장 주요한 기초는 玄覽性에 있다. 즉 갓난아이, 어린아이 성품에 있다. 단순한 무심 정도가 아니다. 영적인 대창조력이 바야흐로 아이들에게서 용출하는 산알의 復勝이다. 이것 없이 목포와 남도의 瑞氣美學은 어림 반푼어치도 없다. 그러면 그 씨앗은 있는가? 나는 오늘 '화당리 숯례'를 이미 다섯 번 여섯 번씩 이야기하고 있다. 이 싱싱한, 그럼에도 불구하고 짓눌린, 마치 남도 전체의 운명과도 같은 이 玄牝과 玄覽에서 산알의 서기가 솟아오르도록 노력하라!

아까 '妙衍塔' 이야기를 했다. 목포에 '呂小仙 공부 모임'이 오늘날에 다시 있어서 안 될 이유가 있는가? 그가 공산주의자여서 안 되는가? 그는 이미 '水王' 그룹이다. '김우진'은 어떤가? 그도 안 되는가? 페미니스트 김우진은 중도좌파다. 그래서 안 되는가? 주체의 조건, 유불선 융합의 조건인 水王史도 반공법 저촉이니 안 되고 천박한 從北

主義의 가짜 유물론으로 의심 받을 수 있다는 것인가? 분명히 그것인가? 아니지 않는가?

여기 한 시인이 우리 앞에 우뚝 나선다. 박화성, 차범석, 김현, 남농, 소송 등의 거인들 앞에 불현듯 우뚝 서는 한 사람이 있다. 그는 북한에 올라가 죽었다. 그러나 그는 결코 공산주의자가 아니었다. 이는 그의 약력이 여실히 증명하고 있다. 그는 영광 출신 시조시인 '曺雲'이다. 다음은 그의 시다.

너도 밤마다
꿈에
나를 본다 하니
오고
가는 길에
만날 법도 하건마는

둘이 다 바쁜 마음에
서로 몰라보는가
바람아 부지마라
눈보라 치지마라

어여쁜 우리 딸의
어리고 연한 꿈이

날 찾아

이 밤을 타고
이백 리를 온다.

<女書를 받고> 전문

주름진 어머니 얼굴
매보다 아픈 생각

밤도
낮도 길고
하고도 하한 날에

그래도 이 생각 아니면
어이 보냈을꺼나.

<어머니 얼굴> 전문

둘 다 깊은 감옥 속의 고통 중에 쓴 시들이다. 일제의 감옥에서 공산주의자가 아닌 조운이 피투성이 증오의 투쟁 대신 딸과 어머니를 서럽게 외쳐 부르면서 가슴에 새긴 미래의 세상은 어떤 모습이었을까? 瑞氣며, 妙衍이며, 華嚴이며, 水王이며, 喜悲籬 아니었을까? 共生이요, 母性이요, 갓난아기의 그 앳띤 부드러움 아니었을까? 또 있다.

뜰에 芭蕉 있어 빗소리 굵으리다
내가 이리 그리울제 어버이야 좀 하시리
어머니 어머니 머리 내가 세게 하다니.

<어머니 생각> 전문

새로 바른 窓을 닫고 수수들을 까는 저녁
요 빗소리를 鐵窓에서 또 듣다니
언제나 등잔불 돋우면서 이런 이약 할까요.

<안해에게> 전문

올 날을 이르라니 날짜가 어디 있나
너도 많이 컸으리라 날랑은 생각 말고
송편에 동부랑 두어 할머니께 드려라

<딸에게> 전문

세 편 모두 水王詩다.

이쯤에서 생각나는 게 없는가? 만약 없다면 목포의 미래는 끝이나. 만약 있다면 다음은 疏通을 다루어야 한다. 현대 문화, 특히 喜悲籬와 瑞氣미학의 문화는 곧 소통의 문제다. 소통은 곧 해탈과 해방과 자유를 전제로 한다. 그러므로 우주 생명학이고 곧 가장 정확한 치유다.

그러나 소통은 고차원의 數理를 전제로 한다. 산알 소통의 기본 수리는 天符經의 "9×9=81"에 있다. 그리고 그 수리의 三數複合率(물, 불, 빛 또는 달, 해, 무한)의 초점 조정력은 '妙衍' 두 글자에 있다. 곧 '여성, 어린이, 산알'이다. 81數의 우주 생명학적 삼수복합률에 의한 전개가 곧 '사라센 우주'의 군더카르데 비힌지가 제시한 531441 數요, 이것은 비토리오 횟쓸레가 제시한 최종적 유럽 우주신비수리와도, 漢代의 楊德丁이 제시한 중국 우주수리와도 똑같은 것으로, 인간이 살고 싶어 하는 제 나이, 제 삶의 세 곱이다. 그리고 여기에 부처님 名號 2,672種과 부처님 說法 84,000類가 산알이라는 치유의 영역들로 합산된다면 충분히 미국의 신경 컴퓨터의 큰형님인 영성 컴퓨터와 그것들을 기재로 해서 이루어질 일본 노무라(野村) 연구소의 저 유명한 '컨셉터'의 우주 생명학적 十五復勝型인 '우주복합컨셉터(Cosmic Complex Concepter-우주복합 창조적 발상 지원시스템)'의 기초 수리를 형성할 것이다. 지금은 율리우스나 그레고리오의 태양력 중심의 윤달이 없어지고 달 중심의 無潤曆이 들어서고 있는 때다.

달에 6억 톤의 얼음이 얼고 우주 공간에 그린 포플러 등의 물과 생명 지표의 화이트홀이 압도하며, 지난 12년째 태양열이 현저히 하강하고 170일 이상을 태양 흑점이 다운상태를 기록했다. 라이브니츠로부터 예상되는 바, 달의 압력으로 인해 해는 '불' 즉, Energy Bubble에서 '빛' 즉, Symtomm Aura(예감의 광채)로 그 중심이 바뀌기 시작한다. 天符經에 나오는 '太陽昻明'이 바로 이것이다. 동아시아 고대 정치사상사에서 최고의 태평성대인 '太陽之政'이니 그야말로 '喜悲籬場의 神市'와 '十一一言', '十五一言'의 직접 민주주의 '和白'의 때이다. 그렇다, 참으로 그야말로다! 瑞氣 風流의 때다! 유불선 一簇破三關이라는 목포의 그 밑바닥 下塘으로부터 바로 그 눈 부신 참으로 산알이 솟아오르는 것인가? 여성, 어린이, 솟례로부터 쏟아지는가?

그리하여 '다섯 척의 배'는 드디어 十五復勝의 대해 양시대로까지 나아가 海印의 세상을 후천화엄개벽 모심으로 己位親政할 것인가? 전라도 시커먼 개천으로부터 드디어 상서로운 푸른 용이 태어날 것인가? 목포 하당 관련 나의 시집 산알 모란꽃에 실린 <海石>이라는 시 한 편을 읽으며 이 길고 긴 강연을 마칠까 한다.

시퍼런
하늘이 시퍼런 날은
더욱 그랬어

영산강 한복판의 시뻘건
벽돌섬에서 한 사람

흙을 먹고 사는
머리에 흰 띠 두른 낯선
그 한 사람이

제 침으로 붉은 벽돌을 만들어
내내
던졌다더라

월출산 꼭대기로
바닷돌
던져

달 떠오르도록 내내 던지고 던져
지금도 던져

晝夜 平均
오호라

낮과 밤이 똑같은 시절
춘분 추분이 중심인 시절

오호라
적도와 황도가 하나 되는 그 시절
그 유리의 시절

우리 몸 안에서
만들고 있다지

그래
그랬어

小松제자하던 환쟁이
정환 형이
내게

여덟 살 때
가르쳐 준 것

건강하라고
건강하려거든

흙을 먹고 살라고

침으로 해와 달을 자꾸만 땅에다
그리고
그리라고
그러다가 죽으라고.

       庚寅 2010년 9월 11일
        새벽 4시 15분

6. 김지하의 바다 시

바다

가겠다
나 이제 바다로
참으로 이제 가겠다
손짓해 부르는
저 큰 물결이 손짓해 나를 부르는
망망한 바다
바다로

없는 것
아득한 바다로 가지 않고는
끝없는 무궁의 바다로 가는 꿈 없는 것
검은 산 하얀 방 거 울음소리 그칠 길
아예 여긴 없는 것

나 이제 바다로
창공만큼한
창공보다 더 큰 우주만큼한
우주보다 더 큰 시방세계만큼한
끝 간 데 없는 것 꿈꿈 없이는
작은 벌레의
아주 작은 깨침도 있을 수 없듯
가겠다

나 이제 가겠다
숱한 저 옛 벗들이
빛 밝은 날 눈부신 물 속의 이어도
일곱 빛 영롱한 낙토의 꿈에 미쳐
가차없이 파멸해 갔듯
여지없이 파멸해 갔듯

가겠다
나 이제 바다로

백방포에서 가겠다
무릉계에서 가겠다
아오지 끝에서부터라도 가겠다
새빨간 동백꽃 한 잎
아직 봉오리일 때
입에 물고만 가겠다
조각배 한 척 없이도
반드시 반드시 이젠 한사코
당신과 함께 가겠다
혼자서는 가지 않겠다

바다가 소리 질러
나를 부르는 소리, 소리의 이슬
이슬 가득 찬 한 아침에

그 아침에
문득 일어서
우리 그 날 함께 가겠다
살아서 가겠다
아아
삶이 들끓는 바다, 바다 너머
저 가없이 넓고 깊은, 떠나온 생명의 고향
저 까마득한 화엄의 바다

가지 않겠다
가지 않겠다
혼자서라면
함께가 아니라면 헤어져서라면
나는 결코 가지 않겠다

바다보다 더 큰 하늘이라도
하늘보다 우주보다 더 큰 시방세계라도
화엄의 바다라도
극락이라도.

- 김지하 지음 -

바다

넘치지는 않는다
고이는 바다
움푹 패인 얼굴에 움푹 패인 맷자욱에
움푹 패인 농부의 눈자위 속 그늘에 바다
열리지 않는 마른 입술 열리지 않는
감옥에도 바다
고이는 바다
매우 작다 조용한 노여움의 바다
넘치지는 않는다 물결이 일어
찢어지는 온몸으로 촛불이 스며든다
몸부림이 몸부림이 일어 압제여
때로는 춤추는 바다 번쩍이는 그러나
달빛이 없는 바다 불타지 않는 바다
매우 작다 압제여
조용한 노여움의 바다
어느 날 갑자기 넘쳐버릴 바다
넘치면 휩쓸어버릴 자비가 없는 바다
쉬지 않고 소리 없이 밑으로 흘러
땅을 파는 팔뚝에 눈에 입술에
가슴에 조금씩 고이는 바다
아직은 일지 않는 폭풍의 바다.

- 김지하 지음 -

용당리에서

용당이에서의 나의 죽음은
출렁이는 가래에 묻어올까, 묻어오는 소금기 바람 속을
돌 속에 흐느적거리고 부두에서
노동자가 한 사람 죽어 있다
그러나 나의 죽음
죽음은 어디에

무슨 일일까
신문지 속을 바람이 기어가고
포래포래마다 반짝이는 내 죽음의
흉흉한 남쪽의 손금들 수군거리고
해가 침몰하는 가래의 바다 저 끝에서
단 한 번
짤막한 기침 소리 단 한 번

그러나 용당리에서의 나의 죽음은
침묵의 손수건에 묻어올까
난파와 기나긴 노동의 부두에서 가마니 속에
노동자가 한 사람 죽어 있다
그런데
무슨 일일까
작은 손이 들리고

물 위에서 작고 흰 손이 자꾸만
나를 부르고.

                                          - 김지하 지음 -

바다 아기네

한 번 태어나
열 번을 죽어
독한 가시나무 몸에 몸에 익어도
알알이 붉은 동백꽃은 피어
익을수록 아프고

곱게 웃음 짓던 바다아기네 멀리
떠나오지 않는 여름바다 저 멀리
물 흘러도 푸르른 바람 아래 또 그 아래
기인 날과 날이 물 흘러도
목은 마르고

가고
또 가고 가고
노 저어 금이랑 은이랑 비단물길 뱃전에
고기떼들 뜀뛰는 눈부신 물이랑에도
목은 마르고 말라 죽어가고

태어날까 한 번 더
잊어 볼까 에헤이
못 잊을 쌩모시에도 서글한 살냄새마저
떠나 버렸네 그리운 사람아

바다 아기네
입술에 붙붙는 여름 숲은 타서 검고
목쉬인 가락가락 육자배기 흘러 섧고
괴로운 착띠에 저기 화안히 꽃피는 갯마을

삐비꽃 희하얀 구름 사이로 아득히
바람이 간다 머언 뭍으로
뭍으로만 미친 눈발이 물 너무 서고
소문은 돌아 어느 날인가
바다가 팔리는 날은

태어날까 한 번 더
떠나갈까 에헤이
노 저어 갈까 저어 물이랑 떠나
고운 아기네 시름 긴 눈빛 찾아
동으로 서로 서로 낯설은 대처의
어디냐 바람 부는 거리의 어디로
갈까 갈란다
그리운 사람아
바다아기네.

- 김지하 지음 -

백방 · 8

가지 말라
바다가 너를 삼키리라
가지 말라
바다가 너를 밟으리라
삼켜도 밟혀도
떠나가야 하는 바다
떠나가야 하는 바다
바다
네 이름
바다는 그대에게 내 그대에게
백방 뒤곁 후미진 뻘밭 마지막 떠나던 목선
전 잡고 넘어지던 그대
그대에게 마지막 줄 것
이름뿐
마지막 줄
비단 주머니 속에 든 것은
바다뿐.

- 김지하 지음 -

해창에서

아슬아슬하게 두 사람 서 있다
옛날엔 번창했던 포구
고천암 막아
이제는 폐항 돼버린 해창

통운 창고 앞에 아득하게 서 있다
한 사람은 취해 한 사람은 깨어
개마저 짖질 않고
국밥집 터엔 바람만 불고

다가서는 나를 꼼짝 않고 노려본다
멀리서 물오리들 떼지어 헤엄치고
삭은 똑딱배 물결에 흔들리고

구름 낮게 드리운 날 거기 그 자리
내가 서 있다
반쯤은 취해 반쯤은 깨어
둘로 찢겨진 채 아슬아슬하게 서 있다
사그라드는 노을 함께

아득하게 사라진다
점차 떠나는 소리

차 모습마저 고개 너머 자취 없고
두 사람도 사라진다.

- 김지하 지음 -

바다에서

눈은 내린다
술을 마신다
마른 가물치 위에 떨어진
눈물을 씹는다
숨이 지나온 모든 길
두려워하던 내 몸짓 내 가슴의
모든 탄신들을 씹는다
혼자다
마지막 가장가지
뻰으로도 못 메꿀 여미 사이의 거리
아아 벗들
나는 혼자다

손목에 패인 사슬의
옛 기억들 위에 소주를 붓고
기억들로부터 떠오르는 노여움에 몸을 기대어
하나하나 너희들의 얼굴을
더듬는다
흘러가지 않겠다
눈보라치는 저 바다로는
떠나지 않겠다

한 치뿐인 땅
한 치도 못 될 이 가난한 여미에 묶여
돌아가겠다 벗들
굵은 손목 저 아픈 조동으로 패인 주름살
사슬이 아닌 사실이 아닌
너희들의 얼굴로 아픔 속으로
돌아가겠다 벗들

눈 내리는 바다
혼자 숨어 태어난다
미친 가슴을 찢어 활짝이 열고

나는 아이처럼 울부짖는다
돌아가겠다.

- 김지하 지음 -